高等院校新文科"数字经济应用型人才培养工程"系列教材

物流系统规划与设计
（第4版）

耿会君　董维忠　主编

电子工业出版社

Publishing House of Electronics Industry

北京·BEIJING

内容简介

本书根据本科教育人才培养目标及要求编写，全书共 9 章。第 1 章介绍物流系统规划与设计的相关概念及基本理论。第 2 章介绍物流需求预测，包括常用预测方法及预测误差的原因和控制方法。第 3～8 章分别介绍物流系统战略规划、客户服务系统的规划与设计、运输系统的规划与设计、物流节点与园区的规划与设计、库存系统的规划与设计、物流组织的规划与设计。第 9 章介绍物流系统的评价，包括评价指标体系的建立及常用的评价方法。

本书既可以作为物流管理类专业"物流系统规划与设计"课程教材，也可以作为相关培训机构的培训教材，还可以作为其他相关人员的自学教材及参考书。

图书在版编目（CIP）数据

物流系统规划与设计 / 耿会君，董维忠主编.
4 版. -- 北京：电子工业出版社，2024. 6. -- ISBN
978-7-121-48058-4

Ⅰ. F252

中国国家版本馆 CIP 数据核字第 2024NJ1794 号

责任编辑：刘淑敏
印　　刷：北京盛通数码印刷有限公司
装　　订：北京盛通数码印刷有限公司
出版发行：电子工业出版社
　　　　　北京市海淀区万寿路 173 信箱　邮编：100036
开　　本：787×1 092　1/16　印张：16.75　字数：429 千字
版　　次：2013 年 2 月第 1 版
　　　　　2024 年 6 月第 4 版
印　　次：2025 年 7 月第 2 次印刷
定　　价：59.00 元

凡所购买电子工业出版社图书有缺损问题，请向购买书店调换。若书店售缺，请与本社发行部联系，联系及邮购电话：（010）88254888，88258888。

质量投诉请发邮件至 zlts@phei.com.cn，盗版侵权举报请发邮件至 dbqq@phei.com.cn。

本书咨询联系方式：（010）88254199，sjb@phei.com.cn。

随着全球化经济的发展，物流系统在各个经济领域发挥的作用越来越突出。而物流系统作为一个时间、空间及组织跨度大、构成要素多、动态性强的系统，在具体业务运作过程中普遍存在效益背反、资源重复投入及利用率低的现象。系统理论、管理学和信息技术的发展，为物流系统规划与设计提供了重要的理论依据和技术支持。

党的二十大报告指出："加快发展物联网，建设高效顺畅的流通体系，降低物流成本。"这为推动当下与未来一段时间内我国物流业发展指明了方向，也明确了高校高质量物流人才培养模式的指南。

本书顺应党的二十大报告对物流系统的整体要求，借鉴结合世界经济一体化及信息时代外界环境的发展，理论联系实际，阐述了物流系统规划与设计的基本方法，以期能够实现物流系统有效、低成本地为客户提供服务的目标。

《物流系统规划与设计（第 3 版）》于 2017 年出版发行，在几年的使用过程中，得到了广大师生和业界的一致好评。通过 7 年来各院校对《物流系统规划与设计（第 3 版）》的使用和实践，针对使用过程中存在的问题，以及外界环境的发展对物流系统规划与设计提出的新要求，编者对第 3 版内容进行了修订。

本次修订也体现了"课程思政"内容：书中所有案例均来自我国物流企业或企业物流，体现民族自信心和专业自豪感；引入国家相关部门及领导人对物流的长期规划相关文件和有关讲话的内容；每章增加"相关链接"栏目，简短介绍相关知识点的国内最新发展、研究成果等，有利于开拓学生的专业视野，提高学生的专业素养。

本书更能适应物流业对系统规划和设计理论的需求，更符合广大师生教学和学习的需求。具体有如下修改。

（1）充实与完善原 4.2 节中的物流需求预测内容，强调预测在整个物流系统中的重要性，因此本书将物流需求预测单独作为一章，即第 2 章，并且将其排在物流系统各子系统内容之前。

（2）原第 5 章"运输系统的规划与设计"增加了"车辆装载方案的选择"内容，补充、完善了运输系统各决策问题规划与设计方法的内容。

（3）原第 6 章"物流节点的规划与设计"增加了物流园区的相关内容。

（4）原第 7 章"物流组织的规划与设计"调整为第 8 章，并对该章内容进行了补充、完善和适当删减，使该章结构和内容更加合理及贴近现实。

（5）原第 8 章"物流系统的评价与控制"调整为第 9 章"物流系统的评价"，充实和完善了物流系统评价的内容，删除了第 3 版中内容不够完善的物流系统的管理控制内容。

（6）每章增加了开篇案例，并对第 3 版中的案例全部进行了更新，使其更具有代表性，更能反映现在物流系统所处环境的发展与变化。

（7）每章增加了"相关链接"栏目，便于读者理解相关内容。

（8）调整了部分章节的先后顺序。

本书由耿会君、董维忠主编。董维忠在本书的基本框架和内容方法上提供了重要思路和可借鉴的经验，耿会君负责基本框架的确定和最终的内容编写。

本书在写作过程中，直接或间接地参考了国内外大量有关物流管理和系统工程的书籍、论文和网站上的相关资料，在此，我们一并深表感谢。

新的实践催生新的理论，物流系统规划与设计的方法也在不断发展和改进。由于时间仓促，加之编者水平有限，书中有不妥之处在所难免，恳请广大读者批评指正。

编者

目　录 ▼ CONTENTS

第7章 库存系统的规划与设计 ························ 183

第8章 物流组织的规划与设计 ························ 208

第 1 章

物流系统规划与
设计概述

1. 理解物流系统的概念、特点及目标。
2. 掌握物流系统的构成要素。
3. 掌握物流系统的结构类型。
4. 理解物流系统规划与设计的原则。
5. 掌握物流系统规划与设计的内容。
6. 理解物流系统规划与设计的步骤。
7. 掌握物流系统规划与设计的基本方法。

蒙牛物流管理：打造快速物流系统

随着人们对奶品质、奶品类的要求越来越高，乳制品企业的竞争也日趋激烈。近年来，低温奶的兴盛，让各大乳制品企业看到了新的市场，但也带来了相应的困惑。乳制品中的巴氏奶和酸奶的货架期非常短，巴氏奶仅10天，酸奶也不过21天左右，而且对冷链的要求高。从牛奶挤出运送到车间加工，再到上市销售，全过程巴氏奶和酸奶的温度都必须保持在2℃～6℃。这对物流过程的时间控制和温度控制提出了极高的要求。如何保障低温奶的新鲜，是所有乳制品企业面临的第一道关卡，而蒙牛在物流这个关键环节上进行了超级精细化的管理。

合理布局物流网络

对于酸奶这样的低温产品，由于其保质期较短，加上消费者对新鲜度的要求很高，一般在生产日期3天以后送达超市，超市就会拒绝该批产品。因此，对于这样的低温产品，蒙牛要保证在3天内送到销售终端。

为了保证产品及时送达，蒙牛尽量缩短从起点到销售终端的距离。在成立初期，蒙牛主打常温液态奶，因此奶源基地和工厂基本上集中在内蒙古，以发挥内蒙古草原的天然优势。在产品线扩张到酸奶后，蒙牛的生产布局也逐渐向黄河沿线及长江沿线伸展，使牛奶产地尽量接近市场，以保证实现低温产品物流服务的目标，即快速送达卖场、超市。

合理选择运输方式

目前，蒙牛产品的运输方式主要有两种，即汽车运输和火车集装箱运输。蒙牛在保证产品质量的前提下，尽量选择费用较低的运输方式。

对于路途较远的低温产品运输，为了保证产品能够快速送达消费者手中且不变质，蒙牛往往采用成本较为高昂的汽车运输。而像利乐包、利乐砖这样保质期比较长的产品，则尽量依靠内蒙古的工厂供应，因为这里有最好的奶源。产品远离市场的长途运输问题就依靠火车集装箱来解决。与汽车运输相比，这样更能节省费用。

在火车集装箱运输方面，蒙牛与中铁集装箱运输公司合作，开创了牛奶集装箱"五定"班列这一铁路运输的新模式。"五定"即"定点、定线、定时间、定价格、定编组"，"五定"班列定时、定点，一站直达，有效保证了牛奶运输及时、准确和安全。

目前，蒙牛销往华东、华南地区的牛奶80%依靠铁路运到上海、广州，再向其他周边城市分拨。现在，通过"五定"班列，上海消费者在70小时内就能喝上草原鲜奶。

全程冷链保障

低温奶产品必须在运输全过程中都保持2℃～6℃的温度，这样才能保证产品不变质。蒙牛在"奶牛—奶站—奶罐车—工厂—中转站—客户"这一运行序列中，采用低温、封闭式物流。无论在茫茫草原的哪个角落，蒙牛的冷链系统都能保证将刚挤出来的原奶在6小时内送到生产车间，在70小时内送到全国销售点，确保牛奶新鲜、营养丰富。

为了保证全程冷链，中间不断链，蒙牛与 G7［即 G7 物联，2022 年，G7 物联与易流科技（E6）完成合并，发布新品牌 G7 易流］合作，成立乳制品标杆项目组。通过调研分析蒙牛的运输方式，结合其业务特性，G7 创新性地为蒙牛定制开发了以订单为核心的"端到端"全程可视方案，用物联网技术将蒙牛、承运商、司机、车与货物真正链接，让蒙牛低温物流的管理者可以随时随地知道每个订单货物的实时温度，以便精细化控制，从而大幅提升了货物送达的准点率及运输效率。

做大每笔订单

物流成本控制是乳制品企业成本控制中一个非常重要的环节。蒙牛减少物流费用的方法是尽量做大每笔订单。形成规模后，蒙牛在物流的各个环节上就都能得到优惠。

另外，蒙牛的每次物流活动都经过严密的计划和安排。例如，在运输方面，运输车辆每次往返都会将运进来的外包装箱、利乐包装等原材料和运出去的产成品基本结合，提高车辆的使用率。

思考题：

1. 该案例中的乳制品物流具有哪些特点？
2. 蒙牛物流系统由哪些要素构成？
3. 请结合案例分析蒙牛的物流系统优化涉及哪些内容。

1.1　物流系统概述

物流系统是从系统角度出发对物流做出的定义。物流的定义很多，从不同的角度出发，有不同的说法。本节从系统角度出发对物流进行定义，旨在强调物流系统的整体性，以及物流系统各要素之间的联系性。

1.1.1　物流系统的概念

以下从两个方面介绍物流系统，即物流系统的含义及其运作模式。

1. 物流系统的含义

物流系统是指在一定的空间和时间里，物流活动所需的设备、工具、设施、线路等物质资料要素之间相互联系、相互制约并以完成物流服务为目标的有机整体。物流系统是由物流各要素组成，各要素之间存在有机联系，并具有使物流总体合理化功能的综合体。物流系统目标的实现受内部构成要素及外部环境的影响，主要包括政治因素、经济因素、技术因素、文化因素等。物流系统是社会经济大系统中的一个子系统或一个组成部分，故物流系统的成功要素是使物流系统整体优化及合理化，并服从或改善社会经济大系统的环境。

例如，一箱牛奶从起点（生产企业）到终点（最终消费者）需要跨越一定时间和空间，利用仓库、运输车辆、公路或铁路线路、装卸搬运机械设备、包装机械设备或相关工具，由劳务人员最终完成。在这个过程中，仓库的位置及规模、运输方式及线路的选择、装卸搬运及包装设备的选型及操作方法等都不是独立的，这些活动相互联系、相互制约，如运输方式的选择不同，会影响仓库位置的确定，也会影响装卸搬运及包装设备类型的选择。但这个系统是为了达成一致的物流服务目标存在的，即以最低的成本满足客户需求。整个物流系统目标的实现还受环境因素的影响，包括牛奶的市场需求行情、奶制品物流涉及的相关技术（冷链技术、无人配送技术等）的发展、客户需求情况等。因此，物流系统是否能够达成目标，还要考虑外部环境对物流系统的影响。

2. 物流系统的基本模式

物流系统和其他系统一样，具有输入、处理、输出、调控和反馈五大功能。输入和输出使系统与社会环境进行交换，使系统和环境相依而存，而处理则是这个系统中独具特点的系统功能。另外，物流系统还具有信息反馈功能，并通过相关调控机构进行调控，以期达成预期的物流服务目标。因此可以说，物流系统是"有效地达成某个目标的一种机制"，也就是为了达成某个目标，把人力、物力、资金、信息等资源作为指令输入，通过物流设施、物流作业等过程处理，输出某种结果。物流系统的基本模式如图 1-1 所示。

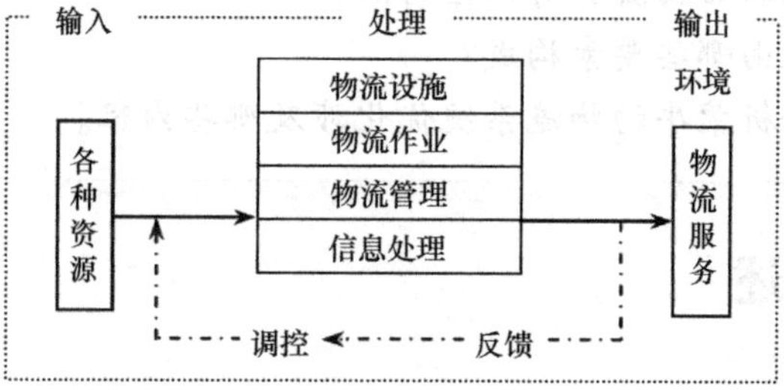

图 1-1　物流系统的基本模式

物流系统的"输入"是采购、运输、储存、流通加工、装卸、搬运、包装、销售、物流信息处理等环节所需的劳务、设备、材料、资金、信息等各种资源。

物流系统的"处理"是通过一定的管理方法对物流系统的输入资源进行分配、组合、协调，以实现物流服务目标。

物流系统的"输出"即物流服务，包括物资（原材料、在制品、制成品等）向目的地有效移动、各种劳务产品、时间和空间效用等。当然，除有利的输出外，由于物流系统是资源消耗型产业，所以也存在大气污染等不利的输出。

物流系统的"反馈"和"调控"是对物流系统运作过程中的实际情况进行监控，并将结果反馈给各环节，以便对物流系统的服务结果进行评估，并根据原计划对物流系统的运作过程及管理方法进行调整和控制，最终达成物流系统服务目标。反馈的活动包括物流活动分析报告、各种统计报告数据、国内外市场信息与有关动态等。

1.1.2　物流系统的特点

物流系统除具有一般系统共有的特点外，还具有以下几个基本特点。

1. 物流系统是一个人机系统

物流系统由人和形成劳动手段的设备、工具共同组成。在物流活动中，人是系统的主体。因此，在研究物流系统各个方面的问题时，应把人和物有机地结合起来，作为不可分割的整体加以考察和分析，且应始终把如何发挥人的主观能动作用放在首位。

2．物流系统是一个大跨度系统

物流系统的大跨度体现在：地域跨度大，通常情况下会跨越地区界限；时间跨度大，既包括产需时间，也包括物流时间；组织跨度大，物流系统是完成物的流动过程，随着外界环境及管理方式的变化，物的流动从原材料供应开始，到产品配送到消费者手中结束，中间涉及若干组织，物流系统与这些组织都要发生业务联系。

3．物流系统是一个可分系统

无论规模多么庞大，物流系统都可以分解成若干个相互联系的子系统。这些子系统的多少和层次的阶数，是随着人们对物流的认识和研究的深入而不断扩充的。系统与子系统之间、子系统与子系统之间，既存在时间和空间上及资源利用方面的相互联系，也存在总目标、总费用及总运行结果等方面的相互联系。

4．物流系统是一个动态系统

由于物流系统一端连接着生产者，另一端连接着消费者，因而系统的各个功能要素和系统的运行会随着市场需求、供应渠道和价格的变化而变化，这就增加了系统优化和可靠运行的难度。物流系统是一个具有满足社会需要并适应环境的能力的动态系统，经常变化的社会环境使人们必须对物流系统的各组成部分不断地修改、完善，这就要求物流系统具有足够的灵活性与可改变性。

5．物流系统是一个多目标函数系统

物流系统的多目标常常表现出效益背反现象。效益背反是指物流系统的各要素存在目标不一致的地方。例如，对于物流时间，希望最短；对于服务质量，希望最好；对于物流成本，希望最低等。物流系统恰恰在这些矛盾中运行。要想达到其中一个目标，必然造成另一目标的损失，在处理时稍有不慎，就会出现总体恶化的结果。可见，要使物流系统在各方面满足人们的要求，就要建立物流多目标函数，并在多目标中求得物流的最佳效果。

相关链接

储存子系统与配送子系统的效益背反现象举例

随着外界环境的变化及人们对物流服务水平要求的提高，即时物流正逐步崛起，成为物流行业的新生力量。即时物流配送的目标是30分钟～2小时完成配送。为了达到这个目标，就需要在靠近客户的位置设置前置仓等形式的物流节点。配送子系统为了达到其目标，需要前置仓数量越多、越靠近客户、存储的商品品类和数量越多越好，而前置仓子系统的目标是降低库存成本、运营成本，希望前置仓数量越少、存储的商品品类和数量越少越好，二者的目标不一致。

1.1.3 物流系统的目标

如上文所述，物流系统的目标是完成物流服务。在企业中，物流系统通过订单处理、库存、运输等一系列集约化、网络化的综合管理，服务于采购、生产和营销等运作过程。因此，一个物流系统是一种综合的努力，其努力的方向在于按最低的总成本创造客户价值。物流的存在就是要通过促进相关的采购作业、制造作业和营销作业来满足客户需求。这种挑战是要以达到业务目标的方式去平衡服务期望值和成本期望值。因此，物流系统追求的目标就是用系统的思想和方法对物流系统的各个功能进行整合，从而更好地运营物流系统，以最小投入获得最大产出。物流系统的目标可以概括为服务收益、总成本最小化和创造物流价值。

1. 服务收益

物流系统能提供具有更高运行效率的物流服务，以满足客户需求。该目标虽然服务水平较高，但对降低成本不利，多用于某些特殊的产品，如价格极高而体积和面积均很小的产品，或者在开拓某些产品的市场时才采用。最高服务水平的目标很难实施，如一个意在提供最高服务水平的物流系统试图每2～4小时发送一次产品,这样的物流系统将重心放在物流运营绩效上，势必会增加对物流系统的投入。基本的物流系统服务水平要从可得性、作业表现和服务可靠性三个方面加以衡量。

（1）可得性。可得性意味着拥有存货，能始终满足客户对材料或产品的需求。根据传统的范例，存货可得性越高，所需的存货投资就越大。虽然当前科学技术的发展正在提供新的方法，使存货的高度可得性对高额的存货投资的依赖度降低，但是因其具有重大的影响，所以合理存货可得性的服务水平的确定仍然是至关重要的。

（2）作业表现。作业表现是从订货入库到交付的处理过程。作业表现涉及交付速度和交付一致性。绝大多数客户都希望快速交付，然而这种快速如果反复无常，就会使交付期不确定性升高，客户必须用更高的安全库存来应对这种情况，提高库存成本，所以单纯的快速交付并无多大价值。因此，要实现顺利作业，企业一般首先要实现交付一致性，降低不确定性，再提高交付速度。作业表现的另一个方面是故障的处理。故障是指可能发生的物流表现的失败，如产品损坏、分类不正确或单证不精确等。当这类故障发生时，企业的作业表现可以从需要多少时间恢复来考查。作业表现关系到企业如何处理客户各方面的需求，包括每天都可能发生的服务失败。

（3）服务可靠性。服务可靠性是物流的质量属性。就质量来说，关键是要正确及精确地衡量可得性和作业表现。只有全面衡量作业表现，才可能确定总的物流作业是否达到期望的服务目标。要实现可靠的服务，就需要明确地制定并实施有效的库存可得性和作业表现的标准。只有服务可衡量，后续才能做到物流系统的可控制，从而提供可靠的物流服务。

2. 总成本最小化

物流总成本是企业管理物流运作的重要指标。如何才能在企业利润最大化及保持一定的客户服务水平的前提下降低物流总成本是所有企业的一项经营目标。

普遍认同的一种物流成本计算方法为：企业物流总成本（Total Logistics Costs）= 运输成本（Transportation Cost）+ 存货持有成本（Inventory Carrying Cost）+ 物流管理费用（Logistics Administration Cost）。只优化部分物流成本虽然会降低单项物流成本，但可能造成物流总成本的增加。所以，企业必须把物流看作一个整体系统，以降低物流总成本为目标来管理物流运作。

不论是企业物流还是物流企业，如何对自身物流资源进行优化配置，实施管理和决策，以期用最小的成本取得最大的效益，都是其面临的最重要问题之一。物流被看作制造企业最后的也是最有希望的降低成本、提高效益的环节，即 "第三利润源"。

3. 创造物流价值

物流系统要想成为企业的竞争优势，最关键的就是要具有把企业自身的运作与主要客户的预期、需求相统一的能力。这种对客户服务的承诺，从成本结构上来讲就是物流价值。

在物流系统的运作过程中，企业必须考虑物流服务成本的合理性，协调物流设施能力与企业采购、生产制造和市场营销要求之间的关系，以降低总成本，获取最大的竞争优势，并且企业提供的服务必须与特定的客户需求相关联。

在开发管理工具、协助权衡取舍成本与服务方面，一个完善的物流系统运作策略应该能够准确地估算出实现不同质量的服务水平所需要的不同运作成本的构成。

1.1.4 物流系统的构成要素

物流系统的构成要素一般包括以下四个方面。

1. 一般要素

（1）劳动者要素。这是所有系统的核心要素、第一要素。提高劳动者的素质，是建立一个合理化的物流系统并使之有效运转的根本。

（2）资金要素。交换是以货币为媒介的。实现交换的物流过程，实际上也是资金运动过程。同时，物流服务本身也需要以货币为媒介。物流系统建设是资本投入的一大领域，离开资金这一要素，物流就不可能实现。

（3）物的要素。物的要素包括物流系统的劳动对象，即各种实物。没有了实物，物流系统便成了无本之木。物的要素还包括劳动工具、劳动手段，如各种物流设施、工具，各种消耗材料（燃料、保护材料）等。

（4）任务目标要素。任何一个系统只有确定了任务目标，才能确定其发展方向。物流系统也不例外。在对物流系统进行规划与设计时，首先要确定的就是其最终的任务目标，然后才能以此为依据对物流系统进行管理和协调，最终在可控范围内达成任务目标。

（5）信息要素。由于物流系统的跨度较大，信息要素已经成为物流系统有效运行不可或缺的一种要素。各种信息的传递和反馈，可以使物流系统更有效率。

在以上一般要素中，前三个是有形的实体要素，后两个是无形的要素。

2. 物质基础要素

物流系统的建立和运行需要大量的技术装备手段，这些技术装备手段就是物流系统的物质基础要素。物流系统的物质基础要素决定了物流系统的水平，其结构和配置决定了物流合理化及物流效率。物质基础要素主要有以下几类。

（1）物流基础设施类：包括货站、货场、仓库、公路、铁路、港口等。

（2）物流装备类：包括仓库货架、进出库设备、加工设备、运输设备、装卸机械等。

（3）物流工具类：包括包装工具、维护保养工具、办公设备等。

（4）信息技术类：包括通信设备及线路、传真设备、计算机及网络设备等。

3. 功能要素

物流系统的功能要素是物流系统具有的基本能力，如运输、储存、包装、装卸搬运、流通加工、配送、信息处理等。这些基本能力有效地组合在一起，形成了物流的总功能，能合理、有效地实现物流系统的目标。功能要素主要有以下几类。

（1）运输功能要素：包括供应及销售物流中的车、船、飞机等方式的运输，生产物流中的管道、传送带等方式的运输。对运输活动的管理，一般要求选择技术经济效果最好的运输方式及联运方式，合理确定运输路线，以实现安全、迅速、准时、价廉。

（2）储存功能要素：包括堆存、保管、保养、维护等活动。要正确确定库存数量，明确仓库是以流通为主还是以储备为主，合理确定制度和流程，提高效率，降低损耗，加速周转。

（3）包装功能要素：包括产品的出厂包装，生产过程中在制品、半成品的包装及物流过程中换装、分装、再包装等活动。对包装活动的管理，根据物流方式和销售要求确定。

（4）装卸搬运功能要素：包括输送、保管、包装、加工等物流活动的衔接活动，以及在保管等活动中为检验、维护、保养所进行的装卸活动。伴随装卸活动的小搬运，一般也包括在这一类中。

（5）流通加工功能要素：这是在物流过程中进行的辅助加工活动，是为满足客户的需求，按照客户的要求进行的加工活动。

（6）配送功能要素：配送集经营、服务、社会集中库存、分拣、装卸搬运于一身，是物流系统重要的功能要素。

（7）信息处理功能要素：包括与上述物流活动有关的计划、预测、动态（运量及收、发、存数）的信息。要正确地选择信息，做好信息的收集、汇总、统计与使用，并保证信息的可靠性和及时性。

4. 支撑要素

物流系统的建立需要许多支撑要素，以确定物流系统的地位，协调其与其他系统之间的关系。支撑要素主要包括以下几方面。

（1）体制和制度。物流系统的体制和制度决定物流系统的结构、组织、管理方式，是物流系统的重要保障。有了体制和制度的支撑，物流系统才能有一个健康稳定发展的软环境。

（2）法律和规章。物流系统的运行必定涉及企业和消费者的权益问题。法律和规章能够限制和规范物流系统活动，使之与更高一层的系统相协调。另外，法律和规章还能对物流系统的运行给予保障，如物流合同的执行、权益的划分、责任的确定等。

（3）组织和管理。物流系统的组织和管理是指企业通过物流组织，根据物流的规律，应用管理的基本原理和科学方法，对物流活动进行计划、组织、指挥、协调、控制和监督，使各项物流活动实现最佳的协调和配合，以降低物流成本，提高物流效率和效益。因此，组织和管理起着连接、协调、指挥各要素的作用，以保障物流系统目标的实现。

（4）标准化。物流系统从原料供应、生产，直到使用、回收，是一个综合的大系统，分工越来越细，社会化、一体化要求越来越高。因此，要使整个物流系统形成一个统一的有机整体，从技术和管理的角度来看，物流标准化起着纽带作用。只有制定了各种物流标准并严格执行，才能实现整个物流大系统的高度协调、统一，各项工作有条不紊地进行。标准化是保证物流环节协调运行、物流系统与其他系统在技术上实现联结的重要支撑条件。

1.1.5　物流系统的结构

物流系统的要素在时间和空间上的排列顺序构成了物流系统的结构。一般情况下，要素是凌乱无序的，只有通过物流系统目标的调整，这些要素才能按照一定的规则组织起来，形成一个物流系统整体，共同达成物流系统的目标。

1.　物流系统的网络结构

物流节点和线路结合在一起，构成了物流系统的网络结构。节点与线路的相互关系和配置形成物流系统的比例关系，这种比例关系就是物流系统的结构。

物流系统的网络结构即节点设施需要多少数量、其地理位置、各自承担的工作及节点之间的连接渠道等。

根据物流网络的复杂程度，物流系统的网络结构通常可以分成点状结构、线状结构、圈状结构、树状结构和网状结构。①

（1）点状结构。点状结构是由孤立的点构成的，这种结构是一种极端的封闭系统，如图 1-2 所示。点状结构在现实中并不多见，一般为废弃的仓库、站台等。

（2）线状结构。线状结构是由点和连接这些点的线构成的，在此结构中，两个点之间只有一条线，并且线没有连成圈，如图 1-3 所示。

---

① 何明珂. 物流系统论[M]. 北京：高等教育出版社，2004.

图 1-2 物流系统的点状结构

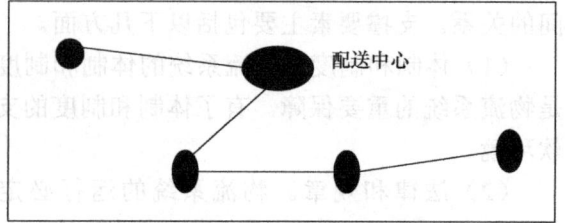

图 1-3 物流系统的线状结构

（3）圈状结构。圈状结构至少包含一个连接成圈的线，但是至少还有一个点没有包含在圈中，如图 1-4 所示。

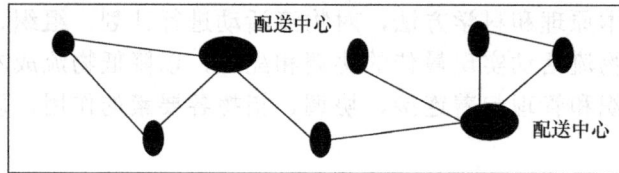

图 1-4 物流系统的圈状结构

（4）树状结构。在物流系统的网络中，没有圈却能够相互连通的结构称为树状结构，如图 1-5 所示。

（5）网状结构。网状结构是由点与点相连的线构成的，在此结构中，任何两点都可以通过线连接在一起，如图 1-6 所示。这种网络结构对于点与点之间的物流特别方便，但是线路利用率低，容易造成浪费，导致物流效率低下。

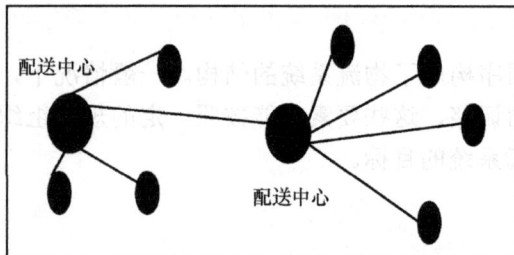

图 1-5 物流系统的树状结构

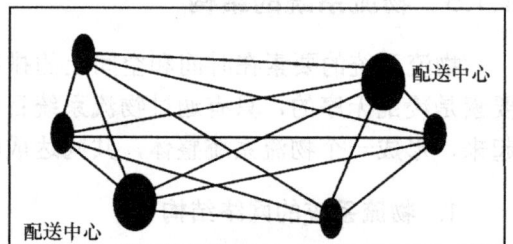

图 1-6 物流系统的网状结构

2. 物流系统的功能结构

不同的物流系统需要进行的物流作业互不相同，物流系统的功能结构是物流系统的运输、储存、包装、装卸搬运、流通加工、配送、信息处理等基本功能的有机组合和排列，其结构取决于企业的生产和流通模式。例如，戴尔公司的直销模式省略了大量的中间仓库和以仓库为基础进行的各种物流作业；而以中间商为基础进行生产和销售的传统模式，由于环节的增加，导致了中间物流作业的增加，物流效率受到影响。

直销的物流系统比较简单，但是对时间的要求更高，因为没有中间库存可以缓冲，承诺的送达期限是必须遵守的，否则就会对客户利益和公司利益造成损害。因此，直销模式的运输功能最重要。可通过路线规划、货物组配等物流管理作业提高运输集约程度，进而降低运输成本。经过中间商的物流系统功能就复杂得多，在渠道中进行环节转换时需要进行运输、储存、包装、装卸搬运、信息处理等作业，在最后一个环节可能还要进行流通加工作业等。

在设计物流系统的功能结构时，不仅需要考虑该物流系统可以实现哪些功能，还要考虑这些功能的先后顺序。各种功能实现的顺序不同，物流效率也不尽相同。

相关链接

物流功能顺序调整在延迟策略中的应用

延迟策略是为适应大规模客户定制生产要求而采取的策略。具体是将产品的最后制造和配送延迟至接到客户订单后再进行，以减小预测风险。在物流方面，将产品差异化的、简单的流通加工（如贴标签、营销组合包装等）放到最后，在接到客户订单后完成，都属于延迟策略。

因此，判断物流系统的功能结构是否合理，要判断其是否与企业降低生产和销售成本有关。应当将物流系统与生产、销售系统集成，在保证生产和销售目标实现的前提下，尽量较少地进行物流作业，降低物流总作业成本。

3. 物流系统的治理结构

物流系统的治理结构是指物流系统资源配置的管理和控制的机制与方法。物流系统的资源在区域、行业、部门、企业之间的初始配置状态是历史形成的，如何才能集成这些产权分散的物流资源，并为众多物流系统服务呢？如何能够在达到目标的同时，使物流资源的集成长期进行，而不是偶尔或借助政府的宏观管理来进行呢？这就需要考虑物流系统的治理结构问题。根据交易的频率、交易的稳定性及资源专用程度，可以将物流系统的治理结构划分为多边治理、三边治理、双边治理和单边治理。

（1）多边治理。多边治理又称市场治理或合同治理，在此结构中，任何一方物流系统需要的所有资源都能够从物流市场上通过交易购买到，但是这不是专门为某个物流系统定制的专用性资源，而是能够用于多个物流系统。此结构一般具有以下基本特征。

① 物流市场资源交易各方的身份并不重要。

② 交易各方通过合同确立交易关系，合同的内容已被仔细规定。合同可以是书面合同，也可以是口头合同等非正式合同。

③ 关于违约或损失的赔偿有严格规定。

④ 合同一旦出现纠纷，可以引进第三方机制（法律）解决。但是，不提倡采用此种方式解决，最好合同双方协商解决。

第三方物流多数采用的是多边治理结构。第三方物流服务供应商是在发达物流市场上专门提供物流服务的供应商，它的存在是物流市场发展的必然，其经济学意义在于它将物流服务作为一项专门的服务从企业内部事务中分离出来，便于企业将有限的资源集中于核心业务。因此，第三方物流提高了企业物流的技术效率，第三方物流服务供应商提供的物流服务成本应该是最低的。同时，采用第三方物流服务，不涉及专用性物流资源配置问题，从而避免了合作各方的机会主义及由此产生的交易费用。

（2）三边治理。三边治理是物流资源的需求方、供给方和第三方（法律）共同治理的结构。此结构适用于下列物流资源交易：一是偶尔进行的，如满载货物的卡车在长途运输中抛锚，需要一次性租用当地的装卸设备和人员；二是交易的物流资源是高度专用性的，如专门为麦当劳提供沙拉酱、圆白菜、黄瓜等新鲜食品原料的配送。专用性投资是双方的：提供物流服务的一方必须投资购买车辆、建设仓库，有的还要专门建设配送中心；需要物流服务的一方则为对方提供企业的经营数据和其他相关资源，这些资源是不对社会公开的；双方都要安排"大客户管理"人员对合作项目进行协调和管理等。

例如，IBM 公司在深圳福田保税区寻找配送合作伙伴时，仅需求说明书就是厚厚的一本，对于专用性仓库、车辆、人员等条件也一一严格审查，最后确定了深圳海福公司作为合作伙伴。当确定了合作伙伴后，便开始投入人力、物力来发展和培养这种合作关系，帮助合作伙伴开展配送业务，且轻易不会更换合作伙伴。

（3）双边治理。双边治理是物流资源买卖双方共同治理的结构。此结构适用的几个条件如下。

① 交易应该是重复发生的，不是一次性的、偶尔发生的。进行专用性投资也能够收回成本，这就为专门对这项交易进行商业性投资提供了经济规模基础。

② 交易需要的资源必须是高度专用性的，至少其中的核心投资部分是专用性的。

③ 交易是非标准化的。交易面对的是对交易标的、交易价格、交易条件等的判断，没有市场标准可以遵循，需要合作各方有战略上的合作意愿和默契。因而，交易各方之间要有紧密的"关系"，这种"关系"显然不会存在于市场上的一般交易者之间。

（4）单边治理。单边治理又称一体化治理或垂直一体化治理，此结构是将外部治理变成内部治理，将企业外部供给变成企业内部的行为。此结构适用的几个条件如下。

① 交易高度专用性，投资于这项交易的物流资源（人力和实物）转移到其他用途上的价值趋近于零。

② 此项交易与企业的核心业务具有强相关性。

③ 交易本身具备一定规模，使投资者可以获得此项投资的规模效益，因此外部供应商非常愿意进行此项投资。但是，与外部投资者相比，企业自身进行投资将降低关系培养和维持成本，避免外部交易带来的风险。所以，企业进行垂直一体化的总收益最大。

1.2 物流系统规划与设计的原则与内容

1.2.1 物流系统规划与设计的原则

物流系统规划与设计必须以物流系统整体的目标为中心。物流系统整体的目标是使人力、物力、财力和人流、物流、信息流得到最合理、最经济、最有效的配置和安排，既要确保物流系统的各方面参与主体功能，又要以最小的投入获取最大的效益。

1. 系统性原则

系统性原则是指在对物流系统进行规划与设计时，必须综合考虑、系统分析所有会对规划与设计产生影响的因素，以获得优化方案。首先，从宏观上看，物流系统在整个社会经济系统中不是独立存在的，它是社会经济系统中的一个子系统。物流系统与其他社会经济子系统不仅存在相互融合、相互促进的关系，而且存在相互制约、相互矛盾的关系。因此，在对物流系统进行规划与设计时，必须考虑各种影响因素，使整个社会经济系统达到整体最优。其次，物流系统本身又由若干子系统，如运输系统、储存系统、信息系统等构成，这些物流子系统之间不仅相互促进，而且相互制约，即存在大量的"背反"现象，如各要素之间的冲突。物流系统要素主要存在目标、产权、运作等冲突。

（1）要素目标冲突。例如，从运输的角度来看，为了达到降低运费的目的，以下一些方法在企业运输组织过程中可能是比较流行的。

① 在制订运输方案时，尽量采用整车运输来降低运费。

② 强调采用铁路运输来降低运费。

③ 按照铁路运价中"递远递减"的原则，在长途运输中，对于时效性要求不高的商品，常采用铁路运输而不采用公路或其他运输方式，以便降低运费。

但上述三种方法在降低运费的同时，都会导致收货企业一次收货的数量增加，并且收货的间隔期延长、在途运输时间延长，进而导致收货企业库存水平提高，货主的在途库存增加，其结果就是收货企业的库存成本增加。

由此可见，企业的运输目标（从降低运输成本角度考虑）与企业的储存目标（从降低储存成本角度考虑）是冲突的。但运输和储存是企业物流系统整体的两个最基本部分，运输和储存的冲突是运输要素与储存要素的一种联系。在物流系统还没有形成的时候，各自都在追求各自的目标。显然，这种目标是无法简单地达到的，必须在建立物流系统时通过系统集成来调和。

在物流系统中，这样的要素目标冲突还有很多，这里不再赘述。

（2）要素产权冲突。一条供应链上的物流系统不可能由一个企业建立，即一条供应链上的物流系统是由不同产权组织共同完成的。不管有多少个企业参与其中，供应链上的物流系统都有比较明晰的边界，一体化的物流系统总是希望有与这个系统边界一致的产权边界，但这是不可能实现的事情，于是要素产权冲突就产生了。

从物流系统物质基础要素来看，关于某产品，从生产这种产品的原材料开始，到生产物流、销售物流、回收与废弃物物流等各个环节，从原材料供应地到广袤的销售市场上的那些属于公共设施的基础设施，无论是发达国家还是发展中国家，大多都是由国家、集体和个人共同投资兴建的，其产权状况十分复杂，而物流系统物质基础要素的产权状况对物流系统的建立和经营管理有很大的影响。有人可能说，物流系统的建立及运作与物流系统物质基础要素的产权状况无关。这种解释对在高度发达的自由市场经济国家建立物流系统是有效的。因为无论初始状况如何，载体的产权都可以在发达和完善的市场上交换，并且通过在市场上购买载体一段时间、一定区域内的使用权来集成物流载体系统，这已经成为一种普遍的行业惯例。但在中国，就要克服这种载体产权的分散性与物流系统的统一性之间的矛盾，这是任何想建立、使用或经营物流系统的单位或个人都无法回避的问题。物流系统物质基础要素的产权矛盾对于建立和经营物流系统的单位和个人更重要。

相关链接 →

托盘共用系统

托盘共用系统（Pallet Pooling System）是为了实现高效物流和资源有效循环，在区域或全国范围内保障托盘、周转箱等运输包装物循环共用的网络及运营体系。该系统的本质是解决托盘产权不统一带来的在物流运作过程中多次装卸搬运导致的物流资源浪费及运作效率低的问题。该系统核心包括分布于区域或全国范围内的实体网络、计算机信息网络、庞大的托盘等资产池及专业的运营团队。托盘共用系统可以在全供应链、跨产业链实现物流、资金流和信息流的统合；并结合 RFID 电子标签、GPS、GIS 等高新技术应用。

（3）要素运作冲突。物流系统的各种要素都有各自的运作规律和标准。在没有建立统一的物流运作规范和标准的情况下，要素之间在运作上因不能适应对方的业务特点和流程、标准、规范、制度、票据格式等而产生的冲突普遍存在。

仅举托盘的例子来说明这一问题。如果商品在一个物流系统中都以托盘为基础进行运输、储存等作业，不仅可以减少装卸搬运次数，降低装卸搬运损失，减少中间作业量，而且可以提高作业效率，加快物流速度。但是，托盘是低值易耗品，物流系统的上游、中游和下游企业都使用自己企业的托盘，这些托盘可能在尺寸、材质、价格、使用寿命、质量、新旧程度、样式等方面存在差异，这样不同企业的托盘就不存在可比性，其直接后果是托盘不可流通。这不仅影响了托盘在物流中效益的发挥，而且使用托盘还增加了中间作业成本。另外，在物流系统全过程中，与托盘相关的设备有装卸搬运的叉车，有运输的车辆，有储存的货架，为了能够实现物流运作全过程无缝衔接，这些设备的相关标准设置要以托盘标准为依据。

相关链接 →

物流设备标准化是解决要素运作冲突的基础

历史上，秦国在完成了统一大业之后，制定了"书同文""车同轨""度同制""改币制"等政策，目的就是统一标准、规范、格式等，以促进经济、文化的交流及发展。如今，为了促进物流系统的规范化、标准化发展，国家标准化管理委员会每年都会颁布上千个物流相关标准，以保障物流系统操作的规范化，以及避免物流系统各要素之间的冲突。

总之，要素之间的冲突时刻存在。企业建立物流系统的工作从某种意义上讲就是解决物流系统组成要素方方面面存在的冲突的过程，因此企业必须首先认识到这些冲突，然后通过系统性的规划和设计找出解决这些冲突的办法。这就要求我们在进行物流系统规划与设计时，在物流系统内部也要系统考虑，进而实现物流系统要素之间的整合，具体包括要素之间目标的协调、统一要素之间的产权、构建无缝的要素运作接口。

（1）要素之间目标的协调。因为物流系统要素之间的目标是冲突的，所以为了使目标一致，必须进行相应调整。协调运输要素和储存要素时，运输费用最小和储存费用最小应该统一描述为物流总成本最小。按照这个目标，可能运输成本不是最小，或者储存成本不是最小，但是，只要通过储存和运输这两个主要要素的运作，最后能达到物流总成本最小的目标，就是最优方案。

（2）统一要素之间的产权。要素的不同产权是永远不可能消除的，如我们不能改变已经建成的京沪高速公路由多个主体参与投资的状况，但是作为一个物流系统，当然希望整个物流系统内部的所有要素的产权都是统一的。

统一要素之间的产权并不是要使所有要素都由一个产权主体拥有。关键是要使由不同产权主体拥有的所有要素都能按照物流系统的要求进行集成，也就是按照一定的标准将所有有产权差别的不同产权要素集成为一个没有产权差别的单一产权系统。这只能通过市场进行产权交换，使物流系统的集成商能够在一定时间、一定边界范围内将各种要素集成为一个完整的、无差别的单一产权系统。

（3）构建无缝的要素运作接口。物流要素之间存在界面，这种界面往往成为要素之间合作的障碍。而集成这些要素的时候，界面必须打开，不同界面的要素系统必须实现无缝连接，其中信息至关重要。例如在一家公司的物流系统中，发货信息以书面表格形式由司机送货时传递给零售商的配送中心，这样运输商和零售商的配送中心之间的信息系统的接口就需要改进。现在通行的方式是通过 EDI 或电子邮件等，由发货方事先将发货信息传送给收货方，由于信息系统平台的兼容性，收货方无须重新对这些信息进行录入、校对等，从而大大提高了物流运作的效率和准确性。由于有良好的信息接口，收货作业也可以快速进行。可见物流信息系统接口的集成对于整个物流系统要素集成至关重要。

2．经济性原则

经济性原则是指在物流系统的功能和服务水平一定的前提下，追求成本最低，并以此实现系统自身利益的最大化。显然，经济性也是物流系统规划追求的一个重要目标，经济性原则具体体现在以下几个方面。

（1）连续性。良好的物流系统规划设计和设施布局应该能保证各物流要素在整个物流系统运作过程中流动顺畅，消除无谓的停滞，以保证整个过程的连续性，避免浪费。

（2）柔性。在进行物流系统规划与设计时，要充分考虑各种因素的变化给系统带来的影响，有利于以后的扩充和调整。

（3）协同性。在进行物流系统规划与设计时，要考虑物流系统的兼容性，或者说物流系统对不同物流要素的适应程度。当各种不同的物流要素都能够在一个物流系统中运行时，表明该物流系统的协同性好，能够发挥协同效应，降低整体物流成本。

（4）资源的高利用率。物流系统的主体投资在于基础设施与设备，属于固定资产范畴，也就是说不管资源的利用率如何，固定成本是不变的。因此，提高资源的利用率就可以降低物流成本。

3．可衡量原则

可衡量原则是指物流系统规划与设计的目标可以用量化指标来表达。例如某物流系统设置库存水平的目标为：库存可得性为 A 类产品 99%、B 类产品 95%；订单反应时间为：订单收到后 48 小时内，所有订货的 98%应予以发货等。只有具备量化指标，才能对物流系统的运作情况进行监督和控制。如果目标设置为"订单尽量快地送达"，而没有制定怎么才算达到"尽量快"的指标，就没有办法对物流系统的运作效率进行衡量，也就无法监督和控制。因此，可衡量原则也是物流系统可靠性的基础。

4．社会效益原则

社会效益原则是指物流系统规划与设计应该考虑环境污染、可持续发展、社会资源节约等因素。一个好的物流系统不仅在经济上是优秀的，在社会效益方面也应该是杰出的。物流的社会效益原则越来越受到政府和企业的重视。目前，中国倡导循环经济，绿色物流是其重要组成部分。另外，政府在法律法规上对物流系统的社会效益问题做出引导和规定，如要求生产某些电子产品的厂家回收废旧产品，这就是一个逆向物流的问题。

1.2.2 物流系统规划与设计的内容

从物流系统的地位来看，可将物流系统规划与设计分为战略层、策略层（战术层）和运作层的规划与设计；从规划涉及的行政级别和地理范围看，又可将物流系统规划与设计分为国家级物流系统规划与设计、区域物流系统规划与设计、行业物流系统规划与设计、企业物流系统规划与设计等。本书主要讨论企业物流系统规划与设计，其内容如图 1-7 所示。

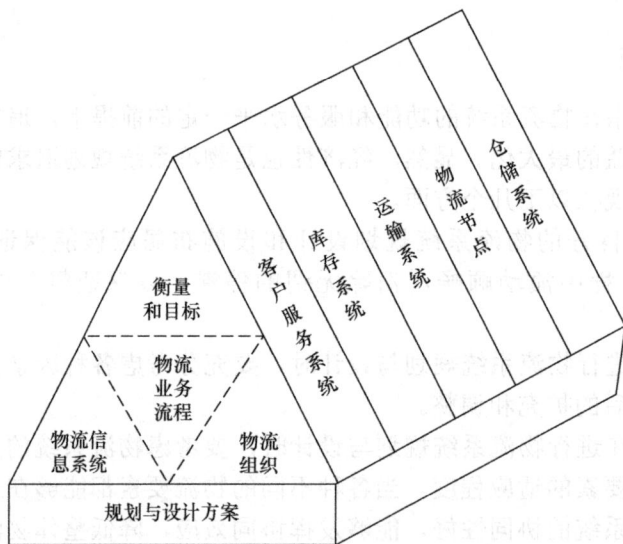

图 1-7 企业物流系统规划与设计的内容

在企业物流系统中，物流系统的活动一般包括客户服务系统、库存系统、运输系统、物流节点及仓储系统五个部分，物流系统规划与设计的战略层就是确定以上五个部分的战略。物流系统规划与设计的策略层和运作层在以上五个部分战略确定的基础上对物流活动进行统一管理，制定物流业务流程，以物流组织与物流信息系统为基础，实现物流系统的运作，并通过衡量对物流系统进行评价和控制，进而保证物流目标的达成。

1. 客户服务系统的规划与设计

客户服务是一种以客户为导向的价值观，是对预先设定的最优化成本—服务组合中的客户界面的所有要素进行的整合及管理。客户服务是一切物流活动的最终目标。

对于物流系统，客户是物流的最终目的地。客户可以是消费者、零售店、批发商、生产企业和配送中心等，在某些情况下，也可以是对交送产品或服务拥有所有权的企业或个人，还可以是供应链中同一企业内的不同组织，或者同一供应链中位于不同地区的商业伙伴。但无论客户是什么类型的，接受服务的客户都是物流运作的中心和驱动因素。因此，在制定物流战略时，很关键的一点就是企业要充分认识到物流系统必须满足客户的需求，即在合适的地点、合适的时间，以合适的方式、合适的价格，将合适的产品、服务或信息送达客户。

这部分的主要内容包括制定物流服务标准，围绕已制定的服务标准设计有效的监测指标体系，并按照客户的需求制定等级服务标准，扩展服务范畴。在此基础上，需要建立职责明确、科学规范的服务质量考核体系，对服务过程进行绩效测定，使企业能够据此改善客户服务，以特色鲜明的服务理念为客户提供全面、迅捷、亲切的服务，并为加强企业管理积累信息资料及管理经验。

2. 库存系统的规划与设计

在物流系统中，企业必须保证产品供应充足，以满足客户和制造商两方面的需求。因此，库存控制是非常关键的。库存不仅会消耗物理空间、人力资源的时间和资产，还会占用资金。因此，企业的库存战略是在满足客户服务目标的基础上，确定和维持可能的最小库存水平。

这部分的主要内容包括在衡量库存水平与服务水平的基础上，确定合适的库存水平，确定订货周期、订货点等内容，以及库存的分布情况，从而制定相应的库存管理和控制方法。

3. 运输系统的规划与设计

物流过程的一个主要组成部分是产品从原产地到消费地的移动或流动，以及可能发生的产品退货。在实体上，运输连接了选择采购的供应主体和决定受客户服务政策制约的客户。

衡量运输系统的三个标准分别是成本、速度和服务的稳定性。运输系统的目标是在客户服务政策决定的反应时间内，以最低的成本，用运输设备连接物流系统的网络结构，包括选择运输方式、运输路径及安排运输时间，以及联合运输的安排和管理等内容。

4. 物流节点的规划与设计

物流节点的规划与设计即物流系统网络规划。物流系统网络是组织物流活动的基础条件，其规划与设计在物流系统中有极为重要的战略地位。具体来说，物流系统网络规划需要根据物流运作的实际要求，明确所构建的物流系统网络体系的功能定位，确定产品从原材料起点到市场需求终点的整个流通渠道的结构。这部分的主要内容包括物流设施的类型、数量、层次与位置的确定、物流系统网络功能与布局规划。

5. 仓储系统的规划与设计

仓储是每个物流系统不可或缺的组成部分，它是生产者与客户之间的主要纽带，在原产地、消费地或两者之间储存物品，并且向管理者提供有关储存物品的状态、条件和处理情况等信息。这部分的主要内容包括仓库物权的确定、仓库内部货物处理流程的确定、仓库的面积、内部布局等决策的制定方法。

6. 物流业务流程的规划与设计

物流业务流程描述了企业如何开展物流业务，是企业物流运作实施人员开展业务并相互配合的指南。企业物流运营管理需要有明确的业务流程及相关标准，物流业务流程规划要解决的就是这个问题。业务流程规划要建立、理顺企业主要的物流业务流程，当条件允许时，还要借助信息技术、计算机仿真技术模拟业务处理，从而检测可能存在的问题，便于进一步完善和优化物流业务流程。

7. 物流组织的规划与设计

多数物流项目的实际结果与目标相差甚远，主要原因在于物流组织不力。传统物流组织已经不能适应新的发展需求，在物流流程再造、设施重置、物流项目外包及运输网络规划等方面，金字塔式的组织很难适应现代物流系统活动的管理需求。

在物流系统规划中，除了优化设计、控制和评价，组织的环境适应性、持续改进、员工自治和目标的统一已成为管理人员普遍关心的问题。有效的和有效率的物流组织是物流系统管理中极其重要的因素。企业面临的问题和挑战主要不在于战略决策的制定，而在于系统、结构、任务、人力、公司、文化等层面的问题。上述因素组合在一起即物流系统的组织结构。这部分的主要内容是企业如何建立有效的物流组织，包括战略与作业运作、集权与分权、职能结构等。

8. 物流信息系统的规划与设计

物流信息系统是指由人员、设备和程序组成，为物流管理者执行计划、实施、控制等职能提供信息的交互系统，与物流作业系统一样都是物流系统的子系统。

物流信息系统建立在物流信息的基础上，只有具备了大量的物流信息，物流信息系统才能真正发挥作用。在物流管理中，要寻找最经济、最有效的方法来解决生产和消费之间的时间距离和空间距离问题，就必须传递和处理各种与物流相关的信息，即物流信息。它与物流过程中的订货、收货、库存管理、发货、配送及回收等职能有机地联系在一起，促使整个物流活动顺利进行。

在企业生产经营的整个活动中，物流信息系统与各种物流作业活动密切相关，具有有效管理物流作业系统的职能。它有两个主要作用：一是随时把握商品流动带来的商品量的变化；二是提高各种物流业务的作业效率。

物流信息系统的规划与设计从调查客户的需求和确定满足这些需求的绩效标准开始，开发能够将客户的需求与企业目前的能力相匹配的物流信息系统，并且必须调查目前的运行情况，找出需要监控的领域。通过这部分的规划与设计，企业能够确定需要哪些战略决策和运营决策，以及决策需要什么样的信息与通过什么形式展现给客户。

1.3　物流系统规划与设计的步骤与方法

1.3.1　物流系统规划与设计的步骤

满足一定服务目标的物流系统由若干子系统组成。物流系统规划与设计包含众多可能的选择，从物流网络构建到仓库内部布局等，需要对每个子系统或环节进行规划与设计。每个子系统的设计都需要与其他子系统和整个物流系统相互协调、相互平衡。因此，首先需要形成一个总框架，其次在总框架的基础上采用系统分析方法，对整个系统的各个部分进行统筹规划与设计。

物流系统规划与设计的过程大致可分为五个步骤，如图 1-8 所示。

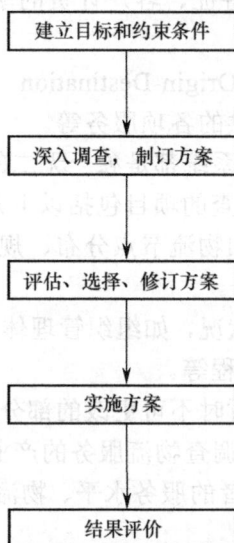

建立目标和约束条件

↓

深入调查，制订方案

↓

评估、选择、修订方案

↓

实施方案

↓

结果评价

图 1-8　物流系统规划与设计的步骤

1. 建立目标和约束条件

在整个物流系统规划与设计的过程中，最重要的是确定目标。目标定位直接决定物流系统的组成部分。

例如，对企业物流系统设计来说，解决系统内部目标不一致问题，需要考虑以下几个因素：资源可得性、物流系统规模、物流系统各组成部分的相对重要性、系统费用、系统整合程度。最好的方法当然是考虑整个系统，然而某些情况，如系统输入条件的改变和系统的每个部分联系不大、时间有限及物流系统太大等都不能从整个系统角度来解决，这时一个比较实际的方法就是分步考虑问题，设计独立部分，最后再将其结合起来。

另外，由于物流系统庞大而繁杂，各子系统之间相互影响和相互制约十分明显，并且系统受外部条件的限制也很多。因此，在物流系统规划与设计时就需要判明各种问题和约束，特别是那些暂时无法改变的系统制约因素。

2. 深入调查，制订方案

1）调查和收集基础数据

在物流系统规划与设计中，最基础的工作就是大量调查和收集相关基础数据，作为系统设计的参考依据。一个物流系统设计方案的有效性依赖于调查获得的基础数据的准确和全面程度。调查的内容主要根据设计目标、调查对象确定。物流系统规划与设计需要调查和收集的基础数据一般包括以下几个方面。

（1）物流服务需求。物流服务需求既是物流系统产生的动因，又是构建物流系统的基础依据，有什么样的物流服务需求，就需要有相应的物流系统与之对应。物流服务需求具体包括以下几项。

① 服务水平，如缺货率、送货时间、服务费用等。

② 客户分布，如现有的和潜在的客户分布等。

③ 产品特征，如产品尺寸、重量和特殊的搬运需求等。

④ 需求特征，如客户的订单特征、客户订货的季节性变化、客户服务的重要性程度等。

⑤ 需求规模，如起点-终点（Origin-Destination，OD）流量等。

⑥ 需求服务内容，如需要提供的各项服务等。

（2）现有物流资源。每个物流系统都是独一无二的，设计物流系统前必须对现有物流资源进行全面调查分析。需要调查的项目包括以下几项。

① 现有物流设施设备状况，如物流节点分布、规模及功能、交通网络、运输设备、仓储设备、信息系统等。

② 现有物流系统的基本运营状况，如组织管理体系、服务模式、营业状况、服务种类、作业方式、单据流程、作业流程等。

③ 制约因素，如现有设施中暂时不可更改的部分。

（3）社会经济发展状况，主要调查物流服务的产业特征、产业模式、经济规模等。

（4）竞争状况，主要调查竞争者的服务水平、物流资源配置和网络布局、服务方式、营业状况等。

基础数据的调查方法主要有企业访谈调查、问卷调查、查找相关统计资料、现场调查、计算机检索等。

2）基础数据分析

数据收集完成后，先提出异常数据，确定数据样本容量，对数据进行分类归并，再计算、整理、分析。可以使用过去活动中得来的技术和数据，评估物流战略和战术方案的可行性。

（1）对需分析的问题给出定义。对需分析的问题给出定义的首要任务是确定方案和可接受的不确定性的范围。问题是怎样利用确定的方案和参数建立研究的目标与约束的条件。例如，一个分销中心地点的问题分析必须确认评估的是特定的位置。

（2）使用基准线进行有效分析。利用合适的方法或工具对现有物流环境进行基准线分析，将结果和过去收集的有效数据进行比较，以确定历史和分析结果的适合程度。这种比较应当集中于确认重要的差别和错误的可能原因。错误可能是不正确或不精确的数据输入、不合适或不准确的分析程序或无效的数据等导致的。当碰到差异时，必须识别错误，并及时予以改正。

（3）完成方案分析。如果方法有效，下一步就是完成方案分析。分析必须采用手工或电子的手段，确定每个方案的相关绩效特征。应当充分考虑到管理政策及实施概况，包括诸如分销中心数量、库存目标水平或运量大小等因素可能发生的变化。

上述分析完成后，最佳的绩效方案被定为进一步做敏感度评估的目标。其中无法控制的因素有需求、要素成本或竞争行为等。在分析的不同运作条件下，方案的潜在选择能力是变动的。

3．评估、选择、修订方案

对方案进行评估的目的是针对备选方案，对其经济、技术、操作等层面的可行性做出比较与评价，以帮助决策者选择最优或最满意的方案。主要评估方法有程序评估法、因素评估法和目标评价法。主要评估内容包括成本与收益评估、物流系统方案风险评估。

评估后便要选择方案，并对方案进行修订和完善。

4．实施方案

物流系统方案的实施过程是一个相当复杂的过程，方案设计的实际可操作性在这里将得到验证。这就要求实施者根据决策者选出的最优方案，严格按照方案设计的要求逐步实施。在此过程中，可能遇到各种实际问题，有些是设计者未能事先预料到的。因此，在方案的实施过程中，实施者要充分领会设计者的整体思路和设计理念，在遇到问题时应尽可能最大限度地满足设计要求。如果确有无法满足的部分，需要对设计方案做必要调整，也要保证不影响物流系统整体目标的实现。

此过程的主要任务是确定实施计划、确定实施进度计划、确定验收标准及具体实施计划。

5．结果评价

如果说方案评估是在没有实施的前提下，仅凭专家、决策者的经验预先检验模拟效果，并加以评价，那么最后阶段的结果评价就是实际的方案实施结果的评价。评价的方法和方案评估方法基本上是一致的，最常用的方法是因素评估法和目标评价法。其不同点在于评价过程中的指标打分不再是专家凭借经验的主观判断，而是实际结果的客观评判。结果评价的目的是实际检验方案设计的优劣，并作为今后物流系统设计的参考。

1.3.2　物流系统规划与设计的方法

物流系统规划与设计的方法有很多种，这些方法是在研究中发现新现象、新事物，或提出新理论、新观点，揭示事物内在规律的工具和手段。物流系统规划与设计的方法概括来说有调查类方法、假设类方法和实验类方法。

1．调查类方法

调查是物流系统规划与设计的开始。采用调查、统计的方法获得现有物流系统部分样本的状况，再利用分析、综合、推理等方法推断出物流系统总体，以获得对物流系统的深入认识，进而对物流系统进行后续的规划与设计。调查类方法有很多种，常用的有问卷调查法、现场调查法、访谈调查法和文献调查法。

2. 假设类方法

假设类方法是基于假设对事物进行分析的方法。当某因素的存在形式限定在有限种可能时，假设该因素处于某种情况，并以此为条件进行推理，称为假设法。例如，在物流系统中确定最佳订货批量时，为了简化计算进行一系列假设，包括进货为整批间歇进货、不允许缺货、匀速消耗等。

初期大胆进行科学假设是非常必要的。只有通过论证、实验提出假设，再通过反复论证、实验对假设进行修正、证实、证伪，才能促进物流理论和实践的发展。

3. 实验类方法

实验类方法是通过设计一定的实验环境和条件，采用简化的要素、构造简化的关系再现系统，在系统再现过程中观测系统的组成要素、结构及系统要素相互关系的变化，并据此进行系统规划设计的方法。

1）实验室实验。实验室实验被认为是最科学的研究方法。在实验室中，设计合适的实验条件，就可以验证数据、理论和观测结果。例如，要决策数以千计的货物组合在货架上的摆放位置，就可以在实验环境下将每种货物组合的摆放位置实验一周，并记录拣货批量和每个订单的拣货时间，最后通过一段时间的比较确定货物组合在货架上的最佳摆放位置。

2）现场实验。与实验室实验不同的是，现场实验的地点就是工作现场，而不是设计好外界环境的实验室。在工作现场进行实验可以使实验结果更真实、实用，但是工作现场的外部环境不可控因素很多，也不容易对实验结果的适用环境进行概括。

3）计算机模拟实验。计算机模拟（仿真）实验是利用信息技术、计算机技术、网络技术、数据库技术、建模技术等综合模拟再现物流系统的全部或部分的实验。物流系统的仿真实验是根据物流系统规划与设计的目的，在分析物流系统各要素性质及其相互关系的基础上，建立描述物流系统结构或行为过程且具有一定逻辑关系或数量关系的仿真模型，通过计算机实验，对一个系统按照一定的决策原则或作业规则由一个状态变换为另一个状态的动态行为进行描述和分析。

随着我国物流产业的发展，物流系统越来越复杂，对物流系统规划与设计的要求也越来越高。在物流系统规划与设计中运用计算机仿真技术进行模拟分析和实验来辅助决策，既可以避免新上马的物流项目出现失误和缺陷，又可以保证物流系统规划方案和物流运作决策措施合理、有效。

本章小结 →

➢ 物流系统是指在一定的空间和时间里，物流活动所需的设备、工具、设施、线路等物质资料要素之间相互联系、相互制约并以完成物流服务为目标的有机整体。物流系统是由物流各要素组成，各要素之间存在有机联系，并具有使物流总体合理化功能的综合体。物流系统是社会经济大系统中的一个子系统或一个组成部分。

➢ 物流系统和其他系统一样，具有输入、处理、输出、调控和反馈五大功能。

➢ 物流系统除具有一般系统共有的特点外，还是一个人机系统、一个大跨度系统、一个可分系统、一个动态系统、一个多目标函数系统。

➢ 物流系统的构成要素包括一般要素、物质基础要素、功能要素和支撑要素。物流系统的结构包括网络结构、功能结构和治理结构。

➢ 物流系统规划与设计要遵守一定的原则，包括系统性原则、经济性原则、可衡量原则和社会效益原则。物流系统规划与设计要在上述原则的基础上综合考虑各种影响因素，运用恰当的方法审视和设计物流系统。

➢ 物流系统规划与设计的策略层和运作层在客户服务系统、库存系统、运输系统、物流节点及仓储系统五个部分战略确定的基础上对物流活动进行统一管理，制定物流业务流程，以物流组织与物流信息系统为基础，实现物流系统的运作，并通过衡量对物流系统进行评价和控制，进而保证物流目标的达成。

➢ 物流系统规划与设计应按照以下步骤进行：建立目标和约束条件；深入调查，制订方案；评估、选择、修订方案；实施方案；结果评价。

➢ 物流系统规划与设计常用的方法有调查类方法、假设类方法和实验类方法。

案例分析 →

服务体验就是顺丰的生命

近年来，随着电子商务的发展，像松茸这样的生鲜产品也可以走出大山，送上市民的餐桌。开网店、拍视频、做直播，越来越多的生鲜产品商家通过网络拓宽销售渠道。但对于物流体验，有不少商家存在诸多顾虑。用哪家快递合适？时效够不够快？易损的生鲜产品能不能保鲜？物流供应链对于生鲜产品商家至关重要。运输时间长、包装品质差、全流程服务不到位等痛点成为生鲜产品配送的主要瓶颈。

一年运送 7.2 亿个生鲜包裹的背后

很多做生鲜产品的商家在与消费者沟通后发现，时效性、服务质量的稳定性及服务需付出的成本是影响消费者购买的主要因素。受制于地处偏远、交通不便等因素，松茸的物流运输效率低和货损率较高一直是两大难题。

2022 年是云南顺丰服务于松茸寄递的第九年。顺丰一直强调："物流不只是物品的运送。在每件物品背后，都有一个托付、一份期待、一种温暖。"特别是松茸寄递，不仅需要高效、可靠的物流服务，优秀的品控、用户体验更加关键。

过去，优质的服务一直是顺丰占据行业制高点的核心竞争力。在新的市场环境下，顺丰确立稳健发展的主基调，追求差异化发展，打造高体验、高稳定、高质量的服务。

生鲜寄递的核心要素是时效和质量。顺丰本身是"快资源"丰富的公司，除了具备规模、品牌、资源优势，还拥有全国最大的货运航空公司。2021 年，顺丰开通了全国首条松茸全货机航线，实现松茸产地直飞。为进一步提升迪庆松茸快速运出去的空中运输保障能力，2022年6月，香格里拉机场顺丰航空分拣中心正式揭牌并投入使用，实现快件运输环节精简、快件处理流程优化、机场直发，优化航空货运模式，最大限度保障新鲜松茸的运输时效与品质。7月，迪庆—昆明—深圳全货机航线恢复开通，增加计划班次，并加大人力、场地、车辆、科技等资源投入力度，以及投入高铁、冷链等资源作为其他运力的补充，强化速度与温度双重保障。

除运输时效外，包装及运输环境同样重要。不同规格的松茸需要与之匹配的冰袋克数、吸水纸材质、泡沫箱密度。顺丰通过研发最新保鲜包装升级技术，有效延长了松茸保鲜期。

顺丰还严格把控质量，在"生鲜季"成立专门的项目组，借助快件全生命周期可视化系统，对收、转、运、派、售后等各个环节进行监控并及时预警，保障整个流程中的服务质量。

即使遇到极端天气、航班取消、道路封阻等特殊因素，顺丰也有一套服务方案。以"优先配载""优先中转""优先保障"三大优先原则，最大限度减少异常情况带给客户的损失。

正因为这样的资源底盘、丰富运营经验和专业能力，顺丰获得了一年7.2亿个生鲜包裹（2021年总量）背后无数商家的信任。

由"点"到"链"，探索生鲜农产品物流新模式

生鲜农产品寄递已不是以"点"为主的单一竞争，而是以"链"为主的多元竞争。商家需要的不是简单的快递服务，而是全方位的、稳定的、高质量的服务，是从田间到餐桌的一站式解决方案。

顺丰很早就意识到这一点，并积极转型升级。顺丰在保持既往优势的基础上，继续由"点"到"链"，对生鲜农产品的物流模式进行了一系列探索：围绕大宗商家的生鲜农产品运输需求，拓展出干+仓/配新场景，减少中转环节，降低不可抗力影响，持续优化运营成本，提升交付时效；针对个性化需求客户，提供"B2B2C一单到底"模式，也就是直接从产地专线发至目的地城市，减少中转环节；同时，借助算法，提前帮助客户把货品发至前置仓，摆脱始发地因特殊情况不能及时发货的困境。

与此同时，2022年顺丰还针对生鲜特别加大投入，如5—6月新增了全货机航线54条，投入超6万条干线及27万条支线，并协调高铁资源，支持华南荔枝、山东樱桃的发运。

一张兼具柔性与敏捷性的供应链网络

由于市场不确定性增强，越来越多的企业开始从全局视角重新审视自身的销售和供应链履约体系，供应链的战略意义上升到新高度。

供应链的核心在于快速满足客户的个性化需求，通过先进的技术，不断对供需网络进行规划、计划、协调及优化，从而让整个供应链网络达到最优状态。大的品牌商渠道很复杂，从线上到线下，并向全渠道演进，因此对供应链计划的需求变得越来越迫切。面对高峰期业务压力，品牌商难免会有顾虑：既要做好库存控制，提升计划准确/稳定性，又要盘算预售交付周期，更要探究履约过程的效率。

顺丰的能力和优势得到进一步验证，通过自主可控的资源、多元物流服务能力、端到端全流程覆盖、高科技创新实力、高效应对机制等，打造更加柔性、敏捷的"数

智供应链"模式下的极致履约能力。例如，顺丰在往年磨炼成熟的"极效前置"和"极致履约"服务保障基础上，面向众多合作品牌商，提供了"上仓下中转的前置仓网"配置"以配驱仓的极效服务"这种组合方案，让商品更加接近消费者，实现了多级分层履约服务。

灵活的网络覆盖和履约关系大大增强了供应链的柔性和敏捷性。例如，某国际化妆品集团通过升级使用顺丰"极效前置"策略，将超 400 万件商品交由顺丰进行预先配货、高峰发运和履约配送。与此同时，双方还依托顺丰的基础供应链网络设施、数字化智能分析工具，实现了供应链全链路数据可视化，提高了整个供应链的决策水平。这样的合作，可以极大地克服各种管控因素造成的不畅，解决退货等不确定因素造成的成本增加，即便在市场不确定性背景下，仍可以快速反应。

从大宗商家物流模式升级及助力生鲜从产地到餐桌的落地执行来看，顺丰的"新思路"已清晰可见：不仅提供配送端的高质量物流服务，打造出一套以客户需求为出发点的多样化产品线，满足客户越来越多样化的需求，还向产业链上下游延伸，形成行业解决方案，为行业客户提供多层级细分市场，多场景供应链环节数字化、一体化的供应链服务，助力行业客户产业链升级。

思考题：
1. 请归纳松茸物流的特点。
2. 案例中松茸物流系统的构成要素有哪些？
3. 顺丰通过哪些措施保障了松茸物流的服务水平？
4. 迪庆松茸物流采用的是哪种治理结构？请说明原因。

复习思考题 →

1. 物流系统有哪些特点？
2. 物流系统的目标是什么？
3. 物流系统的构成要素有哪些？
4. 物流系统的治理结构有哪些？请举例说明。
5. 物流系统规划与设计的原则有哪些？
6. 物流系统规划与设计的内容有哪些？
7. 物流系统规划与设计的步骤是什么？

第 2 章

物流需求预测

1. 了解物流需求的含义及特点。
2. 理解物流需求预测的内容。
3. 理解物流需求预测的步骤。
4. 掌握物流需求预测的方法。
5. 掌握物流需求预测误差的衡量方法。
6. 理解物流需求预测误差产生的原因。
7. 掌握减少物流需求预测误差的方法。

开篇案例 →

基于精准画像的京东"1 小时达"

在大数据时代，数据被视为一种资源和财富。尤其是电子商务和物流快递行业，通过挖掘、处理和分析数据，对客户的需求进行精准预测，对于企业满足日趋个性化的客户需求，动态适应多变的市场环境，应对激烈的市场竞争都具有重要意义。

京东移动商店依托海量交易数据，对不同社区的消费能力和消费习惯进行分析预测，描绘出不同社区的具体画像，然后通过社区画像对客户需求做出预测，实现未买先送的精准营销。该模式将库存前置到终端的移动商店，缩短商品与客户的距离，从而实现京东"1 小时达"。

通过对市场的分析和调研，京东发现，客户对"运费、时效"敏感。在所有客户诉求中，对"加急配送"的诉求占 20%。为了充分适应瞬息万变的电商市场，满足客户多维度的物流需求，京东于 2014 年成立了移动商店项目组，在提升用户体验的同时，将物流服务水平提升到新阶段。

现有的"京东 211"时效是 RDC（Regional Distribution Center，区域物流中心）、FDC（Forward Distribution Center，前置仓）配合仓配无缝的波次对接实现的，要想更快，必须缩短供应链的距离。现在的京东仓储几乎覆盖了绝大多数行政区域，成本时效是矛盾的，无休止地建造越来越多的仓，短期内是不可行的。京东该怎么做呢？京东依赖海量交易数据实现精准预测及营销，再通过庞大的自营物流资源将预测的客户需求配备库存前置，进而离客户更近，形成前置的"移动商店"，从而实现物流费用更低、时效更快。

在京东的大数据平台上，生产数据（包括主数据与交易数据）可以产生四种派生数据：用户画像、社区画像、商品画像和商家画像，通过分析与预测为销售、运营等业务提供服务。例如，社区画像通过大数据平台分析不同社区客户数量、活跃时段、促销敏感度、信用水平、消费能力、商品偏好、品牌偏好、忠诚度等维度，挖掘出社区的基本属性和购买属性，按人群、品类预测复购率，筛选出以社区为单位的消费族群青睐的产品。然后，京东配送系统（青龙系统）的核心子系统——预分拣系统，采用深度神经网络、机器学习、搜索引擎技术、地图区域划分、信息抽取与知识挖掘技术，利用大数据对地址库、关键字库、特殊配置库、GIS 地图库等数据进行分析，能够快速处理自动分拣，满足各类型订单的接入。移动商店利用青龙预分拣技术，可根据每个移动商店的配送能力在地图中画出"1 小时达"配送的覆盖范围，并快速定位覆盖范围内离客户最近的移动商店，进而以较低的成本实现 1 小时送达的目标。

思考题：

1. 案例中提到"成本时效是矛盾的"，请分析原因。
2. 京东在"1 小时达"中对哪些项目进行了预测？其目的是什么？

2.1 物流需求预测概述

物流需求预测贯穿物流系统全过程，物流系统规划与设计的目标就是以最低的成本满足客户的需求，因此要对物流需求进行优化，首先要预测客户的需求量，满足物流市场需要。

2.1.1 物流需求的概念

物流需求指的是物流服务的需求，它是流量而非存量，即在一段时间内而非某时点上发生的量。

1. 物流需求的含义

物流需求是指在一定时期内社会经济活动对生产、流通、消费领域的原材料、成品、半成品、商品及废旧物品、废旧材料等发挥配置作用而产生的对物流在空间、时间和费用方面的要求，涉及运输、仓储、包装、装卸搬运、流通加工及与之相关的信息需求等物流活动的诸方面。物流需求可以从物流需求量和物流需求结构两个方面来看。物流需求量是物流活动中运输、仓储、包装、装卸搬运和流通加工等物流作业量的总和。物流需求结构是物流需求量的构成，从物流服务内容来看，物流需求结构包括运输、仓储、包装、装卸搬运、流通加工、配送、信息服务等各方面的需求构成；从物流服务质量需求来看，物流需求结构包括物流效率、物流时间等方面的需求构成。本章主要介绍对物流需求量的预测。

物流活动日益渗透到生产、流通、消费等社会经济活动过程中，是社会经济活动的重要组成部分，因而物流需求与社会经济发展密切相关，社会经济发展是影响物流需求的主要因素。由于经济本身的发展、宏观经济政策和管理体制的变化、市场环境的变化、消费水平及消费理念的变化、技术的发展等因素的影响，物流需求变化较大。物流需求是现代物流发展的基础，是物流企业经营管理决策的依据，也是物流系统规划与设计的依据。因此，在进行物流系统规划与设计前，有必要对整个系统的物流需求进行相对准确的预测。

2. 物流需求的特点

（1）物流需求的时间和空间差异大。在时间上，从宏观方面来看，在经济建设与发展的不同阶段，物流需求的数量、品种、规模是不同的。从微观方面来看，物流需求的数量和品种往往随季节变化；科技的发展使产品的生命周期不断缩短；客户的消费观念日益变化，也增强了物流需求随时间变化而变化的敏感性。在空间上，生产力布局、社会经济水平、资源分布及用地规模等不同，使物流需求呈现出地域差异。物流需求的空间分布影响物资流动的流量和流向，对物流系统的规划有巨大影响。

（2）部分物流需求具有派生性。如果物流需求随着某种需求的产生而产生，具有从属性，这种物流需求就称为派生性需求或相关性需求，如原材料的物流需求。反之，如果某种需求不受其他需求的影响，这种需求就称为独立性需求，如某种产成品的需求。

物流系统中的物的要素，既包括原材料、半成品等派生性需求，又包括产成品等独立性需求。其中，派生性需求具有很强的倾向性，而且不显随机性，例如，采购物流需求就依赖于生产物流需求和物料的库存情况。

另外，物流需求是社会经济活动特别是制造与经营活动派生的一种次生需求。物的流动是出于社会生产与社会消费的需要而产生的，它受生产力、生产资源分布、生产制造过程、消费分布、运输仓储布局等因素的影响，具有派生性。

（3）物流需求具有可转移性和可化解性。物流需求的可转移性是指在某种因素影响下，本来可以采用公路运输的货物转而采用铁路运输；本来不需要储存保管的货物不得不储存保管一段时间。可化解性是指本来可以将后续简单包装与生产分离，但由于生产力结构的调整、工艺流程的改造而将其变为生产的一部分，从而化解一定数量的需求等。

（4）物流需求的规律较复杂。因为物流需求的影响因素较多，而且涉及所有商品品类及商品不同的生命周期，各种物流需求都会随时间形成不同的需求模式，所以物流需求的规律较复杂。常见的物流需求变化规律，按照其随时间序列构成的数据序列，可归纳为随机性、趋势性、季节性和周期性规律，如图 2-1 所示。

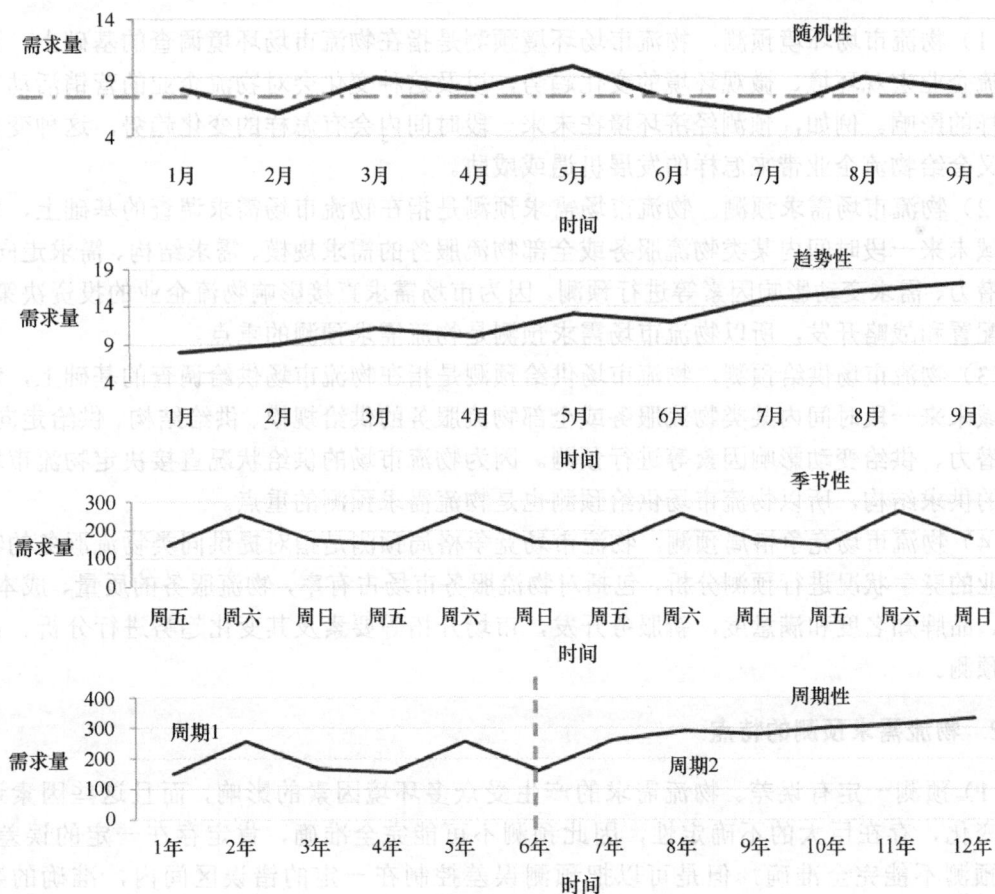

图 2-1　物流需求变化的不同规律

随机性是指由很多不可控因素引起的，没有规律的波动；趋势性是指物流需求随着时间序列的变化表现出上升、下降或停留在某一水平的趋势；季节性是指在某段时间内按照一定的频率围绕趋势表现出有规律的波动；周期性是指物流需求在某段时间内呈现出某种规律性，而在后续某段时间内呈现出另一种规律性，那么呈现出相同规律性的这段时间被称为一个周期。企业的物流需求可能只具有以上四种规律的某种，也可能同时具有几种。

2.1.2 物流需求预测的概念

现代公司的经营活动大部分都以需求预测为依据，如营销计划、生产计划、物流计划等都受到需求预测的影响和制约。高效的需求预测有助于优化库存、平衡需求与供给、降低物流成本、提高物流效率，对于物流部门十分重要。物流需求预测是指借助定性和定量的分析手段，了解社会经济活动对物流能力供给的需求强度，进行有效的需求管理，引导社会投资有目的地进入物流服务领域，从而合理规划、建设物流基础设施，改进物流系统。

1. 物流需求预测的内容

（1）物流市场环境预测。物流市场环境预测是指在物流市场环境调查的基础上，预测物流企业宏观环境、微观环境的变化趋势，以及这种变化会对物流企业的营销活动带来怎样的影响。例如，预测经济环境在未来一段时间内会有怎样的变化趋势，这种变化趋势又会给物流企业带来怎样的发展机遇或威胁。

（2）物流市场需求预测。物流市场需求预测是指在物流市场需求调查的基础上，对某区域未来一段时间内某类物流服务或全部物流服务的需求规模、需求结构、需求走向、需求潜力、需求变动影响因素等进行预测。因为市场需求直接影响物流企业的投资决策、资源配置和战略开发，所以物流市场需求预测是物流需求预测的重点。

（3）物流市场供给预测。物流市场供给预测是指在物流市场供给调查的基础上，对某区域未来一段时间内某类物流服务或全部物流服务的供给规模、供给结构、供给走向、供给潜力、供给变动影响因素等进行预测。因为物流市场的供给状况直接决定物流市场未来的供求结构，所以物流市场供给预测也是物流需求预测的重点。

（4）物流市场竞争格局预测。物流市场竞争格局预测是指对提供同类物流服务的物流企业的竞争状况进行预测分析，包括对物流服务市场占有率，物流服务的质量、成本、价格、品牌知名度和满意度，新服务开发，市场开拓等要素及其变化趋势进行分析、评估和预测。

2. 物流需求预测的特点

（1）预测一定有误差。物流需求的产生受众多环境因素的影响，而且这些因素还不断变化，存在巨大的不确定性，因此预测不可能完全准确，肯定存在一定的误差。虽然预测不能完全准确，但是可以把预测误差控制在一定的错误区间内，准确的数字就在这个区间内，预测的结果可以看作一个范围，一种正常的方向指引。跟踪预测误差，可以优化流程，调整模型或参数，最终提高预测的准确率。例如，物流需求量正在减少，已制定的库存策略是减少库存，通过预测可以得到库存会逐渐下降的结果。当期的预测数据体现出库存下降的趋势，这说明企业采取了有效行动，控制住了库存。

（2）长期预测不如短期预测准确。影响物流需求的因素每天都在发生变化，因此当时间跨度延长时，可能发生变化的因素增多，变化的幅度增大，预测准确率往往随之下降。例如，要预测下周发运哪些客户的订单。许多订单已经完成了，就在仓库里，运输车辆都已经安排好了，而且是常年合作的运输车队，不出意外的话，是可以按照原先的计划出货的，因此预测的准确率相对较高。但是要预测三个月以后的订单出货就比较困难了，因为整个物流系统及外部环境中存在许多不确定性因素，如工厂的设备可能出现故障、原材料可能供应不上、客户所在城市道路阻断等，物流可能被中断。这三个月内发生的任何事情，都可能影响原来的计划，必然降低远期的预测准确率。对物流需求进行预测时应尽量利用短期预测，从而提高准确率。

（3）单独预测不如综合预测准确。单独某个物品的需求变化规律比较复杂，很难找到其规律。但将一类物品的需求进行综合预测，这一类物品需求变化的波动就有可能相互抵消，其综合需求就会变得相对稳定。例如，某种颜色的T恤衫有蓝色、黑色、黄色、粉色四种颜色。要预测某种颜色的T恤衫的需求即单独预测，我们很难预见到蓝色、黑色、黄色或粉色T恤衫各能卖出多少件，因为个体商品销售的波动太大了。对这类T恤衫各种颜色的销售总量进行预测，则为综合预测。虽然某个时段某个颜色的需求量波动很大，但是消费者对这类T恤衫的需求总量是相对稳定的，即某个颜色的需求量减少，但是另一个颜色的需求量会增多，两者需求量的波动会相互抵消一部分，即需求总量相对稳定。因此，综合预测比单独预测更准确。

相关链接

综合预测应用——集中库存

在物流系统中，很多企业会采用集中库存的方式对库存水平进行控制。集中库存就是综合预测的一种应用。将多个需求地的物流需求集中到某节点统一管理，对该节点的物流需求预测就是综合预测，物流需求的波动相对较小，进而可以降低安全库存的库存水平。

3. 物流需求预测的步骤

物流需求预测要经历确定预测目标、调查和收集数据、选择预测方法、确定预测模型、评价预测结果五个步骤，如图 2-2 所示。

（1）确定预测目标。预测是为决策服务的，因此在进行具体预测之前，必须首先根据决策提出预测的目标，包括确定预测的目的、对象及预测期限。

（2）调查和收集数据。进行预测必须有充分的数据资料。因此，在选择、确定预测目标后，首要工作就是广泛、系统地收集与本次预测对象有关的各方面数据和资料。收集数据是预测工作的重要环节。按照预测的要求，凡是影响物流需求的因素，都应尽可能地收集数据。数据收集得越广泛、越全面，预测的准确率就越高。

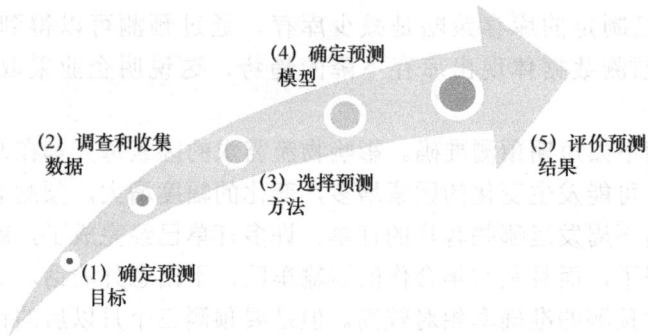

图 2-2 物流需求预测的步骤

影响物流需求的因素，一般包括某时期的基本需求水平、季节因素、趋势值、周期因素、促销因素及不规则因素六个方面。预测者必须认识到不同因素对物流需求的潜在影响，并能适当地予以处理。对特定项目具有重大意义的因素，必须予以识别、分析，并与适当的预测技术相结合。

① 某时期的基本需求水平。它是以整个展延时期内的平均值表示的，是对没有季节因素、周期因素和促销因素等成分的项目的适当预测。

② 季节因素。它通常建立在年度基础上。对零售商来说，在某几个季度，某商品的需求量较大，而在另几个季度，需求量较小。而对批发商来说，这种季节因素先于消费需求大约一个季度。

③ 趋势值。它是指在一个展延时期内，定期销售的长期一般运动。它可以为正、为负或为不确定方向。人口或消费类型的变化决定趋势值的变化。销售量随时间增加是正的趋势值；反之，则是负的趋势值。通常情况下，由于人们消费习惯的变化，趋势值会改变许多次。

④ 周期因素，如商业周期。一般来说，每隔 3～5 年就有一次经济从衰退到扩张的波动，许多大宗商品需求就与商业周期联系紧密。

⑤ 促销因素。在某些行业，企业的市场营销活动会引发需求波动，对销售量有很大影响。促销期间销售量增加，此后逐渐减少。从预测的角度看，规则的促销因素类似于季节因素，而不规则的促销因素则必须跟踪并结合时期进行分析。

⑥ 不规则因素。它是随机的或无法预测的因素。在展开一项预测的过程中，要通过跟踪和预计其他因素，使不规则因素降到最低。

在了解预测内容的基础上，根据预测目标收集资料进行初步分析，观察资料结构及其性质，并以此作为选择适当预测方法的依据。收集的资料可分为历史资料和现实资料两类。历史资料包括历年的社会经济统计资料、业务活动资料和物流需求研究的信息资料。现实资料主要包括目前的社会经济和市场发展动态，生产、流通形势，消费者需求变化等。收集到的资料，要进行归纳、分类、整理，最好分门别类地编号保存。在这个过程中，要注意标明异常数据，要结合预测进程，不断增加、补充新的资料。

（3）选择预测方法。收集完资料后，要对这些资料进行分析判断。常用的方法是首先将资料制成表格和图形，以便直观地进行对比分析，观察物流需求活动规律。分析判断的内容还包括寻找影响因素与预测对象的关系等。

在分析判断的过程中，要考虑采用何种预测方法进行正式预测。预测有很多方法，选用哪种方法要根据预测的目的和掌握的资料来决定。各种预测方法有不同的特点，适用于不同的情况。一般来说，掌握的资料少、时间紧，预测的准确程度要求低，可选用定性预测方法。掌握的资料丰富、时间充裕，可选用定量预测方法。在预测过程中，应尽可能地选用几种不同的预测方法，以便互相比较，验证其结果。

（4）确定预测模型。预测是运用定性分析和定量测算的方法进行的，在预测过程中，这两种方法不可偏废。

一些定性预测方法，经过简单的运算，可以直接得到预测结果。定量预测方法要应用数学模型进行演算、预测。预测中要建立数学模型，即用数学方程构成物流需求与经济变量之间的函数关系，抽象地描述经济活动中各种经济过程、经济现象的相互联系，然后输入已掌握的信息资料，运用数学求解的方法，得出初步的预测结果。

（5）评价预测结果。通过计算产生的预测结果是初步结果，这一结果还要加以多方面的评价和检验，才能最终使用。检验初步结果，通常有理论检验、资料检验和专家检验。理论检验是运用经济学、市场学的理论和知识，采用逻辑分析的方法，检验预测结果的可靠程度。资料检验是重新验证、核对预测依赖的数据，将新补充的数据和预测初步结果与历史数据进行对比分析，检查初步结果是否符合事物发展逻辑，符合市场发展情况。专家检验是邀请有关专家对初步结果做出检验、评价，综合专家意见，对预测结果进行充分论证。

完成评价后，对预测的主要过程进行总结，完成预测报告。预测报告包括叙述预测目标、对象及预测要求，说明预测资料的收集方式、方法及分析结果，详细阐述选择预测方法的原因及建立模型的过程，并说明对预测结果进行评价和修正的过程及结论。

2.2　物流需求预测的方法

预测的方法有很多，但是没有哪种方法适合所有情况，因此管理者或决策人员需要根据预测目标，充分考虑经济因素、产品趋势、成长状况、竞争环境、资源分布等多种可能变量的影响，合理选择预测方法，并对预测结果进行评估、调整，以最小化预测误差。

预测的方法可以分为定性预测、时间序列预测和因果关系预测三种。

2.2.1　定性预测

定性预测是指预测者依靠熟悉业务知识、具有丰富经验和综合分析能力的人员与专家，根据已掌握的历史资料和直观材料，运用个人的经验和分析判断能力，对事物的未来发展做出性质和程度上的判断，再通过一定形式综合各方面的意见，作为预测未来的主要依据。

定性预测在实践中被广泛使用。它特别适合对预测对象的数据资料（包括历史的和现实的）掌握不充分，或影响因素复杂，难以用数字描述，或主要影响因素难以进行数量分析等情况。

定性预测能利用专家经验和主观能动性，比较灵活，而且简便易行，可以较快地提出预测结果。但是在进行定性预测时，也要尽可能地收集数据，运用数学方法，其结果通常也从数量上做出测算。

常用的定性预测方法有德尔菲法、市场调查法、主观概率法等。

1. 德尔菲法

德尔菲法是根据有专门知识的人的直接经验，对研究的问题进行判断、预测的一种方法，是专家调查法的一种。德尔菲法具有反馈性、匿名性和统计性特点，选择合适的专家是做好德尔菲法预测的关键环节。德尔菲法的预测速度快，预测费用低，可以整合不同的但有价值的观点和意见，适合长期预测和对新产品的预测。

2. 市场调查法

市场调查法是运用科学的方法，有目的、系统地收集、记录、整理有关物流需求的信息和资料，分析物流需求情况，了解物流需求的现状及发展趋势，为物流需求的预测和相关物流管理决策提供客观、正确的资料。这种方法适合中长期预测。

3. 主观概率法

主观概率法是人们凭经验或预感而估算出来的概率。它与客观概率不同，客观概率是根据事件发展的客观性统计出来的一种概率。在很多情况下，人们没有办法计算事情发生的客观概率，因而只能用主观概率来描述。

主观概率法是一种适用性很强的统计预测方法，可以用于人类活动的各个领域。

2.2.2 时间序列预测

时间序列预测法属于定量预测，是一种历史资料延伸预测，也称历史引申预测法。时间序列预测法就是通过编制和分析时间序列，根据时间序列反映的发展过程、方向和趋势，进行类推或延伸，借以预测下一段时间或以后若干年内可能达到的水平。其内容包括：收集与整理某种社会现象的历史资料；对这些资料进行检查鉴别，排成数列；分析时间数列，从中寻找该社会现象随时间变化而变化的规律，得出一定的模式；以此模式去预测该社会现象将来的情况。

时间序列预测法可用于短期预测、中期预测和长期预测。根据资料分析方法的不同，又可分为简单平均数法、加权平均数法、移动平均法、指数平滑法、时间序列分解模型等。

1. 简单平均数法

简单平均数法也称算术平均法，即把若干历史时期的统计数值作为观察值，求出算术平均数作为下期预测值，计算公式如式（2-1）所示。

$$F_{n+1} = \frac{\sum_{i=1}^{n} x_i}{n} \tag{2-1}$$

式中，F_{n+1} 为 $n+1$ 期的预测值；x_i 为 i 期的观测值；n 为时间跨度。

这种方法基于下列假设："过去这样，今后也将这样"，把近期和远期数据等同化和平均化，因此只适用于事物变化不大的趋势预测。

2. 加权平均数法

加权平均数法就是把各个时期的历史数据按近期和远期影响程度进行加权，求出平均值，作为下期预测值。计算公式如式（2-2）所示。

$$F_{n+1} = \frac{\sum\limits_{i=1}^{n} \alpha_i x_i}{n} \tag{2-2}$$

式中，α_i 为第 i 期数据的权重；其他与式（2-1）相同。

3. 移动平均法

移动平均法就是相继移动计算若干时期的算术平均数作为下期预测值。移动平均法是一种简单平滑预测技术，它的基本思想是根据时间序列资料逐项推移，依次计算包含一定项数的序时平均值。这种方法只考虑基于预测期最近 n 期的历史数据，能够反映近期的环境变化情况，相对于前两种方法，精确度稍高一些。计算公式如式（2-3）所示。

$$F_{t+1} = \frac{\sum\limits_{i=t-n+1}^{t} x_i}{n} \tag{2-3}$$

式中，F_{t+1} 为 $t+1$ 期的预测值；x_i 为 i 期的观测值；t 为第 t 期；n 为时间跨度，且 $n>0$。

加权移动平均法的时间跨度（加大 n 值）会起到均衡波动性的作用，但会使预测值对数据实际变动更不敏感。移动平均值并不能总是很好地反映出趋势。由于是平均值，预测值总是停留在过去的水平上，而无法预计会导致将来更高或更低的波动。它通过引进越来越多的新数据，不断修改平均值，以之作为预测值。

移动平均法适用于短期预测，只能预测后面一期的发生值。当产品需求没有明显的上升或下降趋势，且不存在季节性因素时，移动平均法能有效地消除预测中的随机波动，是非常有用的。

4. 指数平滑法

指数平滑法就是根据历史资料的上期实际数和预测值，用指数加权的办法进行预测，计算公式如式（2-4）所示。

$$F_{t+1} = \alpha x_t + (1-\alpha) F_t \tag{2-4}$$

式中，F_{t+1} 为 $t+1$ 期的预测值；x_t 为 t 期的观测值；α 为平滑系数，且 $0<\alpha<1$。

平滑系数 α 的选择具有一定的主观性，α 值越大，对近期实际需求情况给的权重就越大，模型就越快地对时间序列的变化做出反应。但 α 值过大可能是预测过于敏感，随时间序列随机波动而波动。因此要根据时间序列变化程度和对预测值的要求程度决定 α 值的大小。

指数平滑法同样适用于短期预测，只能预测后面一期的发生值。这种方法实际上是由加权移动平均法演变而来的一种方法，优点是只要有上期实际数和上期预测值，就可计算下期的预测值，这样可以节省很多处理数据的时间，减少数据的存储量，方法简便，是国外广泛使用的一种短期预测方法。

5. 时间序列分解模型

物流需求的实际发生值不但符合相对稳定的波动规律，还可能包含趋势性规律、季节性规律和周期性规律。时间序列分解模型首先从时间序列值中找出各种规律，并在对各种规律单独预测的基础上，综合处理各种规律性变化的预测值，以得到最终的预测结果。

时间序列分解模型有乘法模型和加法模型两种形式，如式（2-5）、式（2-6）所示。乘法模型比较通用，它是通过各种规律性波动（以比例的形式）相乘的方法求出需求预测值的。加法模型通过各种规律性波动相加的方法求出需求预测值。对于不同的预测问题，常常通过观察其时间序列值的分布来选用适当的时间序列分解模型。

$$F = T \times S \times C \times I \tag{2-5}$$

$$F = T + S + C + I \tag{2-6}$$

式中，F 为时间序列最终预测值；T 为趋势性规律；S 为季节性规律；C 为周期性规律；I 为随机波动规律。

下面着重介绍几种常用的方法。

（1）季节性规律预测法。季节性规律预测法是指在某段时间内按照一定的频率围绕趋势表现出有规律的波动。只具有季节性规律波动的情况，可以看成随机波动规律与季节性规律共同作用的结果，可以选用时间序列分解模型的加法模型或乘法模型对其进行预测。具体步骤为首先计算随机波动规律的预测值，然后计算季节性规律的预测值，最后将二者的预测值相加或相乘。

随机波动规律的预测值可以使用移动平均法或指数平滑法进行计算。计算季节性规律的预测值时要引入季节指数，季节指数反映了每个季节的相对平均值的变化情况。计算季节指数常用的方法是季（月）平均法，即把各年度的数值分季（或月）加以平均，除以各年的总平均数，得出各季（月）指数。

得到两种规律性波动的值后，将两个数值相乘或相加，即得到最后的预测结果。这种方法可以用来分析生产、销售、原材料储备、预计资金周转需要量等方面的经济事物的季节性变动。

例题 2-1 季节性规律预测

某企业过去五年的出库量如表 2-1 所示，请根据该数据对该企业明年春季的出库量进行预测。

表 2-1 某企业过去五年的出库量　　　　单位：万吨

	2018 年	2019 年	2020 年	2021 年	2022 年
春季	8	10	9	11	10
夏季	13	15	14	16	15
秋季	23	21	20	22	24
冬季	34	35	36	35	33

解：

第一步，用移动平均法计算明年春季的预测值，令 $n=8$，则

$$I_春 = \frac{\sum\limits_{i=t-n+1}^{t} x_i}{n} = \frac{33+24+15+10+35+22+16+11}{8} = 20.75$$

第二步，计算各季节的季节指数。

首先求解每季节五年发生值的平均值及这五年发生值的总平均值，如表 2-2 所示。

表 2-2　近五年平均值的计算　　　　　　　　　　　　　　　　　单位：万吨

	2018 年	2019 年	2020 年	2021 年	2022 年	平均值
春季	8	10	9	11	10	9.6
夏季	13	15	14	16	15	14.6
秋季	23	21	20	22	24	22
冬季	34	35	36	35	33	34.6
平均值	19.5	20.25	19.75	21	20.5	20.2

然后计算每个季节的季节指数，则

$$S_春 = 9.6 \div 20.2 = 0.48$$
$$S_夏 = 14.6 \div 20.2 = 0.72$$
$$S_秋 = 22 \div 20.2 = 1.09$$
$$S_冬 = 34.6 \div 20.2 = 1.71$$

最后利用乘法模型，求得最终明年春季的预测值，则

$$F_春 = I_春 \times S_春 = 20.75 \times 0.48 = 9.96$$

（2）趋势性规律预测法。如果物流需求随时间变化趋势有明显的上升或下降规律，则称为趋势性规律波动。这种需求是随机性规律与趋势性规律的结合，可以选用时间序列分解模型的加法模型或乘法模型对其进行预测。即先对随机性继续预测，然后乘以或加上趋势性规律的波动。最后综合预测的结果可以表现为一元一次方程，如式（2-7）所示。

$$F_{t+T} = a_t + b_t T \tag{2-7}$$

式中，F_{t+T} 为时间序列第 $t+T$ 期最终预测值；T 为已知 t 期后时间跨度；a_t、b_t 为常数。

预测结果一元一次方程中，a_t、b_t 常数可以用二次移动平均法或二次指数平滑法得到。具体计算公式如式（2-8）、式（2-9）所示。

$$a_t = 2M_t^{(1)} - M_t^{(2)} \qquad b_t = \frac{2}{n-1}(M_t^{(1)} - M_t^{(2)}) \tag{2-8}$$

式中，$M_t^{(1)}$ 为第 t 期第一次移动平均得到的值；$M_t^{(2)}$ 为 t 期第二次移动平均得到的值；n 为时间跨度；T 为预测 t 后 T 期的数据。

如果用指数平滑法预测，预测后面 T 期的数据，则计算公式如式（2-9）所示。

$$a_t = 2S_t^{(1)} - S_t^{(2)} \qquad b_t = \frac{\alpha}{1-\alpha}(S_t^{(1)} - S_t^{(2)}) \tag{2-9}$$

式中，$S_t^{(1)}$ 为第 t 期第一次指数平滑得到的值；$S_t^{(2)}$ 为 t 期第二次指数平滑得到的值；α 为

平滑指数。

这种方法可以对带有趋势的需求进行预测，可以对后面 T 期的数据进行预测，因此可以作为中长期预测的一种方法。

例题 2-2 趋势性规律预测

某企业 2022 年 1—10 月的配送量如表 2-3 所示，请根据该数据对该企业 11—12 月及 2023 年 1—4 月的配送量进行预测。

表 2-3　某企业 2022 年 1—10 月配送量　　　　　单位：万吨

	1月	2月	3月	4月	5月	6月	7月	8月	9月	10月
配送量	10	12	13	15	14	13	14	18	17	20

解：

首先用一次移动平均法或一次指数平滑法计算出每个月的预测值，然后在此基础上进行二次移动平均或二次指数平滑计算。把所得结果分别代入式（2-8）、式（2-9），得到预测值与时间跨度之间的方程，最后将预测期数跨度代入方程，得到最终的预测值。计算结果如表 2-4 所示。

表 2-4　求解预测方程

期数	发生值	移动平均法		指数平滑法	
		一次移动平均 $n=3$	二次移动平均 $n=3$	一次指数平滑 $\alpha=0.3$ $S_0^{(1)}=10$	二次指数平滑 $\alpha=0.3$ $S_0^{(2)}=10$
1月	10			10	10
2月	12			10	10
3月	13			10.6	10
4月	15	11.67		11.32	10.18
5月	14	13.33		12.42	10.52
6月	13	14		12.9	11.09
7月	14	15	13	13.83	11.63
8月	18	14.67	14.11	13.88	12.29
9月	17	16	14.56	15.12	12.77
10月	20	**16.33**（$M_{10}^{(1)}$）	**15.22**（$M_{10}^{(2)}$）	**15.68**（$S_{10}^{(1)}=10$）	**13.47**（$S_{10}^{(2)}=10$）
a_t		17.44		17.89	
b_t		1.11		0.95	
预测方程		$F_{10+T}=17.44+1.11T$		$F_{10+T}=17.89+0.95T$	

由求解过程可以得到两个结论：首先，当物流需求有上升趋势的时候，用一次移动平均法或一次指数平滑法进行预测，预测结果比实际值偏小；其次，使用不同的预测方法及 n 或 α 取值不同时，预测结果有所不同。

最后将预测的时间跨度 T 代入方程，得到最终的预测结果，如表 2-5 所示。

表2-5 最终预测结果

年	月	T值	二次移动平均法	二次指数平滑法
2022年	11月	1	$F_{10+1}=17.44+1.11\times1=18.55$	$F_{10+1}=17.89+0.95\times1=18.74$
	12月	2	$F_{10+2}=17.44+1.11\times2=19.66$	$F_{10+2}=17.89+0.95\times2=19.59$
2023年	1月	3	$F_{10+3}=17.44+1.11\times3=20.77$	$F_{10+3}=17.89+0.95\times3=20.44$
	2月	4	$F_{10+4}=17.44+1.11\times4=21.88$	$F_{10+4}=17.89+0.95\times4=21.29$
	3月	5	$F_{10+5}=17.44+1.11\times5=22.99$	$F_{10+5}=17.89+0.95\times5=22.14$
	4月	6	$F_{10+6}=17.44+1.11\times6=24.10$	$F_{10+6}=17.89+0.95\times6=22.99$

（3）综合性规律预测法。物流需求随时间序列变化可能同时包含两种以上的规律性波动，这种需求的预测相对比较复杂。同样可以对时间序列进行分解，其中季节性规律及趋势性规律比较容易识别，但是要确定变化周期（也许几个月，也许几年）、自相关和随机因素却相当困难，因此把这些不容易识别的因素统称为随机因素。这样，问题就简化为随机性、季节性与趋势性变化的组合，依然采用乘法模型或加法模型进行预测。

对这类问题进行预测时，首先剔除原始数据中的季节性规律的影响，视为只有趋势性变化规律进行预测，然后在此基础上乘以季节指数或加上季节性影响，最后得到最终预测值。下面通过例题2-3说明此类问题的求解过程。

例题2-3 综合性规律预测

某企业货物配送量如表2-6所示，请根据以下数据预测该企业2023年第一季度的货物配送量。

表2-6 某企业货物配送量 单位：万吨

年	2020年				2021年				2022年				平均值
季度	1	2	3	4	1	2	3	4	1	2	3	4	
期数	1	2	3	4	5	6	7	8	9	10	11	12	
货量	390	275	420	210	413	287	426	236	428	293	432	245	337.92

解：

观察数据，发现该企业的货物配送量的实际发生值包含季节性规律和上升的趋势性规律。因此选择综合性规律预测法。

首先，剔除季节性规律的波动性影响。可以将四期的移动平均值作为某期的发生值来剔除季节性影响，也可以用实际发生值除以季节指数来剔除季节性影响。下面使用第二种方法，得到剔除季节性规律影响后的数据，如表2-7所示。

$$第一季度季节指数=\frac{(390+413+428)\div3}{337.92}=1.21$$

$$第二季度季节指数=\frac{(275+287+293)\div3}{337.92}=0.84$$

$$第三季度季节指数=\frac{(420+426+432)\div3}{337.92}=1.26$$

$$第四季度季节指数=\frac{(210+236+245)\div 3}{337.92}=0.68$$

表 2-7　剔除季节性影响后的数据　　　　　　　　　　　　　　单位：万吨

年	2020 年				2021 年				2022 年			
季度	1	2	3	4	1	2	3	4	1	2	3	4
期数	1	2	3	4	5	6	7	8	9	10	11	12
货量	390	275	420	210	413	287	426	236	428	293	432	245
处理后	321.17	326.06	333.16	308.09	340.11	340.29	337.92	346.23	352.47	347.40	342.68	359.43

其次，将处理后的数据作为新数据，利用二次移动平均法（$n=5$），求解出趋势方程：

$$F_{12+T}=353.86+8.49T$$

将要预测的期数（13 期）与 12 的差值（值为 1）代入方程，得到预测初始值：

$$F_{13}=353.86+8.49=362.35$$

最后，将初始预测值再乘以季节指数，得到最终预测值。第 13 期为第一季度，所以最终预测值为：

$$362.35\times 1.21=438.44$$

2.2.3　因果关系预测

因果关系预测法属于定量预测，是利用事物发展的因果关系来推测事物发展趋势的方法。一般根据过去掌握的历史资料找出预测对象的变量与其相关事物的变量之间的依存关系来建立相应的因果预测的数学模型，然后通过对数学模型的求解进行预测。回归分析预测法是一种最常用的因果关系预测法，是通过分析事物间的因果关系和相互影响的程度，建立适当的计量模型进行预测的方法。现实经济中，许多经济变量之间存在固有关系，其中一些变量受另一些变量或因素的支配。我们把前一类变量称为因变量或被解释变量，后一类变量称为自变量或解释变量。回归分析模型就是反映被解释变量与解释变量之间的因果关系的分析式。

一元线性回归是一种最简单的回归分析，它是指预测对象只受一个主要因素影响，并且它们之间存在明显的线性关系。一元线性回归模型可以表示为式（2-10）。

$$Y_t=\text{B}+\text{A}X_i \tag{2-10}$$

式中，A、B 为常数，计算公式如式（2-11）所示。

$$\text{A}=\frac{\sum_{i=1}^{n}(X_i-\overline{X})(Y_i-\overline{Y})}{\sum_{i=1}^{n}(X_i-\overline{X})^2}\qquad \text{B}=\overline{Y}-\text{A}\overline{X} \tag{2-11}$$

式中，$\overline{X}$ 为所有自变量的平均数；$\overline{Y}$ 为所有因变量的平均数。

得到预测结果后，通过相关系数 r 对这组变量的相关性进行检验。检验公式如式（2-12）所示。

$$r = \frac{\sum_{i=1}^{n}(X_i - \bar{X})(Y_i - \bar{Y})}{\sqrt{\sum_{i=1}^{n}(X_i - \bar{X})^2 \sum_{i=1}^{n}(Y_i - \bar{Y})^2}} \tag{2-12}$$

$0 \leqslant |r| \leqslant 1$，$|r|$ 值越大，说明 X、Y 的相关性越大，预测结果越准确。

如果能观察到需要预测的物流需求量与某个因素存在强相关性，就可以采用这种方法进行预测。在得到两个变量的一元线性回归模型后，如果观测到自变量的实际发生值，就可以通过回归模型对因变量的发生值进行预测。

2.3 物流需求预测误差的控制

2.3.1 物流需求预测误差的衡量方法

预测是根据历史推测未来，由于历史的环境不会在未来完全重演，所以预测的误差是不可避免的。一般在预测过程中，需要对预测的误差进行测量，以确定误差的大小，并通过调整预测方法或某种预测方法中的参数设置来减少预测误差。

1. 平均误差和平均绝对误差

平均误差的计算公式如式（2-13）所示。

$$me = \frac{\sum_{i=1}^{n}(x_i - x)}{n} \tag{2-13}$$

式中，x_i 为历史各期的实际发生值；x 为预测值；me 为平均误差。

由于 $x_i - x$ 可能大于零，也可能小于零，因此直接求和的结果可能互相抵消，进入低谷预测的误差。在实际应用中一般会用平均绝对误差进行衡量，如式（2-14）所示。

$$mad = \frac{\sum_{i=1}^{n}|x_i - x|}{n} \tag{2-14}$$

式中，mad 为平均绝对误差。

2. 平均误差率和平均绝对误差率

平均误差率是偏差相对于实际值的比率，能够更好地对偏差的大小进行测量。计算公式如式（2-15）、式（2-16）所示。

$$mpe = \frac{\sum_{i=1}^{n}(x_i - x)/x_i}{n} \tag{2-15}$$

$$mape = \frac{\sum_{i=1}^{n}|x_i - x|/x_i}{n} \tag{2-16}$$

式中，mpe 为平均误差率；mape 为平均绝对误差率。

3. 预测的方差和标准差

预测的方差和标准差能比平均绝对误差或平均绝对误差率更好地衡量预测的精确度，是最常用的一种误差衡量方式。其计算公式如式（2-17）、式（2-18）所示。

$$\text{mse} = \frac{\sum_{i=1}^{n}(x_i - x)^2}{n} \tag{2-17}$$

$$\text{sde} = \sqrt{\frac{\sum_{i=1}^{n}(x_i - x)^2}{n}} \tag{2-18}$$

式中，mse 为方差；sde 为标准差。

4. 预测误差监控

预测的一个理论假设基础是过去的环境会在未来延续，但是环境是动态变化的，因此预测的结果会有误差，而且适用于过去环境的预测方法未必会持续适用于以后的环境。因此需要对预测误差进行监控，以确定该预测方法是否持续有效。

对误差进行监控的原则就是将最近一期的预测值与实际值进行比较，看误差是否在可以接受或控制的范围内。比较常用的一种方法是应用跟踪信号（Tracking Signal, TS）。跟踪信号的计算公式如式（2-19）所示。

$$\text{TS} = \frac{\sum_{i=1}^{n}(A_i - F_i)}{\text{mad}} \tag{2-19}$$

式中，A_i 为第 i 期的实际发生值；F_i 为第 i 期的预测值。

TS 的值大于零，说明预测值比实际值偏小；小于零，说明预测值比实际值偏大。TS 的绝对值越小，说明预测值与实际值的偏差越小，预测模型是有效的。实际应用时，会对 TS 的值设置一个控制范围，控制范围的取值需要根据企业的特性和预测的实际情况而定，一般情况下，控制范围的上下限取值为 ±3。如图 2-3 所示，只有 TS 在控制范围内，才认为预测模型是有效的，可以继续使用。若 TS 超出了控制范围，则表明预测模型失效，要重新对预测模型进行评估。

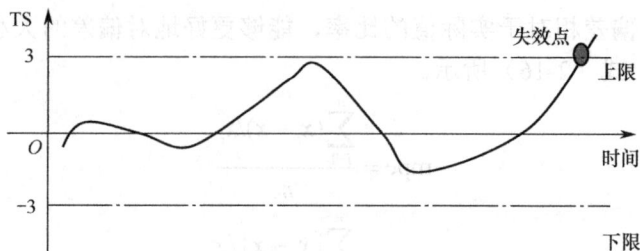

图 2-3　TS 的控制范围

2.3.2　物流需求预测误差产生的原因

1. 需求预测方法的缺陷

上述物流需求预测的三种方法都有一定的适用范围和缺陷，因此最终的预测结果都存在误差。定性预测方法主要依靠专家或业务人员根据自己的经验进行估计，这种估计存在很大的主观性，因此预测结果误差一般较大。而定量分析方法中，无论是时间序列预测法还是因果关系预测法，都存在一定的条件约束和局限性，以预测对象的发展规律符合假设条件为基础，而实际上有些因素的发展是很难控制的，因为市场不是历史的简单重复。所以现实的物流需求预测都或多或少地存在误差。

2. 需求预测系统存在问题

（1）简单的系统难以应对市场需求的不确定性和多样性。伴随市场需求的不确定性和多样性，以及信息与制造技术的加速革新和产品生命周期的缩短，物流需求预测环节面临越来越多的不确定性，而且不同的消费者也有不同的偏好体系，导致预测的难度越来越大。在对物流需求进行预测的过程中，还存在低估（包括延迟交货、替代和丧失销售）或高估（退货、取消订货、供应商促销、价格折扣等）需求数据的情况，导致需求预测误差产生。

（2）"长鞭效应"破坏了物流需求预测的整体优化。供应链中的每个环节都试图预测其下游环节的需求。由于预测结果总是或多或少地存在一些误差因子，随着供应链中每个上游企业都使用下游企业的数据去做新的预测，预测的误差因子沿着供应链的层级以指数形式放大，从而产生"长鞭效应"。另外，在需求预测过程中，预测者出于自身利益对收到的数据加以调整，也会将预测风险向下一个环节传导，极易由此产生预测误差。

3. 需求预测管理存在问题

（1）相关部门协调工作不到位。需求预测管理职能不完善的企业在功能集成方面易犯的错误如下。第一，从预测部门来看，在预测结果达成"共识"之后，无法满足相关部门的需要。各部门需求预测的目标往往不同，如财务部门对年收入的预测、销售部门对某个细分市场季度销售额的预测、营销部门对每年产品销售额的预测、生产部门基于存货单位（Stock Keeping Unit，SKU）的生产周期预测、物流部门基于 SKU 的订单提前期的预测。第二，从预测人员来看，无法合理地给予预测人员绩效奖励，对本部门的贡献未给予奖励，或者采取平均主义均分绩效奖励，从而打消预测人员的积极性；另外，预测人员缺乏足够的培训也是重要原因之一。第三，从预测模式来看，无法合理运用从上到下和从下到上的预测结合模式，错误地理解了需求预测和业务计划的关系，无法准确地计算预测精度，不评估预测精度，或者主要基于其他因素开展预测绩效评价。

（2）缺乏问责机制和全局观念。因为预测存在不确定性的风险，所以企业没有人或部门敢于承担预测准确性差的责任。这导致很多企业没有对预测的准确性进行衡量，没有建立对预测失准的问责机制，更谈不上采取有效措施来提高预测准确性。预测不准确在很大程度上出于预测工作的管理和流程不合理。

（3）各种主客观原因产生预测误差。预测人员对市场的判断往往受知识、经验、时间、数据和方法等多方面的限制，不能对市场的未来发展做出全面、科学的分析，导致预测的局限性。很多企业一般以业务规划代替需求预测，往往高估或低估产品的市场认可程度。现阶段常用的市场需求预测呈现出主观预测方法较多、客观预测方法较少，简单预测方法较多、复合预测方法较少，短期预测方法较多、长期预测方法较少等弊端，导致无法约束未来的不确定因素。

2.3.3　减少物流需求预测误差的方法

为了提高物流需求预测的准确性，预测工作应该具有前瞻性、全面性、客观性、及时性、科学性、持续性和经济性等，这需要通过以下方式改进和提高。

1. 优化需求预测方法

（1）建立不同预测方法组合。不同的预测方法具有不同的预测精度、预测重点。简单地选择一种预测方法，或舍弃一些预测误差较大的方法，都可能丢弃一些有价值的信息，从而造成资源浪费。在预测实践中，人们已发现一种更科学的做法，就是将不同的预测方法进行适当的组合。首先要明确预测有关要素的范围和种类，包括地理位置、产品组合和客户群的需求；其次要明确每个种类需求的区别，针对这些区别和不同特点，相应地选用不同的预测方法进行组合。

（2）建立协同预测方法机制。通过协同预测（Collaborative Forecasting，CF），供应商可以针对需求客户的不同库存策略和销售情况配置自己的产能，这就减少了供应链上的不确定性，同时与需求客户共同建立持续改进的平台。协同预测的基本任务主要集中在四大环节：战略与计划、需求与供应管理、执行与分析、绩效评价。简单的协同预测是在单层的代理商、零售商与供应商之间开展的，而在实际的商业运作中，原料提供商、运输商、仓库管理者等在供应链中都起着重要作用。CF模式非常重视共享来自供应链上其他阶层的信息，根据大数据、ERP软件、物联网及微信平台等接收和分析供应链上的交易信息，使供应链上所有协同构架下的企业利益增值。例如，汽车行业的需求预测，已经非常好地实现了整车企业与上游配件供应商、配件供应商与上游原料供应商一条产业链的协同预测。供应链企业依靠先进的需求预测引擎，利用需求分析平台提供的信息，结合企业自身获得的需求信息，首先对需求进行预测，然后将预测的结果进行比较，讨论意外事件产生的影响，利用事先设定的预测系数，将加权的结果再次输入预测引擎，最后得出联合的需求预测。

相关链接

协同预测的应用

库存管理中的VMI（Vendor Managed Inventory，供应商管理库存）与JMI（Jointly Managed Inventory，联合库存管理）就是在协调预测的基础上进行的更有效的库存管理策略。零售商与制造商或供应商之间有效协作，通过零售商将客户的购买信息共享给供应链上的制造商或供应商，使供应链中的各级企业都能得到客户的真实需求信息，进而精确预测，解决需求和供应不匹配的问题，使企业更有效地制订生产计划、库存计划等。

2. 建立有效的需求预测系统

（1）完善销售数据采集过程及建立需求预测分析体系。首先，为了保证数据采集准确和及时，企业应从合作的角度出发，本着互惠互利原则，理解各方在整个市场中的利益和冲突点，通过协商达到共同的目标。其次，建立一种公平的利益分配制度，并对参与其中的各分销商进行有效激励，防止机会主义。

（2）建立新型预测管理系统。管理系统的核心功能体现于对市场的预测、对销售人员的管理、对项目销售的管理和对供应商的管理，主要包括以下功能：市场预测和分析，计划和市场研究，客户需求管理，产品及供应商管理，销售管理及控制，销售指标、业绩考核和销售合同管理。运用新型营销管理系统，预测人员能不断地用"云技术—云计算"跟踪用户的需求进展，建立、完善需求计划。科学的预测体系的形成是一个渐渐进化的过程，需要信息的社会化、方法的现代化、市场预测专业人员复合性知识的沉淀积累等基本条件。

（3）消除信息孤岛，形成高效的信息共享和集成机制。信息共享可以起到两个作用：第一，避免多层预测，减少批量订货，从而降低库存率及订货资金；第二，稳定价格，削弱提前购买的动机。建立预测伙伴关系必须具备两个要素：一是具有共同的愿景，相互信任、相互配合；二是共享信息与利益。要实现信息共享，就要做到各个节点企业合作，共同分享利益，承担风险。通过信息共享保证企业供应链需求信息一致和稳定，减少由多重预测导致的需求信息扭曲，从而使供应链各方都可以得到准确和及时的供需信息。

（4）建立快速反应和缩短订货提前期的机制。设计合理的组织结构和控制策略，保证对预测误差快速反应。根据企业设定的客户服务水平不同，预测者应当采取一系列措施，对预测误差导致的库存过量和销售机会丧失做出快速反应，如建立应急机制，处理可能出现的加急订单或延迟交付问题。但应当注意，应急处理的成本是非常高的。有时，市场变化速度远远超过了预测速度，特别是高价值产品生产行业，市场需求的变化对企业运作的风险非常大，快速反应必将成为引导企业满足客户需求的核心方法。

3. 改进需求预测管理

（1）建立预测精度评估机制。企业应建立定期对需求预测情况进行评估的机制，确定明确的效果评估方法，评价预测的准确性和时效性。具体包括：基于各职能部门对需求预测的不同要求，评估各个层次的预测精度；合理评估预测精度对竞争战略、供应链成本、客户服务和利润的影响；提供基于图表和统计数据的绩效评估报告。对预测的准确性进行衡量和监控是非常必要的，如果不衡量，就很难对其加以改进，预测管理也是这样。一般来说，企业应在产品的 SKU、产品类别、地域需求、客户阶层和各个业务单元等多个层次对需求预测的准确性进行衡量。评价预测结果主要考虑统计检验和直观判断两个方面，从而判断预测结果的可信度。根据对预测结果的分析和评价，确定最终的预测值。

分析预测的误差时要全面考虑。一是要考虑理论预测误差（在选用预测方案之前，利用数学统计模型估计的理论预测值与过去同期的实际观察值相比产生的误差），然后分析、改进，选择较为合适的数学统计模型；二是要考虑实际预测误差，即选用预测方案之后，追踪、检查预测方案的实施结果是否符合实际情况，分析预测误差的大小及产生的原因，总结经验教训，进一步改进今后的预测工作。应该注意预测何时做出、根据哪些信息做出、其细致程度如何等问题，必要时组织专家小组进行独立预测，根据他们预测的差异测定预测精度。另外，将异常统计数据从预测模型中清除对提高预测的准确性有非常重要的意义。

（2）建立滚动修正机制。需求预测是周而复始的，在一个营销周期结束后，应对需求预测情况进行全面评估。企业应根据市场变化，定期滚动修正企业的需求预测体系。在对需求预测的结果进行不断滚动修正的过程中，若发现预测结果与实际结果的偏差持续增大，则表明预测的方法或技术有误，应立即对预测方法进行修正。如果产品销售偏差发生突然性的变化，则表明该偏差信息可能隐藏着市场风险的前兆，应作为市场风险警报的重要参考，需要进一步分析偏差发生剧变的原因并发出相应的警报。修改后的预测模型应连同各种经济指标、行业指标、实际需求、需求信号及特殊事件一起作为预测数学模型的输入信息。这一模型输入的是历史和现时的准确信息，输出的是关于未来的预测信息，包括未来的发展趋势、周期性特征和随机因素三个方面的内容。预测者根据过去的预测误差和特殊事件进行调整，最终得到当期的需求预测结果。这是一个周而复始的过程，经过一段时间的积累，需求预测结果会与实际需求数据接近或大体相似。另外，需要开发并使用一个可重复、跨功能并可衡量的预测控制流程。闭环预测系统可以通过使用适当的预测反馈，不断修正预测过程。

（3）设计多维度的预测绩效评价标准。古人云，"奖罚分明，方可鼓气势，显公平"。对于预测的岗位或工作，切不可只重口头宣传。预测工作多维度的评价对于预测人员的积极性和责任心是一种激励。奖金分配、职位提升和对工作人员进行评价都依赖于预测准确性的提高。这样，一方面可以促进预测人员与其他业务部门的交流和沟通，另一方面可以更好地推广预测结果的应用，反过来也可以促进预测人员改进预测机制。

本章小结 →

> 物流需求是指在一定时期内社会经济活动对生产、流通、消费领域的原材料、成品、半成品、商品及废旧物品、废旧材料等发挥配置作用而产生的对物流在空间、时间和费用方面的要求。

> 物流需求具有物流需求的时间和空间差异大、部分物流需求具有派生性、物流需求具有可转移性和可化解性、物流需求的规律较复杂等特点。

> 物流需求预测的特点包括预测一定有误差、长期预测不如短期预测准确、单独预测不如综合预测准确。

> 物流需求预测的步骤为确定预测目标、调查和收集数据、选择预测方法、确定预测模型、评价预测结果。

> 物流需求预测的方法整体上说有定性预测和定量预测两种，定量预测方法又有时间序列预测和因果关系预测两种。

> 对误差进行监控的目的是减少误差。本章总结了物流需求预测中可能产生误差的原因，并给出了减少预测误差的方法。

案例分析 →

特殊包装材料制造公司

A 公司是生产特殊包装材料的公司，它将聚苯乙烯转化为食品工业适用的可回收容器。聚苯乙烯是以树脂小球这种商品的形式购入的。树脂小球从大型铁路集装箱或公路拖车卸下来后进行储存。制作食品容器有两个步骤。第一步，将树脂小球传送到印模压制机，用印模压制机将聚苯乙烯薄片做成一卷。聚苯乙烯塑料以两种形式出现：透明的和黑色的。塑料被直接用来制作容器或进行储存。第二步，卷形塑料被装入热熔定型器中，将薄片做成容器，然后修正容器，如图 2-4 所示。其中，制成 1 个单位的黑色塑料容器需要聚苯乙烯 4 个单位，制成 1 个单位的透明塑料容器需要聚苯乙烯 5 个单位。

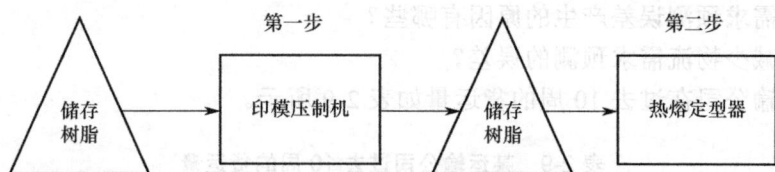

图 2-4　塑料容器的加工过程

过去几年，塑料包装行业增长很快。对透明塑料容器的需求来自食品店、烧烤店和餐馆；对黑色塑料容器的需求来自用它们做成包装盒托盘的餐馆和食品店。对透明塑料容器的需求在夏季达到高峰，而对黑色塑料容器的需求在秋季达到高峰。表 2-8 是两种塑料容器过去 4 年的需求量。

表 2-8　过去 4 年两种塑料容器的需求量

年	季度	黑色塑料容器/吨	透明塑料容器/吨
2020	1	2250	3200
	2	1737	7658
	3	2412	4420
	4	7269	2384
2021	1	2524	3254
	2	1843	7680
	3	2459	4995
	4	7056	2553
2022	1	2320	3342
	2	1866	7873
	3	2556	4940
	4	7253	2737
2023	1	2491	3486
	2	1882	8086
	3	2515	5048
	4	7535	2685

思考题：

1. 原材料聚苯乙烯的需求如何预测？
2. 黑色塑料容器和透明塑料容器的需求变化包括哪些规律？应采用什么预测方法？
3. 请预测 2024 年第 1 季度黑色塑料容器、透明塑料容器及聚苯乙烯的需求量。

复习思考题 →

1. 物流需求的特点有哪些？
2. 物流需求预测一般分为哪几个步骤？
3. 物流需求预测误差的衡量方法有哪几种？
4. 物流需求预测误差产生的原因有哪些？
5. 如何减少物流需求预测的误差？
6. 某运输公司在过去 10 周的货运量如表 2-9 所示。

表 2-9 某运输公司过去 10 周的货运量

期数	货运量/万吨	期数	货运量/万吨
1	205	6	230
2	235	7	225
3	205	8	203
4	170	9	240
5	220	10	250

（1）请用移动平均法对下周的货运量进行预测，n 分别取 3 和 5，比较哪个取值的预测准确性更高。

（2）请用指数平滑法对下周的货运量进行预测，α 分别取 0.3 和 0.7，比较哪个取值的预测准确性更高。

7. 某配送中心在每周周五、周六、周日接到的配送订单量如表 2-10 所示。

表 2-10 某配送中心在每周周五、周六、周日接到的配送订单量 单位：单

日 期	周					
	1	2	3	4	5	6
周五	150	155	158	157	161	165
周六	250	260	266	270	272	275
周日	168	170	175	178	182	183

（1）请计算周五、周六、周日的季节指数分布。

（2）请根据以上数据预测该配送中心下周周五、周六、周日的配送订单量。

第 3 章

物流系统战略规划

1. 了解物流系统战略的概念及类型。
2. 理解物流系统战略规划的步骤。
3. 掌握企业内外部环境分析的方法。
4. 掌握物流系统战略规划的方法。

菜鸟：用数智化开拓国际增量，依托优势资源合作共赢

2022年3月24日，经过试运营，菜鸟网络科技有限公司（以下简称菜鸟）首批服务于跨境出口的美国海外仓正式投入使用，共3座仓库，可用面积超10万平方米，分别位于加利福尼亚州和新泽西州——美国东、西海岸的物流核心地带。仓内配有智能物流设备，能提供仓配一体化服务。从海外仓发出的包裹最快3个工作日即可送达。

首批海外仓由菜鸟与递四方联合运营，可为不同出口电商平台商家和独立站商家提供仓配服务。通过在仓内部署 OMS（Order Management System，智能订单管理系统）及 WMS（Warehouse Management System，仓储物流管理系统）等数智物流技术，菜鸟不仅能实现商家品类、库存、配送等各项数据的可视、可控，更能为商家提供有据可依的销售预测及铺货计划，降低商家资金及库存风险，大中型包裹的全链路物流成本预计下降10%，助力国货出海。

目前，菜鸟网络在布局深度和广度上都已取得突破性进展，覆盖全国乃至全球，且触及乡镇，并深入工业、农业等产业带。若按日均订单量计，菜鸟国际已是全球新四大跨境包裹网络之一，且已超越 FedEx 和 DHL，仅次于 UPS。

2022财年，菜鸟加大了全球物流服务的能力建设，在始发国揽收、仓储、清关、干线，以及目的国分拨、配送、自提等各个操作环节均加大了建设投入。比利时列日、马来西亚吉隆坡的两大 eHub 运营后迅速接近满负荷状态；在欧洲、南美洲、东南亚地区等建成的9个国际快递分拨中心，以及在波兰、法国、西班牙等国建设的一批自提柜设施，提升了端到端的国际快递和供应链能力。

截至2022年3月31日，菜鸟直接运营300多万平方米跨境物流仓库，每月有240多架包机用于干线运输，并和全球超过50个港口合作建立智能清关系统；国际货运提供了全球160多个国家和地区到港、60多个国家到门服务，涵盖海陆空及多式联运的多种解决方案。菜鸟的跨境物流合作伙伴约90家，物流能力覆盖224个国家和地区，跨境仓库数量超过230个，并初步建成一张具有全球配送能力的跨境物流骨干网，形成了一张高质量的全球物流网络。目前，菜鸟全球物流已经形成包括 B2C 跨境包裹和 B2B 国际货运的综合服务。

思考题：

1. 本案例主要介绍了菜鸟在哪方面的发展战略布局？
2. 请分析菜鸟在美国及其他国家启用海外仓的原因。

3.1 物流系统战略概述

3.1.1 物流系统战略的概念

1. 物流系统战略的定义

面对经济全球化、社会分工日益精细、竞争日趋加剧、消费者需求多样化、信息技

术飞速发展并得到广泛应用的经营环境，为了降低物流成本、实现对客户的快速反应、提高企业竞争力，物流系统战略越来越成为企业总体战略不可分割的一部分。

物流系统战略（Logistics System Strategy）是通过增加流程价值和提高客户服务水平，实现竞争优势的统一、综合和集成的计划过程，通过对物流服务的未来需求进行预测和对整个供应链的资源进行管理，提高客户的满意度。作为企业总体战略的一部分，物流系统战略必须服从企业总体战略的要求，与之协调一致。选择好的物流系统战略与制定好的企业总体战略一样，需要很多创造性的过程，创新思想往往能带来更有力的竞争优势。企业物流系统战略是一种计划性安排，包括对货物配送、生产制造和采购运作等的支持。

物流系统的战略规划一般涵盖 3～5 年或更长时间。近十几年来，持续不断的经营环境变化和新型营销体制的确立已成为物流企业在战略上不断求新、求变，追求竞争优势的压力和动力。首先，货主物流需求不断提高，这表现在追求在合适的时间配送合适的量、适合商品的多频度少量运输或 JIT 运输。这种高水准的物流服务将逐渐普及，并成为物流企业经营的一种标准。其次，经营环境和新型营销体制对战略的影响除了在需求方面，在供给方面也产生了相当大的作用，这主要表现在物流企业之间的竞争日益激烈。因此，物流系统战略的制定及评估和修订，对于企业实现长期发展目标是必不可少的。

2. 物流系统战略规划的要素

（1）物流系统发展的方向和目标。企业领导在设立方向和目标时有自己的价值观和抱负，但是不得不考虑外部的环境和自己的长处，因而最后确定的目标总是折中的。一般来说，最后确定的方向和目标绝不是一个人的愿望。

（2）物流系统所处环境的约束和政策。要找到环境和机会与自身组织资源之间的平衡。要找到一些最好的活动集合，使它们能最好地发挥组织的长处，并最快地达到组织的目标。这些约束和政策考虑的机会是现在还未出现的，考虑的资源是正在寻找的。

（3）物流系统战略实施的计划和指标。这是近期的任务。计划的责任在于进行机会和资源的匹配，这里考虑的是现在的情况，或者说是不久的将来的情况。由于是短期的，有时可以制订出最优的计划，以达到最好的目标。

3.1.2　物流系统战略的类型

物流系统战略是指为寻求物流的可持续发展，就物流发展目标及达成目标的途径与手段而制定的长远性、全局性的规划与谋略。明确企业的总体战略目标对企业来说至关重要，而物流系统战略正是这个复杂有机体的重要组成部分。从不同的角度对物流系统战略分类，结果有所不同。

1. 从管理层次角度分类

从管理者所处的管理层次不同进行分类，物流系统战略可分为全局性战略、结构性战略、功能性战略、基础性战略这四个层次，其举例如表 3-1 所示。

表 3-1　管理层次角度分类举例

决策类型	全局性战略	结构性战略	功能性战略	基础性战略
选址	设施的数量、规模和位置	库存定位	节点分析	线路选择、发货、派车
运输	选择运输方式	服务内容	运输分析	确定补货数量和时间表
订单处理	选择和设计订单录入系统	确定订单处理顺序	订单的具体处理方法	发出订单
客户服务	设定标准	服务程序	客户分类	沟通、反馈
仓储	布局、地点选择	仓储空间选择	库存管理	订单履行
采购	制定采购政策	洽谈合同，选择供应商	物料管理	发出订单

（1）全局性战略。物流管理的最终目标是满足客户需求，因此客户服务应该成为全局性战略目标。对全局性战略建立客户服务的评价指标体系，实施客户满意工程是战略实施的关键措施。

（2）结构性战略。结构性战略包括渠道设计与网络分析两方面内容。渠道设计通过优化物流渠道、重构物流系统，增强物流系统的敏捷性和适应性，使供应链成员企业降低物流成本。网络分析主要通过库存分析、用户调查、运输方式分析、信息及其系统状况分析、合作伙伴绩效评价等为优化物流系统提供参考，其目的在于改进库存管理、提高服务水平、提高信息交流与传递效率。

（3）功能性战略。功能性战略主要指通过加强对物流管理、运输、仓储管理等物流功能环节的管理，实现物流过程适时、适量、适地高效运作。其主要内容有运输工具的使用与调度优化、采购与供应方法策略的采用、库存控制及仓储管理。

（4）基础性战略。基础性战略主要为物流系统的正常运行提供基础性保障，包括组织系统管理、信息系统管理、政策与策略管理、基础设施管理等。

2. 从发展方向角度分类

从物流系统长远的发展方向角度，物流系统战略可以分为增长型战略、稳定型战略和紧缩型战略三类。

1）增长型战略

增长型战略（Growth Strategies）又称扩张型战略（Expansion Strategies）。从企业发展的角度来看，任何成功的企业都应当经历长短不一的增长型战略实施期，因为从本质上说，只有增长型战略才能不断地扩大企业规模，使企业从竞争力弱小的小企业发展成为实力雄厚的大企业。

对于物流企业，增长型战略包括以下三种。

（1）即时物流战略。20 世纪 80 年代中期以后，企业的经营管理逐步向精细化、柔性化方向发展，其中，即时制管理（Just In Time）得到了广泛的重视和运用。其基本思想是"在必要的时间，对必要的产品从事必要数量的生产或经营"，因而不存在生产经营过程中产生浪费和导致成本上升的库存，即所谓的零库存。即时制管理是即时生产、即时物流的整合体，是物流系统追求整体运作效率、提高服务水平、精细化运营的一种战略。即时物流战略又通常表现为即时采购和即时销售两个方面。

① 即时采购。即时采购是一种先进的采购模式或商品调达模式，其基本思想是在恰当的时间、恰当的地点，以恰当的数量、恰当的质量从上游企业向企业提供恰当的产品。它是从平准化生产发展而来的，是为了消除库存和不必要的浪费而持续性改进的结果。平准化生产是为了及时应对市场变化而组织的一种以小批量、多品种为生产特点的敏捷作业管理体制，其特点表现为：在生产方式上，生产线上同时加工由多个品种组成的生产批量；在生产计划上，以天为单位制订每个品种的生产计划，而且允许随时变更生产计划；在生产工程上，各种零部件被放置在生产线旁的规定位置，不同的零部件以小批量的方式混合装载搬运。显然，平准化生产的一个重要之处在于物料或上端产品的采购必须是即时化的，即当采购部门根据生产经营的情况形成订单时，供应商应立刻着手准备作业，与此同时，在详细采购计划编制的过程中，生产部门开始调整生产线，做到敏捷生产，当订单交给供应商时，上游企业以最短的时间将最优的产品交付给客户。所以，即时采购是整个即时制生产管理体系中的重要一环。

② 即时销售。对于生产企业，物流管理的另一个重要机能就是销售物流。在构建企业自身的物流系统，确立即时销售的过程中，生产企业与零售企业出现了不同的发展趋势。在生产企业中，推行即时销售一个最明显的措施是实行企业物流中心的集约化，即将原来分散在各分公司或中小型物流中心的库存集中到大型物流中心，通过数字化备货（Digital Packing）或计算机等现代技术实现进货、保管、在库管理、发货管理等物流活动的效率化、省力化和智能化，原来的中小批发商或销售部已转为企业销售公司的形式专职从事销售促进、零售支持或订货等商流业务，从而提高销售对市场的反应能力及对生产的促进作用。而在零售企业中，物流中心有分散化、个性化发展的趋势，即物流系统的设立应充分对应一定商圈内店铺运营的需要，只有这样才能大大提高商品配送、流通加工的效率，减少销售中不必要的损失，同时使物流服务的速度迅速提高。当然，要建立即时销售体制，除了物流系统的构建，信息系统的构建也是必不可少的。现在很多企业一方面通过现代信息系统提高企业内部的销售物流效率（如 POS 系统、数字库存管理系统等），另一方面积极利用 EOS、EDI 等在生产企业与批发企业或零售企业之间实现订、发货自动化，真正实现了销售的在线化、正确化和即时化。

（2）协同或一体化物流战略。协同化物流是打破单个企业的绩效界限，通过相互协调和统一，创造出最适宜的物流运行结构。在目前流通形式多样化的情况下，各经济主体都在构建自己富有效率的物流体系，反映到流通渠道中，必然积极推动建立自身的物流活动和流通形式，这无疑会产生经济主体间的利益冲突。另外，不同规模的企业也会因为单个企业物流管理的封闭性而产生非经济性。随着消费者消费个性化、多样化的发展，客观上要求企业在商品生产、经营和配送上必须充分对应消费者不断变化的趋势，这必然大大推动多品种、少批量、多频度配送的发展，而且这种趋势会越来越明显。在这种即时化物流的背景下，一些中小型企业面临着经营成本增加和竞争的巨大压力：一方面由于自身规模较小，不具备商品即时配送的能力，也没有相应的物流系统；另一方面由于经验少、发展时间短等各种原因，也不拥有物流服务所需的技术。因此，难以适应如今多频度少量配送的要求。即使有些企业具备这些能力，但限于经济上的考虑，也要等到商品配送总和能达到企业配送规模经济要求时才能够开展，这又有悖于即时化物流的宗旨。面对上述问题，作为企业物流战略发展的新方向，旨在弥合流通渠道中企业间对立或企业规模与实需对应矛盾的协同或一体化的物流便应运而生。目前，协同或一体化物流战略主要有下面三种形式。

① 横向物流协同。横向物流协同是指同产业或不同产业的企业之间就物流管理达成协调、统一运营的机制。前者是产业内不同企业之间为了有效地开展物流服务，降低多样化和及时配送产生的高额物流成本，相互之间形成的一种通过物流中心的集中处理而实现的低成本物流系统。从实践上看，它往往有两种形式：一是在承认并保留各企业原有的配送中心的前提下，实行商品的集中配送和处理；二是各企业放弃自建的配送中心，通过共同配送中心的建立，实现物流管理的效率性和集中化。不同产业之间的协调物流是将不同产业企业生产经营的商品集中起来，通过物流配送中心实现企业间物流管理的协调与规模效益。一般情况下，不同产业横向协同物流处理的商品范围比较广泛，而且从企业内部管理的角度看，更容易被接受，主要原因在于同产业协同物流相同类型企业的商品活动是集中进行的，因而各企业经营情况及商品流转信息等易被竞争者掌握，即"企业机密的泄露"，从而不利于企业经营战略的实施。相反，不同产业企业间的协同物流，因为分属于不同的产业，不存在直接的竞争替代性，所以既能保证物流集中处理的规模经济性，又能有效地维护各企业的利益及经营战略的有效实施。正因为如此，目前国际上不同产业间的协同物流相对来说发展较快，这也是发展横向物流协同时必须关注的问题。

② 纵向物流协同。纵向物流协同是指流通渠道不同阶段企业间相互协调而形成的合作性、共同化的物流管理系统。这种协同作业追求的目标不仅是物流活动的效率性（通过集中作业实现物流费用的递减），而且包括物流活动的效果性（商品能迅速、有效地从上游企业向下游企业转移，提高商品物流服务水准）。纵向物流协同的形式主要有批发商与生产商之间的物流协同、零售商与批发商之间的物流协同等。

批发商与生产商之间的物流协同，一种是在企业力量较强的产业，为了强化批发物流机能或实现批发中心的效率化，企业自身代行批发功能，或利用自己的信息网络，对批发企业多频度、小单位配送服务给予支援。另一种是在以中小企业为主、批发商力量较强的产业，由批发商集中处理多个生产商的物流活动。

零售商与批发商之间的物流协同，一是大型零售企业建立自己的物流中心，批发商经销的商品都必须经过该中心，再向零售企业的各店铺配送。另外，与零售商交易的批发商数量应尽可能减少，因此要求批发商从原来从事专业商品的经营转向多种类经营，零售企业物流中心订货、收货等手续得以简化。二是中型零售企业不建立自己的物流中心，而由批发商建立某零售商专用的物流中心，并借此代行零售物流。这种方法对中型零售企业来说，既可以有效利用批发商持有的物流中心，又能享受省略本企业物流中心集配商品环节所带来的切身利益。

③ 通过第三方物流实现协同。第三方物流是指通过协调企业之间的物流运输和提供物流服务，把企业的物流业务外包给专门的物流管理部门来承担。它提供了一种集成物流作业模式，使供应链的小批量库存补给变得更经济，还能创造出比供方和需方采用自我物流服务系统运作更快捷、更安全、服务水准更高且成本相当或更低的物流服务。从第三方物流协同的对象看，它既可以依托下游的零售企业，成为众多零售店铺的配送、加工中心，也可以依托上游的生产企业，成为生产企业特别是中小型生产企业的物流代

理。目前，第三方物流无论是在国际还是在我国国内都有着广阔的市场前景。

（3）高度化物流战略。高度化物流系统战略是企业在自身物流系统相对比较完善的情况下，在地域、数据管理、社会效益三方面的扩展和优化，主要包括全球化物流战略、互联网物流战略和绿色物流战略。

① 全球化物流战略。当今，企业经营规模不断扩大，国际化经营逐步延伸，出现了一大批立足于全球生产、全球经营和全球销售的大型企业。这些企业的出现不仅使全世界都在经营、消费相同品牌的产品，而且产品的核心部件和主体部分也趋向标准化。在这种形势下，全球型企业要想取得竞争优势，获取超额利润，就必须在全球范围内配置和利用资源，通过采购、生产、营销等方面的全球化实现资源的最佳利用，取得最大的规模效益。但是，在此过程中，有两点必须重视：一是全球市场的异质性或多样性，决定了企业"从外到内"的思维方式，即企业不仅要考虑通过规模经济的实现来降低成本，而且要考虑积极发挥范围经济的作用，既能满足多样化的要求，又能有效减少费用；二是当一个企业服务于全球市场时，物流系统会变得更昂贵、更复杂，导致前置时间延长和库存水平上升。综上所述，企业在实施全球化物流时必须处理好集中化与分散化物流的关系，否则将无法确立全球化的竞争优势。

从当前全球化物流的实践看，出现了以下三种发展趋势。

首先，全球化的生产企业可以在世界范围内寻找原材料、零部件来源，并选择适应全球分销的物流中心及关键供应物资的集散仓库，在获得原材料及分配新产品时可以使用当地现有的物流网络，并推广其先进的物流技术与方法。

其次，生产企业与专业第三方物流企业同步全球化，即随着生产企业的全球化，将以前形成的完善的第三方物流网络也带入全球市场。例如，日资背景的伊藤洋华堂在打入中国市场后，其在日本的物流配送伙伴伊藤忠株式会社也紧随而至，并承担了其配送任务。

最后，国际运输企业之间的结盟。为了充分应对全球化的经营趋势，国际运输企业形成了一种覆盖多种航线，相互之间以资源、经营的互补为纽带，面向长远利益的战略联盟，这不仅使全球物流能更便捷地进行，还使全球范围内的物流设施得到了极大利用，从而有效地降低了运输成本。例如，起始于 1997 年，目前正在如火如荼展开的国际航空业的大联盟正是适应全球化经营的一种形式。

② 互联网物流战略。现代信息技术的发展，特别是互联网技术迅速向市场渗透，正在促使企业的商务方式发生改变。由于互联网具有标准公开、使用方便、成本相当低和具有标准图形用户界面等特点，利用互联网的物流管理也具有成本低、实时动态和客户推动的特征。互联网物流战略表现在：一方面，通过互联网这种现代信息工具进行网上采购和配销，大大简化了传统物流烦琐的环节和手续，使企业对消费者需要的把握更加准确和全面，从而推动产品生产的计划安排，最终实现基于客户订货的生产方式（Build-to-Order，BTO），减少了流通渠道各个环节的库存，避免出现产品过时或无效的现象；另一方面，企业利用互联网可以大幅度降低交流沟通成本和客户支持成本，增强进一步开发现有市场的新销售渠道的能力。现在，互联网物流作为物流管理的一种新趋势广为应用，如 GE 公司、丰田公司等都在积极推动互联网物流的发展。应当指出的是，互联网物流的兴起并不是彻底否定了此前的物流体系和物流网络，相反，它们之间是相互依存的，这是因为虚拟化企业之间的合作必然在实践中产生大量的实体产品的配送和处理，

而这些管理活动只有以发达的物流网络为基础才能够实现，或者说互联网物流是建立在发达的实体物流网络基础之上的。优秀的企业都在积极探索如何才能将这两者的优势有机地结合在一起。

③ 绿色物流战略。从经济可持续发展的角度看，伴随大量生产、大量消费而产生的大量废弃物对经济社会产生了严重的消极影响，这不仅由于废弃物处理起来相当困难，还由于其容易引发社会资源的枯竭和自然环境的恶化。所以，如何保证经济的可持续发展是所有企业在经营管理中面临的重大问题，对企业物流管理来说更是如此。具体来讲，要实现上述目标，从物流管理的角度看，不仅要在系统设计或物流网络的组织上充分考虑企业的经济利益（实现配送成本最低）和经营战略的需要，还要考虑产品消费后的循环物流，这包括及时、便捷地将废弃物从消费地转移到处理中心，以及在产品从供应商转移到最终消费者的过程中怎样减少产生的垃圾。另外，还应当考虑如何才能使企业现有的物流系统减少对环境产生的负面影响（如拥挤的车辆、污染物排放等）。显然，要解决上述问题，需要企业在物流安排上制定一个完善、全面的规划，如配送计划、物流标准化、运输方式等，特别是在制定物流管理体系时，企业不能仅仅考虑自身的物流效率，还必须与其他企业协同，从综合管理的角度出发，集中、合理地管理调达、生产和配送活动。

2）稳定型战略

稳定型战略（Stability Strategy）是指在内外环境的约束下，企业准备在战略规划期使其资源分配和经营状况基本保持在目前状态和水平上的战略。按照稳定型战略，企业目前的经营方向及其正在经营的产品和面向的市场领域，以及企业在其经营领域内的产销规模和市场地位都大致不变，或以较小的幅度增加或减少。

从企业经营风险的角度来说，稳定型战略的风险是相对较小的，对于那些成功地在一个处于上升趋势的行业中和在一个变化不大的环境中活动的企业很有效。由于稳定型战略从本质上追求的是在过去经营状况基础上的稳定，它具有如下特征。

（1）企业对过去的经营业绩表示满意，决定追求既定的或与过去相似的经营目标。例如，企业过去的经营目标是在行业竞争中处于市场领先者的地位，稳定型战略意味着在今后的一段时期里依然以这一目标作为企业的经营目标。

（2）企业在战略规划期内追求的绩效按比例递增。与增长型战略不同，这里的增长是一种常规意义上的增长，而非大规模的和非常迅猛的发展。例如，稳定型增长可以指在市场占有率不变的情况下，随着总体市场容量的增加，企业的销售额也随之增加，而这种情况并不能算作典型的增长型战略。

实行稳定型战略的企业，总是在市场占有率、产销规模或总体利润水平上保持现状或略有增加，从而稳定和巩固企业现有竞争地位。

（3）企业准备以与过去相同的或基本相同的产品或劳务服务于社会，这意味着企业的产品创新较少。

从以上特征可以看出，稳定型战略主要依赖于前期战略。它坚持前期战略对产品和市场领域的选择，以前期战略达到的目标作为本期战略希望达到的目标。因而，实行稳定型战略的前提条件是企业过去的战略是成功的。对大多数企业来说，稳定型战略也许是最有效的战略。

　　3）紧缩型战略

　　紧缩型战略（Retrenchment Strategy）又称收缩战略，是指企业从目前的战略经营领域和基础水平收缩和撤退，且偏离起点战略较大的一种经营战略。与稳定型战略和增长型战略相比，紧缩型战略是一种消极的发展战略。一般来说，企业实施紧缩型战略只是短期的，其根本目的是使企业挨过风暴后，转向其他的战略选择。有时，只有采取收缩和撤退的措施，才能抵御竞争对手的进攻，避开环境的威胁，迅速地实行自身资源的最优配置。可以说，紧缩型战略是一种以退为进的战略。紧缩型战略有以下特征。

　　（1）对企业现有的产品和市场领域实行收缩、调整和撤退战略，如放弃某些市场和某些产品线系列。企业的规模在缩小，同时一些效益指标，如利润率和市场占有率等都有较为明显的下降。

　　（2）对企业资源的运用采取较为严格的控制，尽量削减各项费用支出。这时往往只投入最低限度的经营资源，因而紧缩型战略的实施过程往往伴随大量裁员、暂停购买一些奢侈品和大额资产等。

　　（3）紧缩型战略具有明显的短期性。与稳定和增长两种战略相比，紧缩型战略具有明显的过渡性，其根本目的并不在于长期节约开支、停止发展，而是为今后发展积蓄力量。

3. 从物流系统竞争优势的获得角度分类

　　企业可以通过多种战略获得竞争优势，从这个角度对物流系统战略进行分类，最常用的是采用迈克尔·波特的观点，即将物流系统获得竞争优势的战略划分为总成本领先战略、差别化战略和专一化战略。

　　（1）总成本领先战略。总成本领先战略要求坚决地建立起高效的生产设施，在经验的基础上全力以赴降低成本，抓紧控制成本与管理费用，以及最大限度地减少研究开发、服务、推销、广告等方面的成本费用。

　　为了达到这些目标，就要在管理方面对成本给予高度重视。尽管质量、服务及其他方面也不容忽视，但贯穿于整个战略的是使成本低于竞争对手。公司成本较低，意味着当别的公司在竞争过程中已失去利润时，本公司依然可以获得利润。

　　获得总成本最低的有利地位通常要求具备较高的相对市场份额或其他优势，如与原材料供应商的良好联系等，也可能要求产品的设计便于制造生产，易于保持较宽的相关产品线以分散固定成本，以及对所有主要客户群进行批量服务。

　　总成本领先地位非常吸引人。公司获得了这样的地位，所获得的较高的边际利润又可以重新对新设备、现代设施进行投资，以维护成本上的领先地位，而这种再投资往往是保持低成本状态的先决条件。

　　（2）差别化战略。差别化战略是将公司提供的产品或服务差别化，树立起一些全产业范围中具有独特性的东西。实现差别化战略可以有许多方式：设计品牌形象、技术、性能特点、客户服务、商业网络及其他方面的独特性。最理想的情况是公司在几个方面都有其差别化特点。

　　如果成功地实施了差别化战略，它就成为在一个产业中赢得高水平收益的积极战略，这是因为它建立起防御阵地对付五种竞争力量，而且其防御的形式与总成本领先战略有所不同。波特认为，推行差别化战略有时会与争取占有更大的市场份额的活动相矛盾。

推行差别化战略往往要求公司对于这一战略的排他性有思想准备。这一战略与增加市场份额两者不可兼顾。建立公司的差别化战略的活动总是伴随很高的成本代价，有时即便全产业范围的客户都了解公司的独特优点，也并不是所有客户都愿意或有能力支付公司要求的高价格。

（3）专一化战略。专一化战略是主攻某个特殊的客户群、产品线的某个细分区段或某地区的市场。正如差别化战略一样，专一化战略可以具有许多形式。虽然总成本领先与差别化战略都是要在全产业范围内实现其目标，专一化战略的整体却是围绕着很好地为某个特殊目标服务这一中心建立的，它开发推行的每项职能化方针都要考虑这一中心。专一化战略的前提思想是：公司业务的专一化能够以更高的效率、更好的效果为某个狭窄的战略对象服务，从而超过在较广阔范围内竞争的对手。波特认为，这样做的结果是公司或者通过满足特殊对象的需要实现了差别化，或者在为特殊对象服务时实现了低成本，或者二者兼得。这样的公司可以使其盈利的潜力超过行业的普遍水平。这些优势保护公司抵御各种竞争力量。

但专一化战略常常意味着限制了可以获取的整体市场份额。专一化战略必然包含利润率与销售额之间互以对方为代价的关系。

3.2　物流系统战略规划的步骤

企业的战略规划一般分为确定企业任务、企业内外部环境分析、战略的选择与实施及战略的控制等步骤，如图 3-1 所示。物流系统作为企业系统的一个子系统，其战略规划的过程也要按照这样的步骤来实施。

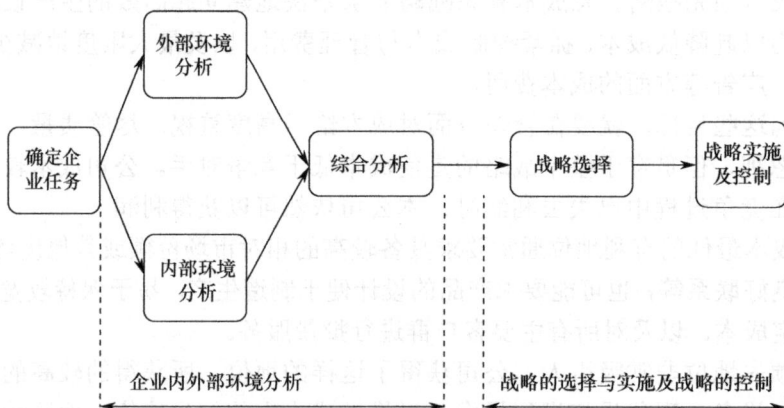

图 3-1　企业战略规划的步骤

3.2.1　确定企业任务

企业任务是回答企业进入的行业、经营的业务、客户及未来的营销方向。确定企业任务必须明确的问题有：本企业是干什么的；谁是企业的现实客户；客户的需要是什么；客户期望得到什么；本企业潜在客户的主要特征是什么。因此，企业任务应该从以下几个方面阐述。

1. 明确指出本企业的主要竞争领域

（1）行业范围。企业首脑部门应该明确企业所在的行业范围。有的企业只涉足一个行业，而有的企业可能涉足若干个行业。

（2）产品和应用范围。

（3）企业的竞争范围。竞争范围是指企业将要掌握和利用的技术和其他核心竞争力。例如，日本 NEC 公司在计算、通信及其元件上打造了核心竞争力，这些竞争力有力地支持了其高档计算机、电视机、手提式电话等产品的生产。

（4）企业服务的市场或客户类型。例如，日本资生堂公司为高端市场服务，而花王公司主要迎合低端市场的需求。

（5）垂直范围。垂直范围是指企业从原材料到最终产品和分销渠道的层次数。

（6）地区范围。地区范围是指企业希望开拓业务的区域、国家或国家群。

2. 强调企业想要实施的主要政策

主要政策是指员工如何对待客户、供应商、竞争者及其他重要群体。主要政策缩小了员工自主的范围，但它使员工在重大问题上保持行为的一致性。

3. 远景规划

企业任务中应该包含企业在未来 10～20 年的远景目标和发展方向。切合企业自身特点的远景规划就是企业最好的任务。例如，英特尔公司为计算机行业提供芯片、主板、系统和软件，其远景规划就是要成为全球计算机行业最重要的供应商。

3.2.2 企业内外部环境分析

在确定了企业任务后，就需要对企业的战略环境进行分析，进而了解企业所处的内外部环境，为企业的战略规划奠定基础。要对企业自身情况和外部宏观环境（如社会、政治、经济等）进行分析，以发现企业的核心竞争力，明确企业发展方向、途径和手段。

1. 企业外部环境分析

企业外部环境是对企业外部的政治环境、社会环境、技术环境、经济环境等的总称。政治环境是指国家的方针政策、法令法规，以及国内外政治形势的发展状况；社会环境是指人口、居民的收入或购买力，居民的文化教育水平等；技术环境是指与本行业有关的科学技术的水平和发展趋势；经济环境包括宏观经济形势、世界经济形势、行业在经济发展中的地位及企业的直接市场等。其中，企业的直接市场是与企业关系最密切、影响最大的环境因素，具体包括销售市场、供应市场、资金市场、劳务市场等。根据外部环境因素影响企业生产经营活动的方式和程度，一般可将企业外部环境分为三大类：一般宏观环境、行业环境、经营环境与竞争优势环境。三大类环境彼此关联、相互影响，具有复杂性、动态性和不确定性等特征。

2. 企业内部环境分析

企业内部环境包括企业的物质环境和文化环境。它反映了企业拥有的客观物质条件和工作状况及企业的综合能力，是企业系统运转的内部基础。因此，企业内部环境分析又称企业内部条件分析，其目的在于掌握企业实力现状，找出影响企业生产经营的关键因素，辨别企业的优势和劣势，以便寻找外部发展机会，确定企业战略。如果说外部环境为企业提供了可以利用的机会，那么内部环境则是抓住和利用这种机会的关键。只有在内外环境都适宜的情况下，企业才能健康发展。

企业内部环境分析的内容和程序如图3-2所示。

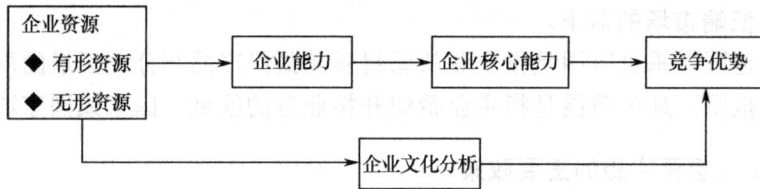

图3-2　企业内部环境分析的内容和程序

企业的任何活动都需要借助一定的资源，企业对资源的拥有和利用情况决定了其活动的效率和规模。企业资源包括人、财、物、技术、信息等，可分为有形资源和无形资源两大类。

企业文化分析主要分析企业文化的现状、特点及它对企业活动的影响。企业文化是企业战略制定与成功实施的重要条件和手段，它与企业内部物质条件共同组成了企业的内部约束力量，是企业环境分析的重要内容。

企业能力是指企业有效地利用资源的能力。拥有资源不一定能有效运用，因而企业有效利用资源的能力就成为企业内部环境分析的重要因素。企业核心能力是指企业独有的，能为客户带来特殊效用，使企业在某市场上长期具有竞争优势的内在能力。企业要形成和保持竞争优势，只拥有一般的资源和能力还不行，必须形成超出竞争对手的特殊技能和能力。它是企业在发展过程中逐渐积累起来的知识、技能及其他资源相结合而形成的一种体系（或者说一组技能和技术的集合），是企业拥有的最主要的资源或资产。

3.2.3　战略的选择与实施

此过程是根据企业内外部环境分析的结果，对物流系统进行评价，选择合适的战略环境分析方法，在对物流系统的内外部环境进行分析的基础上，选择合适的物流系统战略。

物流系统战略的实施就是将战略转化为行动，主要涉及的问题有：企业如何建立年度物流目标、制定物流政策、配置物流资源，以使企业指定的物流战略得到落实。物流系统战略实施是此过程中难度最大的阶段。在物流系统战略实施过程中，应该遵循以下几个原则。

1. 适度合理性原则

物流系统战略在制定过程中受到信息、决策时限及认识能力等因素的限制，因而对未来的预测不可能很准确，所制定的物流系统战略也不可能是最优的；而且在战略实施的过程中，由于企业外部环境及内部条件的变化较大，情况比较复杂，因此，只要主要的战略目标基本达成，就应当认为这一战略的制定及实施是成功的。在实际生活中，不可能完全按照原先制订的战略计划行事，因此，战略的实施过程不是一个简单、机械的执行过程，而是需要执行人员大胆创造、大胆革新的过程。新战略本身就是对旧战略及与旧战略相关的文化、价值观念的否定，没有创新精神，新战略就得不到贯彻实施。因此，战略实施过程也可以说是战略的创造过程。在战略实施中，战略的某些内容或特征有可能改变，但只要不妨碍总体目标及战略的实现，就是合理的。

2. 统一领导、统一指挥原则

对物流系统战略了解最深刻的应当是企业的高层领导。一般来说，他们掌握的信息比企业中下层管理人员及一般员工多得多，对物流战略的各个方面的要求及相互联系的关系了解得更全面，对战略意图体会最深。因此，战略的实施应当在高层领导的统一领导、统一指挥下进行。只有这样，资源的分配、组织机构的调整、企业文化的建设、信息的沟通及控制、激励制度的建立等各方面才能相互协调平衡，才能使企业为实现战略目标而卓有成效地运行。

同时，实现统一指挥的原则，要求企业的每个部门只能接受一个上级的命令。但在战略实施中发生的实际问题，则应尽可能在小范围、低层次解决，而不要放到更大范围、更高层次去解决，因为这样做付出的代价最小。越在高层次的环节上去解决问题，其涉及的面就越大，交叉的关系就越复杂，其代价当然也就越大。

3. 权变原则

物流系统战略的制定是基于一定的环境条件的假设。在战略实施中，事情的发展与原先的假设有所偏离是不可避免的。战略实施过程本身就是解决问题的过程，但如果企业内外部环境发生重大变化，以致原定的战略无法实现，显然，这时就需要对原定的战略进行重大调整，这就是战略实施的权变原则。权变的观念应当贯穿于战略实施的全过程。从战略的制定到战略的实施，权变的观念要求识别战略实施中的关键变量，并对其做出灵敏度分析，提出当这些关键变量的变化超过一定的范围时，原定的战略就应当调整，并准备相应的替代方案，即企业应该对可能发生的变化、可能造成的后果及应变替代方案都有足够了解和充分准备，以使企业有充分的应变能力。当然，在实际工作中，对关键变量的识别和启动机制的运行都是很不容易的。

3.2.4　战略的控制

企业物流系统战略的设计者不仅要了解物流系统战略的内容，还要了解如何进行战略管理，如何将企业的物流引向光明的未来。要时刻记住战略管理绝不是简单的任务或目标，而是物流经营者在构建物流系统的过程中，通过物流战略设计、战略实施、战略评价与控制等环节，调节物流资源、组织结构等，并最终实现物流系统宗旨和战略目标等一系列动态过程的总和。

进行物流管理需要制订和实施物流计划，但仅仅如此并不能保证预定目标的实现。随着时间的推移，物流环境的动态变化和不确定性可能导致实际绩效偏离计划绩效。为使绩效与期望目标一致，有必要从管理的另一个基本功能来考虑问题，即管理的控制功能——使计划的执行情况与期望目标相一致或使其保持一致的过程。物流系统战略控制就是将实际执行的情况与计划的情况相比较的过程。

在物流系统中，管理者根据客户服务和成本对计划中的物流活动（运输、仓储、库存、物料搬运和订单处理）进行控制。其控制重点如下。

1. 输入信息、流程和实施绩效

控制系统的核心就是需要控制的流程。这一流程可能是某个单项活动，如履行订单、补足库存，也可能是物流部门涉及的所有活动。输入信息以计划的形式流入流程，而计划又指明了流程设计的方法。根据控制系统的目标不同，计划的内容可能是应当采取何种运输方式、保持多少安全库存量、如何设计订单处理系统，或者包括所有这些内容。

环境影响因素是流程的第二类输入信息。广义上的环境包括可能影响流程，但计划中未考虑到的所有因素，其代表了使流程偏离计划的不确定因素。更重要的一些环境影响因素则是客户、竞争对手、供应商和政府的不确定行为等。

流程的执行结果即通常所说的实施绩效。如果流程是运输活动，那么实施绩效的衡量标准可以是直接成本（如运输费率）、间接成本（如丢失和毁损）或交付履行情况。

流程及作为其输入信息的计划和作为其执行结果的实施绩效就是管理控制的内容，即流程规划和实施行为的产物。

2. 标准和目标

管理控制过程通常需要有一个参照标准，以便比较物流活动的执行情况。管理者、顾问或计算机程序都为实施绩效能够符合该标准而做出了贡献。一般来说，参照标准可以是成本预算、客户服务目标水平或利润等。

除了内部设定的标准，许多企业还向外部标准看齐。人们对质量的高度重视导致众多企业将标准定得很高，以便参与对各种质量奖项的角逐。对物流管理者来说，质量可能意味着准时履行订单，很少出现短货或不按时交付产品的情况。全世界的企业都在想方设法获得认证，客户也希望他们的供应商是获得认证的企业，因为这能保证客户得到的产品或服务与他们的期望一致。所以，对产品或服务的提供者来说，这些质量奖项或认证可能就是物流管理的目标。

3. 监控

监控是控制系统的神经中枢，负责收集与执行情况有关的信息，与目标进行对比，并负责启动修正措施。监控者得到的信息基本上要进行定期报告和审计，通常是有关库存状况、资源利用情况、管理成本及客户服务水平等方面的报告。

　　管理者、顾问或计算机程序是系统中的监控者。监控者解读报告，并将实施绩效与目标进行比较。监控者还判断实施绩效是否失控，并采取适当的措施使实施绩效与目标相符。例如，如果客户服务水平与预期的服务水平相比太低，管理者就会要求额外的安全库存。一般来说，修正措施的精确程度取决于失控的程度，以及管理者希望修正措施持续的时间。如果实际执行情况与预期的偏差在可接受的范围内，则有可能不进行修正；相反，如果偏差超出了可接受的范围，管理者就将启动及时、可行的临时操作方案减少偏差，或者通过战略性规划改变系统设计。是否采取临时操作方案和战略性方法取决于个人对偏差原因的判断，如偏差是随机因素导致的，还是出现了根本性的改变导致的。同时，主要部分重新规划带来的收益与相关成本、采取快速修正措施的必要性也会对决策产生一定的影响。

3.3　物流系统战略规划的方法

　　物流系统战略规划的方法有多种，总体来说，有定性规划的方法，也有定量规划的方法，有的只用于环境分析，有的只用于战略方案的制订和选择。下面对常用的物流系统战略规划方法进行介绍。

3.3.1　PEST 分析方法

　　PEST 是一种企业所处的宏观环境的分析模型。所谓 PEST，即 Political（政治）、Economic（经济）、Social（社会）和 Technological（技术）。这些是企业的外部环境，一般不受企业掌控。这种方法属于一种定性的环境分析方法，根据环境分析的结果，分析企业面对的机遇与威胁，进而做出战略类型的选择。

1. 政治环境

　　政治环境会对企业监管、消费能力及其他与企业有关的活动产生十分重大的影响。一个国家或地区的政治制度、体制、方针政策、法律法规等，常常制约、影响企业的经营行为，尤其影响企业较长期的投资行为。

相关链接 →

我国政府对物流行业的发展规划

　　表 3-2 列举了我国政府对物流行业的部分发展规划。

表 3-2　我国政府对物流行业的发展规划

规划名称	发布部门	与物流行业相关的发展规划
第十四个五年规划和 2035 年远景目标纲要（2021.3）	国家发展改革委	（1）在第四部分"加快发展现代产业体系，推动经济体系优化升级"中，重点提到"提升产业链、供应链现代化水平" （2）在第十一部分"实行高水平对外开放，开拓合作共赢新局面"中，提到"完善自由贸易试验区布局"和"构建互利共赢的产业链、供应链合作体系"

（续表）

规划名称	发布部门	与物流行业相关的发展规划
第十四个五年规划和 2035 年远景目标纲要（2021.3）	国家发展改革委	（3）在第四部分、第五部分"形成强大国内市场，构建新发展格局"中，重点提到"构建现代物流体系"和"健全现代流通体系"等 （4）在第七部分"优先发展农业农村，全面推进乡村振兴"中，提到"完善乡村水、电、路、气、通信、广播电视、物流等基础设施"
2022 年政府工作报告（2022.3）	国务院	（1）实施龙头企业保链、稳链工程，维护产业链、供应链安全稳定 （2）着力培育"专精特新"企业，在资金、人才、孵化平台搭建等方面给予大力支持。畅通国民经济循环，打通生产、分配、流通、消费各环节，增强内需对经济增长的拉动力。推动线上、线下消费深度融合，促进生活服务消费恢复，发展消费新业态、新模式 （3）继续支持新能源汽车消费，鼓励地方开展绿色智能家电下乡和以旧换新 （4）加强县域商业体系建设，发展农村电商和快递物流配送 （5）加快发展外贸新业态、新模式，充分发挥跨境电商作用，支持建设一批海外仓 （6）高质量共建"一带一路"。坚持共商、共建、共享，巩固互联、互通合作基础，稳步拓展合作新领域。推进西部陆海新通道建设。有序开展对外投资合作，有效防范海外风险 （7）深化通关便利化改革，加快国际物流体系建设，助力外贸降成本、提效率 （8）加快现代军事物流体系、军队现代资产管理体系建设 （9）有序推进碳达峰、碳中和工作，落实碳达峰行动方案
2022 年中央一号文件（2022.2）	国务院	（1）加快农村物流快递网点布局，实施"快递进村"工程，鼓励发展"多站合一"的乡镇客货邮综合服务站、"一点多能"的村级寄递物流综合服务点，推进县、乡、村物流共同配送，促进农村客、货、邮融合发展 （2）支持大型流通企业以县城和中心镇为重点下沉供应链 （3）加快实施"互联网+"农产品出村进城工程，推动建立长期稳定的产销对接关系等 （4）推动冷链物流服务网络向农村延伸，整县推进农产品产地仓储保鲜冷链物流设施建设，促进合作联营、成网配套 （5）支持供销合作社开展县域流通服务网络建设提升行动，建设县级集采、集配中心
"十四五"现代流通体系建设规划（2022.1）	国家发展改革委	（1）构建现代物流基础设施网络，包括建设国家物流枢纽网络、完善区域物流服务网络、健全冷链物流设施体系 （2）拓展物流服务新领域、新模式，包括发展多种形式铁路快运，推进物流与相关产业融合创新发展，推广集约、智慧、绿色物流发展模式 （3）培育充满活力的现代物流企业，包括增强物流企业网络经营能力、提高物流企业专业化服务水平 （4）提升多元化国际物流竞争力，包括增强国际航空物流能力、拓展内陆国际联运通道、提高国际海运服务水平、增强口岸物流服务能力

（续表）

规划名称	发布部门	与物流行业相关的发展规划
"十四五"冷链物流发展规划（2021.12）	国家发展改革委	（1）打造"321"冷链物流运行体系 （2）构建冷链物流骨干通道 （3）健全冷链物流服务体系 （4）完善冷链物流监控体系，加快建设全国性冷链物流追溯监管平台 （5）强化冷链物流支撑体系，推动第三方冷链物流企业专业化发展、规模化经营和数字化转型

从以上政府文件及报告中，可以看出政府充分肯定了物流产业在国民经济发展中的基础支撑作用，还可以看出政府对物流行业的发展趋势做出了判断，即智能化、高效化、集约化、绿色化。

2. 经济环境

经济环境是指国民经济发展的总概况，国际和国内经济形势及经济发展趋势，以及企业面临的产业环境和竞争环境等。需要从短期与长期两个方面看待一个国家的经济与贸易，特别是在进行国际营销的时候。企业的经济环境主要的组成因素有社会经济结构、经济发展水平、经济体制、宏观经济政策及当前经济状况等。

3. 社会环境

社会环境是指一定时期整个社会发展的一般状况，主要包括社会道德风尚、文化传统、人口变动趋势、文化教育、价值观念、社会结构等。各国的社会与文化对企业的影响不尽相同。社会与文化主要包括人口因素、社会流动性、消费心理、生活方式变化、文化传统和价值观等。

4. 技术环境

技术环境是指社会技术总水平及变化趋势，技术变迁，技术突破对企业的影响，以及技术与政治、经济、社会环境之间的相互作用的表现等（具有变化快、变化大、影响面宽等特点）。科技不仅是全球化的驱动力，也是企业的竞争优势所在。

通过以上环境的定性分析，物流企业或企业的物流部门要把握物流行业的整体发展趋势，进而调整和制定自身物流系统发展的方向和目标。

3.3.2 SWOT 方法

1. SWOT 方法的环境分析

SWOT 方法分析企业优势（Strengths）、劣势（Weaknesses）、机会（Opportunities）和威胁（Threats）。因此，SWOT 方法实际上是对企业内外部条件进行综合和概括，进而分析企业的优劣势、面临的机会和威胁的一种方法。

（1）优势。优势是组织机构的内部因素，具体包括有利的竞争态势，充足的财政来源，良好的企业形象、技术力量、规模经济、产品质量、市场份额、成本优势、广告攻势等。

（2）劣势。劣势也是组织机构的内部因素，具体包括设备老化、管理混乱、缺少关键技术、研究开发落后、资金短缺、经营不善、产品积压、竞争力差等。

（3）机会。机会是组织机构的外部因素，具体包括新产品、新市场、新需求、外国市场壁垒解除、竞争对手失误等。

（4）威胁。威胁也是组织机构的外部因素，具体包括新的竞争对手、替代产品增多、市场紧缩、行业政策变化、经济衰退、客户偏好改变、突发事件等。

SWOT方法的优点在于考虑问题全面，是一种系统思维方法。它是常用的一种企业内外部环境条件战略因素综合分析方法，在确定内部、外部关键成功因素的基础上，根据判断结果将优势与劣势、机会与威胁分别列出，并进行综合分析。它还可以把对问题的"诊断"和"开处方"紧密结合在一起，条理清楚，便于检验。

2. 基于SWOT分析的战略组合

基于SWOT分析的结果，可以得到四种不同类型的战略组合：优势-机会（SO）战略、劣势-机会（WO）战略、优势-威胁（ST）战略和劣势-威胁（WT）战略。

（1）优势-机会（SO）战略。它是一种发展企业内部优势与利用外部机会的战略，是一种理想的战略模式。当企业具有特定方面的优势，而外部环境又为发挥这种优势提供了有利机会时，可以采取该战略。例如，产品市场前景良好、供应商规模扩大和竞争对手有财务危机等外部条件，配以企业市场份额增加等内在优势，可成为企业收购竞争对手、扩大生产规模的有利条件。

（2）劣势-机会（WO）战略。它是一种利用外部机会弥补内部劣势，使企业改变劣势而获取优势的战略。外部存在机会，但企业存在一些内部弱点而妨碍其利用机会，可采取措施先克服这些弱点。例如，企业弱点是原材料供应不足和生产能力不够，这会导致开工不足、生产能力闲置、单位成本上升，而加班加点会导致一些附加费用增加。在产品市场前景看好的前提下，企业可利用供应商扩大规模、新技术设备降价、竞争对手财务危机等机会，采取纵向整合战略，重构企业价值链，以保证原材料供应，同时可考虑购置生产线来克服生产能力不够及设备老化等缺点。通过克服这些劣势，企业可能进一步利用各种外部机会，降低成本，取得成本优势，最终获得竞争优势。

（3）优势-威胁（ST）战略。它是一种企业利用自身优势，回避或减轻外部威胁造成的影响的战略。如竞争对手利用新技术大幅降低成本，给企业很大成本压力；同时原材料供应紧张，其价格可能上涨；消费者要求大幅提高产品质量；企业还要支付高额环保成本等，这些都会导致企业成本状况进一步恶化，使之在竞争中处于非常不利的地位。但若企业拥有充足的现金、熟练的技术工人和较强的产品开发能力，便可利用这些优势开发新工艺，简化生产流程，提高原材料利用率，从而减少原材料消耗，降低生产成本。另外，开发新技术产品也是企业可选择的战略。新技术、新材料和新工艺的开发与应用是最具潜力的成本降低措施，同时可以提高产品质量，从而回避外部威胁。

（4）劣势-威胁（WT）战略。它是一种旨在减少内部劣势，回避外部威胁的防御性战略。当企业存在内忧外患时，往往面临生存危机，降低成本也许成为改变劣势的主要措施。当企业成本状况恶化，原材料供应不足，生产能力不够，无法实现规模效益，且设备老化，使企业在成本方面难以有大作为时，企业可采取目标聚集战略或差异化战略，以回避成本方面的劣势，并回避成本因素带来的威胁。

和很多其他战略模型一样，SWOT 模型提出很久了，带有时代局限性。以前的企业可能比较关注成本、质量，现在的企业可能更强调组织流程。SWOT 方法没有考虑到企业改变现状的主动性，企业可以通过寻找新的资源来创造企业所需的优势，从而实现过去无法达成的战略目标。

3.3.3　IE 矩阵分析法

1. 内部因素评价矩阵

内部因素评价矩阵即 IFE 矩阵（Internal Factor Evaluation Matrix），是一种对内部因素进行分析的工具，其做法是从优势和劣势两个方面找出影响企业未来发展的关键因素，根据各个因素影响程度的大小确定权数，再按企业对各关键因素的有效反应程度对各关键因素进行评分，最后算出企业的总加权分数。通过 IFE 矩阵，企业可以把自己的优势与劣势汇总。

IFE 矩阵可以按如下五个步骤建立。

（1）列出在内部分析过程中确定的关键因素。采用 10～20 个内部因素，包括优势和劣势两方面。首先列出优势，然后列出劣势。要尽可能具体，要使用百分比、比率和比较数字。

（2）给每个因素加上权重，其数值范围由 0.0（不重要）到 1.0（非常重要）。权重标志着各因素对企业成败的影响的相对大小。无论关键因素是优势还是劣势，对企业绩效有较大影响的因素就应当得到较高的权重。所有权重之和等于 1.0。

（3）为每个因素评分。1 分代表重要劣势；2 分代表次要劣势；3 分代表中等情况；4 分代表次要优势；5 分代表重要优势。值得注意的是，优势的评分必须为 4 分或 5 分，劣势的评分必须为 1 分或 2 分。评分以企业为基准，而权重则以产业为基准。

（4）用每个因素的权重乘以其评分，得到每个因素的加权分数。

（5）将所有因素的加权分数相加，得到企业的总加权分数。

无论 IFE 矩阵包含多少因素，总加权分数的范围都是从最低的 1.0 到最高的 5.0，平均分为 3.0。总加权分数大大低于 3.0 的企业，内部状况处于劣势，而分数大大高于 3.0 的企业，内部状况则处于优势。

2. 外部因素评价矩阵

外部因素评价矩阵即 EFE 矩阵（External Factor Evaluation Matrix），是一种对外部环境进行分析的工具，其做法是从机会和威胁两个方面找出影响企业未来发展的关键因素，根据各个因素影响程度的大小确定权数，再按企业对各关键因素的有效反应程度对各关键因素进行评分，最后算出企业的总加权分数。通过 EFE 矩阵，企业可以把自己的机会与威胁汇总。

EFE 矩阵建立的具体步骤与 IFE 矩阵一样，只是第一步列出的因素是外部环境的机会和威胁因素。

3. 基于 IE 矩阵的战略选择

IE 矩阵（Internal-External Matrix）又称内部-外部矩阵，是在原来由 GE 公司提出的多因素业务经营组合矩阵基础上发展起来的。多因素业务经营组合矩阵又称市场吸引力-经营实力矩阵（GE 矩阵），经营实力表明企业的竞争能力（内部因素），而市场吸引力表明企业所处行业的发展状况与发展趋势（外部因素）。

在 GE 矩阵基础上发展起来的 IE 矩阵用内部因素与外部因素取代 GE 矩阵中的经营实力和市场吸引力，如图 3-3 所示。

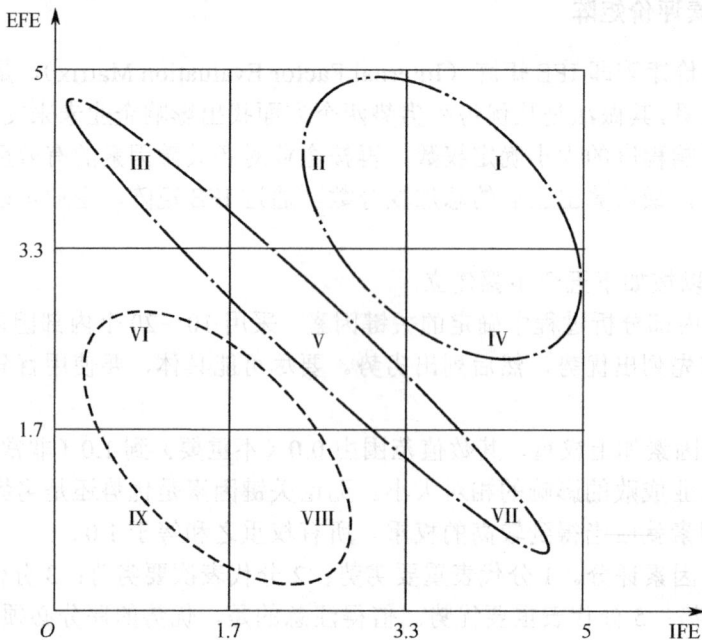

图 3-3　IE 矩阵

在图 3-3 中的 IE 矩阵的横坐标中，IFE 的加权分数为 1.0～1.99 代表企业内部的劣势地位，2.0～2.99 代表企业内部的中等地位，而 3.0～4.99 代表企业内部的优势地位。相应地，在纵坐标上，EFE 的加权分数为 1.0～1.99 代表企业面临较严重的外部威胁，2.0～2.99 代表企业面临中等的外部威胁，3.0～4.99 代表企业能较好地把外部威胁的不利影响减少到最低程度。

可以把 IE 矩阵分成具有不同战略意义的三个区间。第一，IE 矩阵对角线第Ⅲ、Ⅴ、Ⅶ区间；第二，IE 矩阵对角线右上方的第Ⅰ、Ⅱ、Ⅳ区间；第三，IE 矩阵对角线左下方的第Ⅵ、Ⅷ、Ⅸ区间。

对于落在 IE 矩阵不同区间的不同业务或产品，企业应采取不同的战略。

（1）落入Ⅰ、Ⅱ、Ⅳ区间的业务应被视为增长型和建立型（Grow and Build）业务。应采取加强型战略（市场渗透、市场开发和产品开发）、一体化战略（前向一体化、后向一体化和横向一体化）或投资/扩展战略。

（2）落入Ⅲ、Ⅴ、Ⅶ区间的业务适合采用坚持和保持型（Hold and Maintain）战略，或选择/盈利战略，如市场渗透和产品开发战略等。

（3）落入Ⅵ、Ⅷ、Ⅸ区间的业务应采取收获型和剥离型（Harvest and Divest）战略或收获/放弃战略。

3.3.4　五力模型分析法

五力模型分析法由迈克尔·波特于 20 世纪 80 年代初提出，因此又称波特五力模型。它认为行业中存在决定竞争规模和程度的五种力量，这五种力量综合起来影响着产业的吸引力及现有企业的竞争战略决策。五种力量分别为同业竞争者的竞争能力、潜在竞争者进入的能力、替代品的替代能力、供应商的议价能力、购买者的议价能力。波特的五力模型是确定企业经营战略的一种方法。

波特五力模型从一定意义上来说属于外部环境分析方法中的微观分析。其用于竞争战略的分析，可以有效地分析企业的竞争环境。波特五力模型是对一个产业盈利能力和吸引力的静态断面扫描，说明的是该产业中的企业平均具有的盈利空间。因此这是一个产业形势的衡量指标，而非企业能力的衡量指标。通常，这种分析法也可用于创业能力分析，以揭示本企业在本产业或行业中具有何种盈利空间。

1. 供应商的议价能力

供应商主要通过其提高投入要素价格与降低单位价值质量的能力，影响行业中现有企业的盈利能力与产品竞争力。供应商议价能力的强弱主要取决于他们提供给买方的是什么投入要素。当供应商提供的投入要素价值占买方产品总成本的较大比例、对买方产品生产过程非常重要或严重影响买方产品的质量时，供应商的议价能力就大大增强。

2. 购买者的议价能力

购买者主要通过其压价与要求提供较高的产品或服务质量的能力，影响行业中现有企业的盈利能力。购买者议价能力的影响因素主要如下。

（1）购买者的总数较少，而每个购买者的购买量较大，占了卖方销售量的很大比例。

（2）卖方行业由大量相对规模较小的企业组成。

（3）购买者购买的基本上是一种标准化产品，同时向多个卖方购买产品在经济上也完全可行。

（4）购买者有能力实现后向一体化，而卖方不可能前向一体化。

3. 潜在竞争者进入的能力

潜在竞争者在给行业带来新生产能力、新资源的同时，也希望在已被现有企业瓜分完毕的市场中赢得一席之地。这就有可能与现有企业发生原材料与市场份额的竞争，最终导致行业中现有企业盈利水平降低，严重的话还可能危及这些企业的生存。其威胁的严重程度取决于两方面因素，即进入新领域的障碍及现有企业对进入者的预期反应。

进入障碍主要包括规模经济、产品差异、资本需要、转换成本、销售渠道开拓、政府行为与政策、不受规模支配的成本劣势、自然资源、地理环境等方面，其中有些障碍是很难借助复制或仿造的方式来突破的。

4. 替代品的替代能力

两个处于同行业或不同行业中的企业，可能由于所生产的产品互为替代品，从而产生相互竞争行为。这种源自替代品的竞争会以各种形式影响行业中现有企业的竞争战略。

替代品价格越低、质量越好、用户转换成本越低，其能产生的竞争压力就越强。而这种来自替代品生产者的竞争压力的强度，可以通过考察替代品销售增长率、替代品厂家生产能力与盈利扩张情况来具体描述。

5. 同业竞争者的竞争能力

大部分行业中的企业，相互之间的利益都是紧密联系在一起的。作为企业整体战略一部分的企业竞争战略，其目标都在于使自己的企业获得相对于竞争对手的优势。所以，在战略实施中必然产生冲突与对抗，这些冲突与对抗就构成了现有企业之间的竞争。现有企业之间的竞争常常表现在价格、广告、产品介绍、售后服务等方面，其竞争强度与许多因素有关。

通过以上五个因素的分析，可以确定企业的战略，如表 3-3 所示。

表 3-3　波特五力模型对战略的选择

行业内的力量	战略类型		
	成本领先战略	产品差异化战略	集中战略
供应商的议价能力	更好地抑制大供应商的议价能力	更好地将供应商的涨价部分转移给客户方	集中差异化的公司能更好地把供应商的涨价部分转移给客户方
购买者的议价能力	具备向大购买者提出更低价格的能力	因选择范围小而削弱大购买者的议价能力	因没有选择范围而使大购买者丧失议价能力
潜在竞争者进入的能力	具备杀价能力，以阻止潜在竞争者进入	培育客户忠诚度，以挫伤潜在竞争者的信心	通过集中战略建立核心能力，以阻止潜在竞争者进入
替代品的替代能力	能够利用低价抵御替代品	客户习惯于一种独特的产品或服务，因而降低了替代品的威胁	特殊的产品和核心能力能够抵御替代品的威胁
同业竞争者的竞争能力	能更好地进行价格竞争	品牌忠诚度能使客户不理睬竞争对手	竞争对手无法满足集中差异化客户的需求

波特五力模型是建立在以下三个假定基础之上的。

（1）制定战略者需要了解整个行业的信息。显然，在现实中，这是难以做到的。

（2）同行业企业之间只有竞争关系，没有合作关系。但在现实中，企业之间存在多种合作关系，不一定是你死我活的竞争关系。

（3）行业的规模是固定的，只能通过夺取对手的份额来占有更大的资源和市场。但在现实中，企业之间往往不是通过吃掉对手，而是与对手共同做大行业的蛋糕来获取更大的资源和市场。同时，可以通过不断开发和创新来增大市场容量。

因此，该模型更多的是一种理论思考工具，而非可实际操作的战略工具。

本章小结 →

➤ 物流系统战略是通过增加流程价值和提高客户服务水平，实现竞争优势的统一、综合和集成的计划过程，通过对物流服务的未来需求进行预测和对整个供应链的资源进行管理，提高客户的满意度。

➤ 物流系统战略规划的要素包括物流系统发展的方向和目标、物流系统所处环境的约束和政策、物流系统战略实施的计划与指标。

➤ 物流系统战略可从管理层次角度、发展方向角度、物流系统竞争优势的获得角度三个方面分类。

➤ 物流战略规划的步骤包括确定企业任务、企业内外部环境分析、战略的选择与实施及战略的控制。

➤ 常用的企业外部环境分析方法包括 PEST 分析方法、SWOT 方法、企业外部因素评价矩阵等方法；企业内部环境评价方法包括 SWOT 方法、企业内部因素评价矩阵等方法。企业可通过对内外部环境的综合分析，根据各种分析方法的分析结果，选择适合企业发展的物流系统战略。

案例分析 →

京东收购中国物流资产

2022 年 7 月 14 日，京东发布公告称，旗下子公司京东智能产业发展集团已完成对中国物流资产控股有限公司（简称中国物流资产）的强制性收购。京东拿下中国物流资产，意味着进一步完善对仓储环节的管理，节省运营成本。截至 2021 年年底，中国物流资产在全国 21 个省或直辖市的 41 个物流园拥有 190 套运营中的物流设施，建筑总面积达到 570 万平方米，约为京东物流仓储面积的 1/5。按照中国物流资产披露的数据，京东每年交的租金约为 2 亿元。

收购落定后，京东物流版图进一步扩大。除了自建物流，加速物流仓的建设，京东这些年也不断砸重金在物流领域收购。

2020 年 8 月，京东收购跨越速运。跨越速运始终坚持"大型现代化综合速运企业"的战略定位。面对市场多元化的需求，跨越速运以市场为导向，以客户为中心，凭借多年的航空运输经验及丰富的航空、陆运资源优势，推出当天达、次日达、隔日达三大时效产品，并做出"限时未达，全额退款"和"跨省最快 8 小时，当天达"的服务承诺，更为客户推出"1 对 1 专人服务"和"24 小时上门取派"的贴心服务。跨越速运坚持以科技为驱动，实现"货物运输智能可追溯、物流配送智能可视化、企业配送物流中心智能化"，满足客户千人千面的个性化要求。

京东在 2021 年 3 月宣布，将以 8 亿美元的价格购买达达集团的股票。再加上之前的股权，京东在达达集团已经拥有 51% 的股权。京东对物流领域的掌控达到了一个新的高度，以零售为主，同时为京东健康提供了线下的物流服务，实现从电商平台到新零售的转变。

2022 年 3 月 13 日，京东物流以总交易价 89.76 亿元收购德邦物流约 66.5% 的股权，成为德邦的第一大股东。"刚好可以补充京东物流的短板。"一位快递公司内部人士认为，京东物流最大的问题是网络布局和大件上门服务。收购德邦股权，象征着京东物流体系将形成"京邦达"（京东、德邦、达达）三角，业务覆盖面包括电商件、快运件和即时零售商品等。

另外，2022年6月6日，京东在美国的首个自动化仓——"洛杉矶2号"正式启用，也首次公布了全球织网计划的初步成果。2020年以来，京东出海新基建加速布局，相继在美国、德国、荷兰、法国、英国、越南、澳大利亚、马来西亚等地落地自营海外仓，截至2022年6月，仓储面积实现同比增长100%。同时，通过打通海外干线布局和末端配送，国际供应链网络触达近230个国家和地区。京东将帮助更多的出海品牌、跨境卖家、海外本土商家实现高效运营和优质发展，布局48小时买全球、卖全球。

通过收购及自建物流系统，京东物流建立了包括仓储网络、综合运输网络、最后一公里配送网络、大件网络、冷链物流网络和跨境物流网络在内的高度协同的六大网络，具备数字化、广泛和灵活的特点，服务范围覆盖了中国几乎所有地区和人口，不仅建立了中国电商与消费者之间的信赖关系，还通过"211限时达"等时效产品和上门服务，重新定义了物流服务标准。2021年，京东物流助力约90%的京东线上零售订单实现当日和次日达，客户体验持续领先。截至2022年3月31日，京东物流运营约1400个仓库，加上云仓生态平台的管理面积，京东物流仓储总面积超过2500万平方米。

思考题：
1．请结合案例，分析京东物流的业务包括哪几部分。
2．请使用PEST分析方法，分析中国物流业尤其是快递行业的外部环境变化。
3．请结合案例，说明京东物流采取的是哪种战略类型，并说明其采用这种战略类型的原因。

复习思考题

1．物流系统战略规划的要素是什么？
2．从物流系统发展方向角度分类，有哪几种类型的物流系统战略？
3．物流系统战略规划的步骤是什么？
4．对物流系统进行战略规划的方法有哪些？
5．SWOT方法最终得到哪几种不同的战略组合？

第 4 章

客户服务系统的
规划与设计

1. 理解物流客户服务的概念与构成要素。
2. 掌握物流客户服务系统规划与设计的内容。
3. 理解物流客户服务政策的不同陈述。
4. 掌握成熟物流客户服务政策的内容。
5. 掌握物流客户服务系统的建立方法。
6. 理解物流客户服务中订单处理系统的主要内容。

花加：留住客户，做好鲜花物流的每个环节

越来越多的人发现，日常生活中的鲜花变多了。最开始只能在花店里看到鲜花，人们也只有在节日期间才会想起去买花。后来，随着以花加为代表的鲜花电商崛起，鲜花的出现场景也日益生活化。近期，在超市买菜、买生鲜，也经常能看到鲜花的身影。鲜花逐渐渗透到了生活中的方方面面，日常购买鲜花也早已成为人们生活的一部分。

花加于 2015 年成立，创造了"线上预订+产地直送+增值服务"的日常鲜花购买模式，推出 99 元鲜花包月套餐（每周送 1 次，一个月送 4 次）。花加从鲜花供应链的下游做起，逐步渗透到中游的分拣、上游的采购种植等环节，并自建花田，使鲜花的质量和价格有了可靠的保障。

物流是保障鲜花电商成功的重要因素。以花加为代表的鲜花电商通过源头直采、自建供应链等方式进行鲜花运输，保障鲜花的新鲜度，这个过程免不了一些前期投入。生鲜电商平时也需要进行一些冷链运输，而鲜花则可以直接加入现有供应链之中参与运输，因此，无论是鲜花电商还是生鲜电商，都凭借其在供应链方面的优势打开了市场，为消费者提供价格亲民的鲜花商品。

但鲜花本身易损、保质期短等特点造成了鲜花物流成本高、破损率高。花加综合考虑物流成本及客户服务水平需求，针对不同的客户制定了不同的客户服务政策，如表 4-1 所示。

表 4-1　花加客户服务政策

	价格	配送频率	送达时间	破损率	礼盒	冷链
包月鲜花	每 4 束 99～399 元	固定日期，一周一次	固定日期	2.5%	无	全程
2 小时达	每束 169～429 元	下单即发货	2 小时	2.5%	有	全程
永生花	每束 199～299 元	当日或隔日发货	48 小时	0	有	无

综合来看，以花加为代表的鲜花电商平台的"物流+"形式，其冷链物流的齐备水平及一站式供应链不仅能协助传统鲜花行业解决鲜花易受损、配送效率低等痛点，而且在品控与时效性等方面的优势也值得参考。在这些头部鲜花电商的指导下，新技术和新设备不时融入供应链中，鲜花批发生态不断完善，从而为整个鲜花行业注入更多的生命力，并推进整个鲜花行业走向信息化、国际化。

思考题：

1. 花加对客户分类的依据是什么？
2. 花加为什么对不同的客户采用不同的物流服务政策？

4.1　物流客户服务概述

4.1.1　物流客户服务的概念

1. 物流客户服务的定义

客户服务的概念源于市场营销概念——主张商业战略要以客户为中心的商业理念。企业要想实现其商业目标，取得成功，就必须比竞争者更清楚地认识到客户的具体需求，集中各种资源及运作满足客户的需求。

客户服务可以定义为发生在购买方、销售方和第三方之间的一个过程。这个过程导致交易的产品服务的价值增值。产品的价值包括产品本身的价值及服务提供的附加价值，通过提高客户服务水平可以增加产品的附加价值，进而增加产品或企业的价值。

物流客户服务是指发生在客户与物流企业之间的物流企业为促进其产品或服务的销售而进行的相互活动。研究表明，现代物流管理的实质就是在客户满意的基础上，向物流需求方高效、迅速地提供产品。也就是说，现代物流管理以客户满意为第一目标，在企业经营战略中首先应确立为客户服务的目标，再通过客户服务来实现差异化战略。

可以从以下三个方面理解物流客户服务的概念。

（1）物流客户服务是一项工作。物流客户服务是为了满足客户的要求而进行的一项特殊工作，包括订单处理、技术培训、零配件供应、产成品运输或配送、处理退货及投诉、产品或服务的咨询等具体活动。

（2）物流客户服务是一整套业绩评价。物流客户服务是一整套业绩评价。物流系统的目标之一就是服务收益，即物流客户服务收益，通常从可得性、作业表现及可衡量性三个方面进行衡量。例如，某物流企业的客户服务衡量标准为产品可得性大于 90%，订货周期为 5～7 天，送货准确性达到 98%，订货周期的一致性不低于 95% 等，通过一系列指标的衡量与评价反映该企业的物流客户服务水平。

（3）物流客户服务是一种观念。客户服务是企业对客户的一种承诺，是企业战略的主要组成部分。企业不能将客户服务狭义地理解为一种活动或一套绩效评价，而应将客户服务思想渗透到整个企业，使它的各项活动制度化。

相关链接

顺丰提升客户服务水平

2022 年，顺丰宣布，从 9 月 5 日开始，在全国 50 个主要大中城市做出"派件不上门，承诺必赔付"的服务承诺。客户在反馈意见核实无误后，即可获得 5 元体验保障红包。这一服务将以这 50 个城市为起点，逐步向全国铺开。

事实上，经过 20 多年的潜心经营，顺丰已经在行业内享有广泛的赞誉和极高的知名度，树立了"快""准时""安全"的品牌形象。优质服务带来了良好品牌价值，得到客户、行业及社会的广泛认可。在国家邮政局快递服务总体满意度和公众满意度排名方面，顺丰连续 13 年排在第一位。

2. 物流客户服务的特点

物流客户服务属于一种虚拟产品，因此具有如下特点。

（1）无形性。服务在很大程度上是抽象的和无形的。服务不是物质的东西，而是一种精力的支出，服务的中心内容是向客户提供有价值的活动，如物流客户服务向客户提供存储服务、运输服务、包装服务等有价值的活动，并非转移某种产品的所有权。

（2）不确定性。服务的标准不精确。因为服务是无形的，所以既不能实现大批量生产，其内容也不像有形产品那样标准化。服务的内容也因人而异，如服务对某些人来说是满意的，而另一些人可能并不认可，因此服务的质量往往比物质产品变化更大，客户不满意的情况也会增加。

（3）生产和消费不可分割。服务的生产和消费是同时完成的，有的甚至需要客户参与其中。服务不能储存，提供服务的过程往往也是消费的过程，如储存能力、运输车辆的空间不能提前储存起来，因此才会造成需求高峰的时候缺货或运输延迟。

4.1.2　物流客户服务的构成要素

与客户服务相关的要素有很多，不同学者的总结也不尽相同。本书采纳了伯纳德和保罗的观点，将物流客户服务划分为交易前要素、交易要素和交易后要素三部分，如图 4-1 所示。

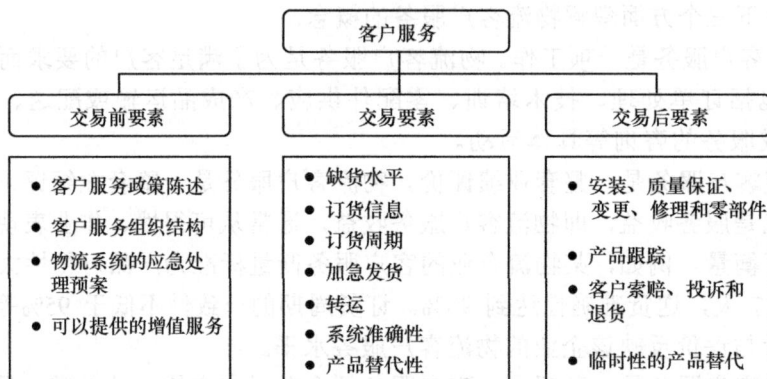

图 4-1　物流客户服务的构成要素

1. 交易前要素

交易前要素主要指为开展良好的客户服务创造适宜的环境，它直接影响客户对企业及产品或服务的初始印象。交易前要素主要由以下几项构成。

（1）客户服务政策陈述。客户服务政策陈述是以正式文字说明如何为客户提供满意的服务、客户服务标准、各员工的责任和业务等。

（2）客户服务组织结构。物流企业应该有一个较完善的组织结构，总体负责客户服务工作，并明确该组织的权利和义务、人员分工情况及绩效考核方法。

（3）物流系统的应急处理预案。外界环境处于不断变化中，为了能够完成客户服务政策陈述中的指标规定，物流系统应有在突发事件发生时为了解决问题而采取的行动的预案。例如，在缺货、自然灾害、劳力紧张、需求暴涨、货物损失等突发事件出现时，物流企业应采取什么有效的行动来减少损失，即有应急措施，以保证物流系统正常、高效地运作。

（4）可以提供的增值服务。为了更好地与客户长期合作，向客户提供金融服务、管理咨询服务及培训活动等。

2. 交易要素

交易中要素主要指直接发生在物流过程中的客户服务活动，主要包括作业表现和可得性。例如，缺货水平、订货信息、订货周期、加急发货、转运、系统准确性、产品替代性等。

客户服务的交易要素作用最明显，对客户的满意度具有直接影响。

3. 交易后要素

交易后要素即售后服务，是物流客户服务中非常重要却又最容易被忽略的要素，主要包括安装、质量保证、变更、修理和零部件；产品跟踪；客户索赔、投诉和退货；临时性的产品替代等内容。

4.1.3 物流客户服务系统规划与设计的内容

物流客户服务系统规划与设计的内容包括客户服务政策的规划与设计、客户服务系统监控、订单处理系统的规划与设计三项内容。

1. 客户服务政策的规划与设计

客户服务政策是物流企业或部门与客户之间的一种协议，明确指出了物流服务的目标和方向。客户服务政策为每步物流功能的实现规定了服务目标，如库存管理、运输、配送和仓储等。这部分既要确定物流客户服务政策应达到的目标，又要确定是对所有客户一视同仁，还是对不同的客户采取不同的客户服务政策；如果是后者，那么客户分类的依据是什么，以及不同客户类型的客户服务政策如何确定。最后，要清晰、明了地将客户服务政策用书面的形式表达出来，便于客户监督及员工考核。

2. 客户服务系统监控

一旦客户服务政策制定完成，对政策实施情况及客户满意程度的监控就成为维护良好的客户关系的关键。客户服务系统监控是指对物流企业或部门的客户服务政策中涉及的定量评价指标进行持续监督，对其执行的现状与设定的计划值进行比较，进而对客户服务政策的实施情况做出评价，并在此基础上优化和改进。

3. 订单处理系统的规划与设计

订单处理系统的功能应包括订单获取和输入、订单处理、订单执行情况的跟踪及订单执行后开票和支付。

订单获取和输入是获得客户需求，并且将其输入企业内部系统中进行处理的活动。订单获取和输入的规划与设计的主要原则是力争做到方便、快捷，令客户满意。订单获取和输入是与客户沟通的过程，客户由此产生对企业的总体印象。另外，订单获取和输入还应提供查询库存状态、预计到达时间等功能，以及客户满意度监控、与客户的实时沟通及在线查询功能。

订单处理是发生在订单输入和订单发给仓库执行之间的一系列活动，主要包括客户信用及相关信息审核、订单状况交流和订单变更、为了运输与拣货的高效而实行的订单分批和分配等功能。

订单执行情况的跟踪是指将订单的执行状态信息反馈给客户，有利于客户实时掌握其订单执行情况，进而有针对性地为后续工作做准备。包括订单在仓库里的处理状态的反馈、在运输途中位置信息的反馈，以及最后配送及相关信息的反馈。

4.2 物流客户服务政策概述

物流客户服务政策是物流系统与客户之间的一种协议，它明确指出了物流系统的服务目标和方向。物流客户服务政策为每步物流操作如库存控制、运输、仓储等都规定了相应的服务目标。

4.2.1 物流客户服务政策陈述

物流客户服务政策反映了一个企业的企业文化和物流系统的成熟程度。表 4-2 是某些物流企业对于客户服务政策的书面陈述。可见这是四种不同的客户服务政策陈述，下面详细介绍。

表 4-2　不同企业的物流客户服务政策陈述

企业序号	物流客户服务政策陈述
1	我们将满足您的一切物流需求
2	公司将致力于为客户提供尽量精细、个性化的现代物流服务与科学、创新的物流运作模式，全面提升客户公司的物流控制与管理水平，为推进中国物流现代化进程做出贡献
3	所有客户的商品库存可得性在 90%及以上，运输时间为 3～5 天，运输破损率控制在 1%以内
4	定日达：拥有 3100 余条"定日达"运营线路，2300 余个"定日达"服务网点，涵盖环渤海湾、长江三角洲、珠江三角洲、东北三省及中西部经济活跃地区 经济快运：经济实惠，为客户提供经济实用的全国性标准公路运输服务；以站到站的运输方式，在全国 500 个城市的 2500 家网点提供取送货服务；运输快捷，主要中心城市之间的运输时间为 2～4 天，市县级城市则为 3～6 天 专车达：为您的整车货物提供保价运输服务，同时，门店安排专人对整车货物全过程跟踪、全方位服务，助力您的货物安全到达；门到门一站式公路运输，在全国 500 个城市的 2500 家网点提供取送货服务；可按照您的要求单独定制门到门运输时间，主要中心城市之间的运输时间为 2～4 天，市县级城市则为 3～6 天

1. 特例

没有客户服务政策。如表 4-1 中的企业 1，看似能满足客户的一切需求，但实质上对客户服务政策没有任何规划。企业的资源是有限的，而客户的需求是无限的，企业不可能做到满足所有客户的所有需求。如果每个客户提出需求后，物流企业或部门都调用自己的所有资源去满足客户的任何需求，则势必带来"拆东墙补西墙"的后果，其他客户的需求无法保质、保量满足。

2. 没有定量指标

这类客户服务政策看起来是精心设计的，但由于没有定量衡量的指标，也就没有办法对客户服务政策进行考核，实质上等于没有客户服务政策，如表 4-1 中的企业 2。

3. 没有客户细分

这类客户服务政策有详细的量化指标，却没有针对性，如表 4-1 中的企业 3。一般来说，企业的资源不可能满足所有客户的需求。物流企业或部门可以根据客户对利润的贡献不同、所在地域不同等设计不同的服务水平。只有区别对待，才能获得更多的盈利。

4. 成熟物流客户服务政策

这类客户服务政策针对不同的客户和产品类型有详细的量化指标，如表 4-1 中的企业 4，根据客户的不同需求设计了不同类型的产品，每种产品的客户服务水平各不相同，还根据客户所处区域的物流资源的分布情况，设计了不同的客户服务水平。

4.2.2　成熟物流客户服务政策包含的内容

如表 4-2 中的企业 4 的客户服务政策所示，成熟物流客户服务政策主要包括针对不同的客户和产品分别制定服务政策；为每项服务要素建立量化的绩效指标，如表 4-3 所示。该企业的客户服务政策陈述根据产品的周转量与客户的交易量，将客户分为九种类型，针对不同类型的客户制定了不同等级的客户服务政策。这既便于企业向客户展示，也便于后续企业考核和监督客户服务水平。

表 4-3　客户服务政策绩效指标

客户-产品类别	订单满足率	反应时间/h	退货政策	增值服务	最小订单量	合并送货
A-A	99%	24	100%	定制	无	定制
A-B	95%	24	100%	定制	无	定制
A-C	85%	48	100%	定制	无	定制
B-A	97%	24	50%	有限	1000+	部分
B-B	90%	48	50%	有限	500+	部分
B-C	80%	72	0%	无	100+	部分
C-A	90%	48	50%	无	5000+	部分
C-B	75%	72	0%	无	1000+	部分
C-C	50%	96	0%	无	500+	部分

成熟物流客户服务政策还应包含客户服务实施后的评价与改进，即为每项服务要素评价实际的绩效水平；分析实际服务水平与标准水平之间的差异；及时将这些信息反馈给管理层，管理层根据需要采取纠正措施。

1. 定量衡量指标的确定

物流企业首先应该确定在提供客户服务的过程中主要对哪些指标进行考核。根据客户服务的构成要素，可能的定量衡量指标如表 4-4 所示。企业应根据自身提供的服务内容及客户要求，选择部分指标进行定量衡量，以满足客户的需求及企业对其客户服务水平的管理和控制。

表 4-4   物流系统客户服务可能的定量衡量指标

交易前	交易中	交易后
库存可得性 目标交付时间 信息处理能力	下单的便利性 订货周期时间 订货周期一致性 订单满足率 订单跟踪 订单状态信息反馈 延期订单状态 运输延误 路线变更 产品替代性	发票的准确性 货物损坏率 实际交付日期 退货处理周期 安装质量及时间 产品替换周期

2．客户分类的依据

物流企业对客户进行分类时，可以根据产品或客户的性质分类，确定不同的库存可得性；可以根据不同的运输方式或客户区域对订货周期时间、货物损坏率等指标分类；可以根据客户所在区域、订单量大小等因素对运输的一致性指标分类。表 4-5 是几种客户分类依据的例子。

表 4-5   客户分类的依据

库存可得性	订货周期时间	订货周期一致性
产品或产品组 库存地点 客户营利性或客户交易量 订单的完整性 产品的不同生命周期	运输方式 库存地点 客户或客户分类 订单规模	库存地点 客户营利性或客户交易量 订单规模

4.3   物流客户服务系统的建立方法

4.3.1   与企业战略相匹配

物流系统是整个企业的一个子系统，为企业实现整体战略服务，其客户服务政策应与总体战略一致。迈克尔·波特提出的"价值链分析法"如图 4-2 所示。从中可以看出，价值链分析法把企业内外价值增加的活动分为基本活动和支持性活动两种。基本活动涉及进料物流、生产、发货物流、销售、售后服务；支持性活动涉及企业基础设施、人力资源管理、研究与开发、采购等。基本活动和支持性活动共同构成了企业的价值链。

为了实现企业的整体战略，上述两种活动中的每种职能都会发挥作用，且每种职能都需要制定自身的战略及发展目标，保证整体战略的实现。物流系统包括原材料的获取和运输、产品的制造或服务的提供、产品配送和售后服务的方式与特点。物流客户服务系统需要与企业的战略目标保持一致。因此，要确定物流系统的客户服务水平，首先要确定企业的战略目标。

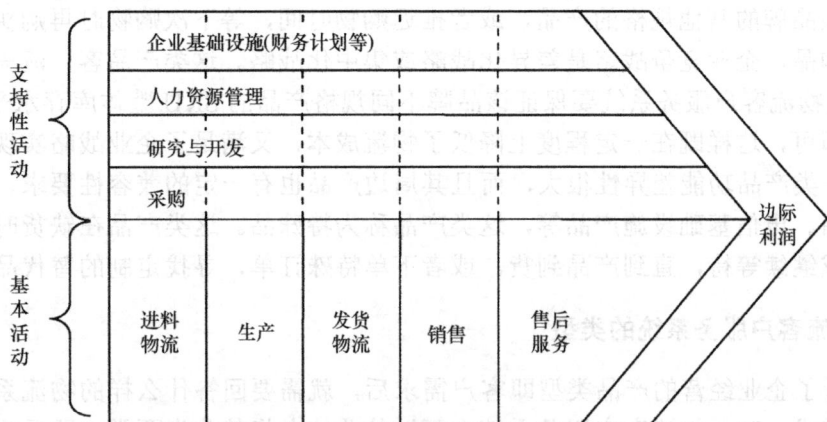

图 4-2 迈克尔·波特的价值链分析法

1. 理解客户的需求

企业的竞争战略总体来说有三种类型，即差异化战略、成本领先战略及集中化战略。企业对这三种战略的选择在很大程度上依赖客户对产品缺货的反应。

客户的需求不同，对所需产品缺货的反应也不尽相同，如图 4-3 所示。

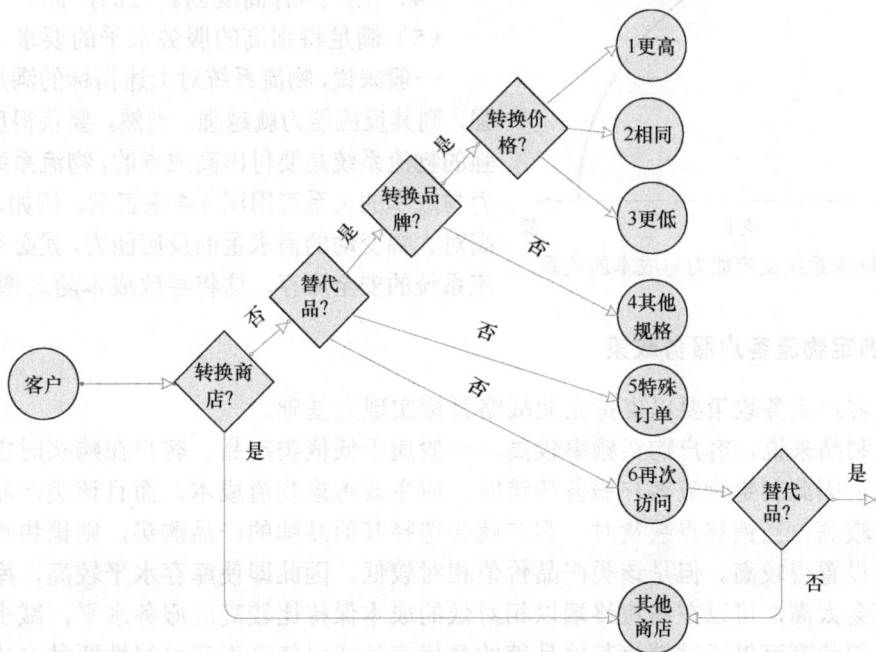

图 4-3 客户对产品缺货的反应模型

一些生活日用品，如瓶装水、调味品、洗漱用品等，产品的功能差异性很小，购买频率较高，客户对价格相对比较敏感。所以在想购买的产品缺货时，客户往往选择不同规格或不同品牌的同类产品购买，即转换品牌。这类产品称为便利品，企业竞争战略应该是成本领先战略，物流客户服务系统的目标也是如何在降低成本的基础上满足客户的需求。

另一类产品功能具有一定的差异性，如护肤品、手机等，这类产品在缺货时，客户可能选择该品牌的其他规格的产品，或者推迟购物时间，等下次购物时再购买。这类产品称为选购品，企业竞争战略是差异化战略或集中化战略。这类产品客户流失率比便利品低，所以物流客户服务系统要保证该品牌不同规格产品的 SKU 整体库存水平，即综合库存较高即可，这样既在一定程度上降低了物流成本，又满足了企业战略实现的要求。

最后一类产品功能差异性很大，而且其周边产品也有一定的兼容性要求，如婴幼儿食品、药品、电信基础设施产品等，这类产品称为特殊品。这类产品在缺货时，客户会转换商店或继续等待，直到产品到货，或者下单特殊订单，寻找定制的替代品。

2. 物流客户服务系统的类型

在分析了企业经营的产品类型即客户需求后，就需要回答什么样的物流系统才能满足企业的需求。对于物流客户服务系统，可以从总体上将其分为两类，即反应能力型和降低成本型。

物流系统的反应能力可以用以下几个指标描述。

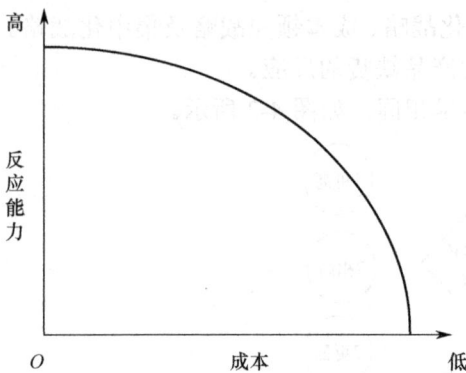

（1）对大幅变动的需求量的反应。
（2）满足较短供货期的要求。
（3）提供多品种的产品。
（4）生产具有高度创新性的产品。
（5）满足特别高的服务水平的要求。

一般来说，物流系统对上述指标的满足能力越强，则其反应能力就越强。当然，要获得反应能力强的物流系统是要付出高成本的，物流系统反应能力与成本的关系可用图4-4来表示。例如，为了提高对大幅变动的需求量的反应能力，就必须增加物流系统的安全库存，这将导致成本随之增加。

图 4-4　物流系统反应能力与成本的关系

3. 确定物流客户服务政策

物流客户服务政策要以支持企业战略目标实现为基础。

对便利品来说，客户购买频率较高，一般属于低值类产品。客户在购买时主要考虑节约成本，因此制定物流客户服务政策时，应主要考虑物流成本。而且该类产品的客户流失率比较高，当销售点缺货时，客户就会选择其他品牌的产品购买，则销售点的库存可得性要设置得较高。但是该类产品价值相对较低，因此即使库存水平较高，库存持有成本也不会太高，可以在销售终端以相对低的成本保持比较高的服务水平，减少客户流失。综合零售商可以通过销售其他品牌的替代产品或保持高库存可得性两种方式来满足客户需求，因此，综合零售商的物流系统可以设置同类产品综合库存可得性较高。总之，该类企业的物流客户服务政策首要满足低成本目标，再考虑反应能力。

对选购品来说，在面对缺货时，客户会在该品牌产品的不同规格中进行选择。企业可以利用此规律，在制定物流客户服务政策时，以该品牌产品的综合库存可得性较高为目标。由于综合预测的准确性比单独预测高，设定综合库存可得性可以起到一定的风险共担作用，企业可以以较低的物流成本获得较高的客户满意度。

对特殊品来说，由于该类产品的功能差异性，客户愿意等待或转换购买地点去购买。但是一般客户的第一次购买就决定了后续的购买意愿，因此该类产品的首次购买地点的缺货成本很高。该类企业应该判断客户首次购买产品的地点和时间。如婴幼儿奶粉，很多企业都会在医院附近进行产品销售或宣传，这往往是客户第一次接触该类产品的地点，则该销售点一定不能缺货，即在客户最可能首次购买产品的地点保持较高的服务水平或库存可得性。该地点的物流客户服务政策制定的目标应是较高的客户反应能力。

4.3.2　成本-效益衡量

物流系统为实现客户服务目标而发生的成本包括运输成本、仓储成本和管理成本。为了能给企业带来最大的盈利,在确定具体客户服务水平时，必须降低物流成本，以最低的物流成本实现其客户服务目标。因此，确定客户服务水平时应满足以下两个条件。

（1）最大化：企业盈利水平。

（2）约束条件：客户服务水平指标。

企业对不同客户服务水平的成本及由此带来的效益（包括失销成本）进行分析，能够确定盈利水平最优的客户服务水平，如图 4-5 所示。随着物流系统客户服务水平的提高,企业的收入应该也有相应程度的增加，但是只有增加的物流成本小于由此增加的利润，才值得提高物流系统客户服务水平。

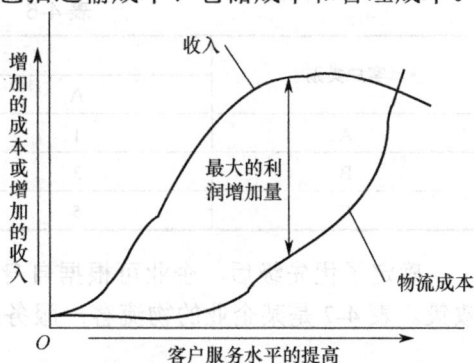

图 4-5　客户服务水平与盈利性的关系分析

例题 4-1　某企业目前的年销售额为 2000 万元，库存可得性为 95%。该企业的销售部门认为有必要将库存可得性提高至 98%，进而增加该企业的销售收入。该企业的物流部门根据销售部门的要求进行了核算，如果将库存可得性提高至 98%，则物流部门需要增加 1000 万元的投入。已知该企业的销售利润率为 25%。请分析该企业是否要将物流客户服务政策中的库存可得性指标提高到 98%？

解：

根据题意，物流客户服务政策的调整会增加 1000 万元的投入，只有当由此带来的利润增加大于 1000 万元时，才应该据此调整客户服务政策。

该企业的销售利润率为 25%，要增加 1000 万元的利润，则增加的销售额为 1000÷25%=4000（万元）。增加的销售额是现在全年销售额的两倍。这时销售部门应做充分的市场调研，提高库存可得性后销售额是否能增加两倍，如果不能，则增加的利润小于物流投入的成本，企业不应该调整客户服务政策；如果能，则应该调整客户服务政策。

4.3.3　ABC 分类法

1. ABC 分类法的原理

ABC 分类法又称帕累托分析法或分类管理法，即通常所说的"80/20"规则。它是根据事物在技术或经济方面的主要特征，进行分类排队，分清重点和一般，从而有区别地确定管理方式的一种分析方法。由于它把被分析的对象分成 A、B、C 三类，又称 ABC 分析法。

在 ABC 分类法中，累计品目百分数为 5%～15%，而平均资金占用额累计百分数为 60%～80%的前几个产品，确定为 A 类；累计品目百分数为 20%～30%，而平均资金占用额累计百分数也为 20%～30%的产品，确定为 B 类；其余为 C 类，C 类情况和 A 类相反，其累计品目百分数为 60%～80%，而平均资金占用额累计百分数仅为 5%～15%。

在制定物流客户服务政策时，可以根据以上原则对客户、产品或事件进行 ABC 分类，也可以同时按照两个维度分类，即二维 ABC 分类。二维 ABC 分类会将产品或客户分成 9 种类别，这 9 种类别优先级次序如表 4-6 所示。

表 4-6　客户–产品贡献矩阵

客户类别	产品类别		
	A	B	C
A	1	2	6
B	3	4	7
C	5	8	9

确定了优先级后，企业可根据自身的情况及实力对不同优先级实行不同的客户服务政策。表 4-7 是某企业的物流客户服务政策陈述的示例。

表 4-7　客户–产品客户服务政策

优先级范围	在库标准	交付标准	订单完整性标准
1～3	100%	24 小时	99%
4～6	95%	72 小时	95%
7～9	90%	96 小时	90%

另外，利用 ABC 分类法还可以对产品或客户的营利性进行分类，进而淘汰一些营利性差或不盈利的产品或客户。

2. ABC 分类法的步骤

（1）确定分析对象及分析内容。在进行 ABC 分类时，首先要确定的是分类的分析对象及分析内容。确定物流客户服务政策时，一般按照客户与本企业的物流交易量、交易额或利润贡献率等指标对客户进行分类，以确定不同客户的服务水平。另外，也可以按照业务范围内的产品的交易数量、交易额或库存周转率进行分类，以确定不同产品能提供的物流服务水平。若对客户进行分类，则客户被称为分析对象；若按照客户的利润贡献率指标对客户进行分类，则利润贡献率被称为分析内容。

（2）收集数据。按分析对象和分析内容收集相关数据。需要注意的是，相关数据需要统一统计时间，数据发生的时间及间隔应该是一致的。收集的数据包括所有分析对象在该时间段内发生的所有业务量分别是多少。

（3）处理数据，确定分类结果。对收集好的数据进行处理，按照 ABC 分类的原则对客户或产品进行分类，确定分类结果。对数据的处理一般按照以下五步进行。

① 计算每个分析对象在某个时间段的业务发生量。

② 按照业务发生量由大到小排序并列成表格。

③ 计算每个分析对象的业务发生量占总业务发生量的比率。

④ 计算累计比率。

⑤ 分类。

（4）确定不同优先级的物流客户服务政策。确定了分类结构后，要结合企业的内部资源及客户的需求等情况，确定最终的客户服务政策。总体的原则是，优先级高的客户，客户服务水平要高于优先级低的客户，即企业要将其资源更多地投入对其利润或企业发展贡献更大的客户。

例题 4-2　某企业过去一年与客户签订的物流合同金额如表 4-8 所示，请按照客户的物流合同金额对客户进行分类，并制定相应的客户服务政策。

表 4-8　过去一年与客户签订的物流合同金额　　　　　　　　　单位：万元

客户编号	1	2	3	4	5	6	7	8	9	10
合同金额	560	15 850	1 000	18 600	4 680	5 200	820	3 860	790	1 200

解：

从题意可知，本题的分析对象是客户，分析内容是物流合同金额，并且已收集了该业务的相关数据。

对数据进行处理，首先要按照物流合同金额从大到小进行排序，然后计算每个客户的物流合同金额占所有物流合同金额的比率，并计算累计比率，处理结果如表 4-9 所示。

表 4-9　ABC 分类法的数据处理

客户编号	合同金额/万元	所占比率	累计比率
4	18 600	35.39%	35.39%
2	15 850	30.16%	65.54%
6	5 200	9.89%	75.44%
5	4 680	8.90%	84.34%
8	3 860	7.34%	91.69%
10	1 200	2.28%	93.97%
3	1 000	1.90%	95.87%
7	820	1.56%	97.43%
9	790	1.50%	98.93%
1	560	1.07%	100.00%
总计	52 560	100%	

根据数据处理结果，结合 ABC 分类原理，确定最终的分类结果为：客户 4、2 为 A 类客户，客户 6、5、8 为 B 类客户，剩余的客户 10、3、7、9、1 为 C 类客户。

最后，根据企业资源情况分别确定 A、B、C 类客户的客户服务水平，表 4-10 为其最终结果。企业根据客户的物流合同金额对客户进行了 ABC 分类，并对不同类别的客户制定了不同的客户服务政策。

表 4-10 物流企业客户服务政策示例

客户类别	客户编号	库存可得性	交付标准	订单完整性标准
A	4、2	98%	24 小时	99%
B	6、5、8	90%	72 小时	95%
C	10、3、7、9、1	80%	96 小时	90%

4.4 客户服务监控

客户服务政策制定后，企业并不能一劳永逸，还要监控客户服务政策的执行情况即客户反馈情况，进而不断对物流客户服务政策进行优化和改进。客户服务监控可以评价一个企业提供的客户服务水平，及时调整和改进客户服务政策。客户服务监控主要包括客户服务的要素、绩效控制的方式和信息系统的效率。一般可分为内外部客户服务监控、识别潜在的解决方案和优化客户服务政策三个步骤。

4.4.1 内外部客户服务监控

1. 外部客户服务监控

外部客户服务监控的对象为客户及竞争者，主要目标在于识别客户服务的要素，以及确定客户对市场中的主要供应商（企业的竞争者）提供服务的评价。具体包括以下三步。

（1）识别重要客户的客户服务评价指标，如订货处理周期、订单履行的准确性、订货处理周期的一致性等。

（2）通过面谈或问卷调查等方式，收集客户对这些指标的重要性及绩效的评估值。

（3）收集客户对本企业主要竞争对手关于这些指标的评估值。

2. 内部客户服务监控

内部客户服务监控要求对企业的现行客户服务政策进行检查，这是评价客户服务战略变更的依据。内部客户服务监控包括以下六项。

（1）目前企业内部是如何评价客户服务的？

（2）评价指标有哪些？

（3）绩效标准或目标是什么？

（4）目前达到了什么水平（结果与目标的比较）？

（5）这些指标的数据是从哪里得到的？

（6）在信息和控制方面，这些职能部门之间的关系是什么？

内部监控的目的在于识别企业管理与客户期望之间的差距，从而做出客户服务政策优化决策。

4.4.2 识别潜在的解决方案

内外部客户服务监控可以使管理者找出企业客户服务与企业战略存在的问题，有助于企业根据细分市场调整客户服务政策，从而提高企业的盈利水平。如果企业希望开发最优的客户服务和企业战略解决方案，就需要利用这些数据与竞争对手进行基准比较。识别潜在解决方案，可以利用相对绩效矩阵、绩效评估矩阵，以及将两个矩阵结合起来。

1. 相对绩效矩阵

此矩阵横向为本企业与参照企业的相对绩效，纵向为客户对某些服务的重要性评价。矩阵中的九个区域可以划分成竞争优势、竞争均势和竞争劣势三大类。例如，A 公司通过问卷调查，得到部分客户服务的重要性及绩效评估值，如表 4-11 所示。

表 4-11　部分客户服务的重要性及绩效评估值

编号	属性	重要性	绩效评估		
			A 公司	B 公司	相对绩效
1	送货人员亲和力	6.42	5.54	5.65	−0.11
2	对员工的培训	6.28	5.4	5.23	−0.17
3	产品可得性	6.12	4.98	5.18	−0.2
4	配送质量	5.92	4.82	4.73	0.09
5	综合性订单可得性	4.84	4.53	5.27	−0.74
6	配送频率	4.41	5.29	4.9	0.39
7	地区客户服务	3.81	4.64	4.15	0.49
8	解决投诉的能力	2.82	4.62	5.03	−0.41
9	网络能力	2.3	5.07	5.21	−0.14

根据表 4-10 可以画出 A 公司与 B 公司的相对绩效矩阵，如图 4-6 所示。矩阵的左半部分是 A 公司比 B 公司评分低的项目，属于 A 公司的竞争劣势。左上部分是客户对该服务项目重要性评分高的区域，因此此区域的项目是 A 公司的重要弱项，是 A 公司需要格外关注并要提高相应项目服务水平的项目。矩阵的右上部分区域是 A 公司的重要强项，属于 A 公司的竞争优势，在此区域的项目，A 公司只要保持现有的服务水平即可。对于次要弱项区域的项目，因为客户对此重要性评分较低，所以可以暂时保持其服务水平。对于次要强项，一般会降低这些项目的服务水平，进而降低物流成本，或采取一些措施，提高客户对这些项目的重要性评价，将其转换为重要强项。

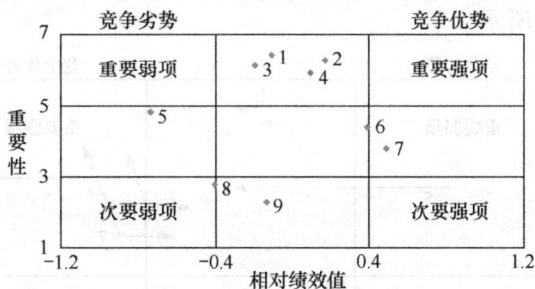

图 4-6　相对绩效矩阵

通过图 4-6 可以看出 A 公司与 B 公司相比的相对绩效。两家公司在绩效方面差异不大，以 7 分制，最差和最好的差异分别是−0.74 和 0.49。因此，从相对绩效上，在客户看来，两家公司的绩效实质上并无区别，A 公司没有明显的劣势，也没有明显的优势。

其中，项目 1、2、3、4 是客户重要性评分很高，但两家公司的差异不大，处于竞争均势的项目；而项目 6、7 是客户认为重要性一般，但 A 公司优于 B 公司的项目；项目 5 是客户重要性评分很高，但 A 公司落后于 B 公司较多的项目，这就是 A 公司要提升的项目；项目 8、9 是客户重要性评分较低，且两家公司的差异不大的项目。

2. 绩效评估矩阵

在分析潜在的解决方案时，还应该结合企业的绩效评估矩阵共同做出决策。绩效评估矩阵横向为绩效评估值，纵向为客户对某绩效重要性的评估值，共有九个区域，企业的绩效评估值落在不同的区域内。应该对项目采取不同的优化方案，进而更好地满足客户的需求。如图 4-7 所示，左上角的区域，客户认为该项目很重要，但是客户对企业该项目的绩效评分较低，该项目应是企业重点优化的项目，一定要提高其绩效评估值，让客户满意。对于客户重要性评分较高的项目，企业应该重点提高其服务水平，而对于客户重要性评分较低的项目，企业可以投入较少的精力。

图 4-7　绩效评估矩阵

从图 4-7 可以看出，在客户重要性评价最高的四个（1、2、3、4）变量中，A 公司有两个（3、4）没有满足客户的期望，在两个（8、9）最不重要的变量方面，则超出了客户的期望。因此，A 公司应该把其资源投入客户认为重要的项目，也就是说，A 公司的客户服务水平还有待改进。

3. 得到备选方案

把相对绩效矩阵和绩效评估矩阵结合起来，则可以更客观、更准确地改进企业的客户服务政策，如图 4-8 所示。

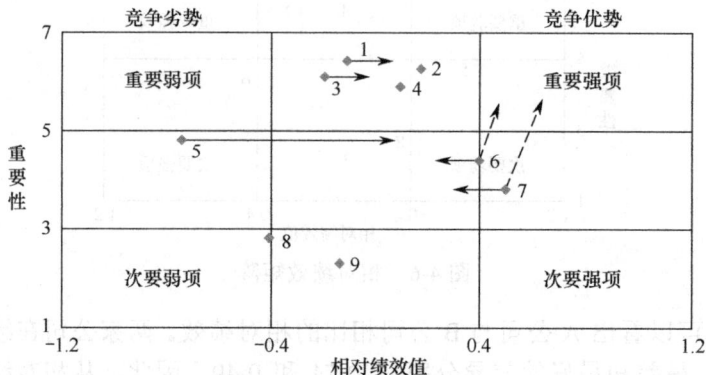

图 4-8　识别潜在方案矩阵

由图 4-8 可知，A 公司可以通过改善客户服务重要性比较高的 1、3 两个项目的绩效值，使之成为企业的竞争优势。项目 5 客户的重要性评分较高，且落后于 B 公司较多，因此 A 公司可以根据自身的资源情况提高该项目的服务水平，进而提高其绩效评估值。项目 6、7 在绩效评估矩阵中的位置为保持或降低，但 A 公司优于 B 公司，因此 A 公司可采取两种应对措施：一种应对措施是，降低这两个项目的绩效评估值，释放一部分物流资源，进而达到降低物流成本的目的；另一种应对措施是，如果企业判断这两个项目是未来物流服务发展的趋势，客户对此的重要性评价得分势必上升，则可以通过宣传等措施，让客户认识到这些项目的重要性，这样，这些项目就会成为企业重要的强项，也就是成为企业的竞争优势。

4.4.3　优化客户服务政策

1．得出客户服务政策改进方案

根据以上企业自身经营情况、内外部客户服务监控的结果，以及相对绩效矩阵和绩效评估矩阵相结合的分析，对备选方案进行评价，进而得到客户服务政策改进或优化的方案。该方案应该包括上述备选方案的比较及最终的选择、不同目标市场的客户服务政策、员工的绩效考核指标及薪酬计划。

2．撰写客户服务政策优化报告

确定了最终方案后，要以书面的形式对客户服务政策进行陈述，形成客户服务政策优化报告，以便后续循环开展和执行客户服务监控。报告应该包括为每项客户服务指标建立的量化的绩效标准、每项客户服务指标实际的绩效评估水平、分析实际服务水平与标准水平之间的差异、根据分析结果制订客户服务政策改进方案、该方案具体的实施措施等内容。

4.5　订单处理系统

信息时代对企业提出了更高的时间要求，企业正越来越多地将信息技术作为获得竞争优势的主要手段。物流系统的一切活动都是从客户订单开始的，因此，订单处理系统是物流系统的神经枢纽，也是物流系统与客户接触的第一道大门。信息流的速度和质量对整个物流运作过程的成本与效率及客户服务水平有直接影响。

4.5.1　客户订货周期

客户订货周期从客户下订单开始，到客户收到产品并将产品入库为止。这个过程主要由以下几个主要活动构成，即客户下单、订单处理、订单确认、仓库分拣和包装、订单运送与跟踪、交付客户，如图 4-9 所示。在这个过程中，客户与企业的业务信息沟通、企业整体物流业务信息的沟通涉及多个部门甚至多个企业，而且距离跨度一般较大，因此通过订单处理系统进行电子沟通，将大大缩短整个客户订货周期，也将提升物流系统运作的效率。

```
客户下单 → 订单处理 → 订单确认 → 仓库分拣和包装
                                            ↓
交付客户 ← 订单运送与跟踪
```

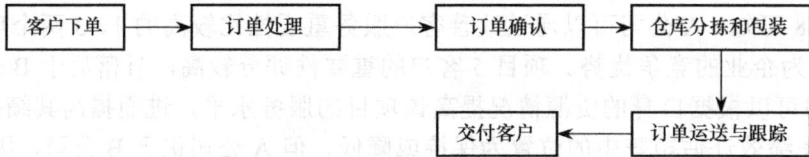

图 4-9　客户订货周期

仓库分拣和包装是指通过提取存货、生产或采购员购进客户订购的货物，对货物进行运输包装。订单准备过程有时可能十分简单，可以通过人工进行，有时则可能需要高度自动化的系统来处理。

订单运送从货物放在运送工具上时开始，到客户收到货物并卸载到客户所在地为止。企业可以自己安排运送，也可以将运送业务外包给第三方物流公司。订单跟踪是指通过不断向客户报告订单处理过程中或货物交付过程中的任何延迟，确保优质的客户服务。具体包括在整个订单周转过程中跟踪订单，与客户交换订单处理进度、订单货物交付时间等方面的信息。

将货物交付客户后，客户需将接收到货物的数量及质量等信息反馈给企业，以便企业对其物流系统的运行效率进行衡量和评价。另外，企业也希望得到客户对此次服务的评价和反馈，以便优化及改进自身的物流系统。

4.5.2　客户下单

客户下单是获得客户的需求，并将其输入企业内部系统进行处理的活动。订单生成的主要原则是尽可能方便客户操作，使客户满意，并能够快速、准确地录入企业内部系统。客户下单方式通常有以下四种。

1. 手工填写订单

客户手工填写订单并交给销售人员或邮寄。销售人员收到订单后，将其记录下来或录入企业的管理信息系统。

2. 电话订购，手工记录

客户通过邮寄目录或其他方式获得企业的产品信息后，通过打电话的方式将订货信息传递给企业客户服务代表。客户服务代表将订货信息详细地记录下来，然后反馈到企业的管理信息系统中。

3. 电话订购，自动记录

客户通过打电话的方式将订货信息传递给客户服务代表。此时，客户服务代表可以从企业的订单处理系统中获知客户的具体信息，以及产品的库存信息。如果库存不足，则询问客户是否需要替代品或通知客户有关到货信息，也可以及时安排生产。

4. 电子化方式

客户的订单信息通过电子形式直接传递到企业的订单处理系统中，客户输入的终端可以是计算机或手机。

为了在订单发送和订单输入方面达到最快的速度和最高的准确度，越来越多的企业开始采用电子化方式。

在客户下单功能中，一个重要的原则就是让客户有尽可能多的订单输入选择，以及能够提供即时库存信息、运输到达预估时间，做到一次购足等，以提高客户的满意度。

4.5.3　订单处理

订单处理是发生在订单输入和订单发送至仓库之间的一系列活动，主要包括订单审核、订单处理两个活动，其流程如图 4-10 所示。

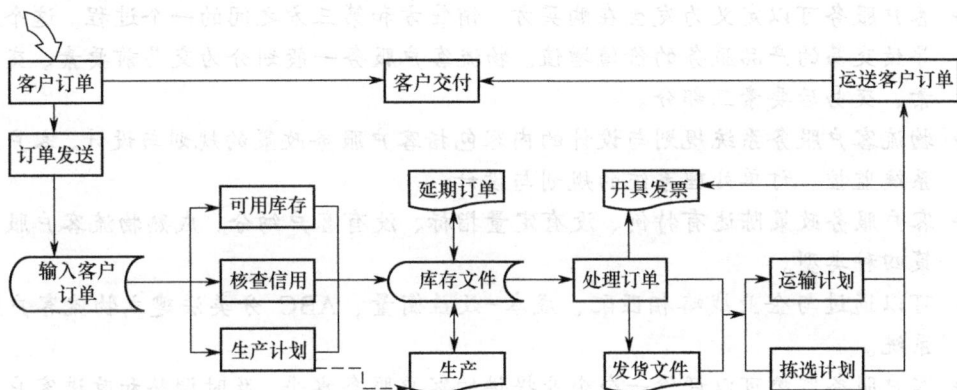

图 4-10　客户订单处理流程

1．订单审核活动

企业接到订单后，要对客户订单进行审核，确定是否接受客户订单。首先，企业会对库存进行查询，询问所需产品是否有达到订货数量的库存，如果产品没有足够库存，就要看客户是否能接受延迟订单，以及审核是否要安排生产或采购来满足客户需求，如果可以，则会下达生产指令或采购指令。其次，要对客户过去的支付记录进行查询，以确定客户的信用，查看其是否存在应付账款过期未付的情况。企业一般有客户信用审核的标准，如果客户达不到标准，就不会接受客户的订单，从而减少坏账。随着订单的确定，库存文件要做相应变动，以防止产品重复销售。管理层也可根据相关信息进行销售量预测或其他决策。

2．订单处理活动

客户的订单审核通过，企业接受了客户订单，则会进入订单处理活动，主要包括提供财务部门开具发票的信息、确认向客户发送的订单、给仓库下达分拣与包装指令、根据客户地点制订运输计划等活动。

4.5.4　与订单相关的物流作业与订单跟踪

在确认订单后，仓库开始进行分拣与包装作业。此作业要严格按照订单的信息来完成。电子化数据的传递可以大大提高分拣与包装作业的速度和准确性。当产品进入运输阶段时，则需要确定相应的运输计划，为订单安排最佳的运送和拣货批次。订单分批应该在线实时进行，以便在线设定运送时间，并且及时与客户沟通。一旦订单分配完毕，便发送到运输管理系统准备送货，同时，仓储系统也应该在线自动更新。

在货物被装载至运输工具前，或者在修改订单不会延误整个运输计划的前提下，客户可以对订单进行修改。客户改动过的订单应该作为新订单处理。当订单的内容、时限、订单输入方式有特例时，企业应主动与客户沟通。订单信息应做到实时更新，让客户可以随时随地通过多种方式得知订单状况，以增加客户对企业的信任。

本章小结 →

➢ 客户服务可以定义为发生在购买方、销售方和第三方之间的一个过程。这个过程导致交易的产品服务的价值增值。物流客户服务一般划分为交易前要素、交易要素、交易后要素三部分。

➢ 物流客户服务系统规划与设计的内容包括客户服务政策的规划与设计、客户服务系统监控、订单处理系统的规划与设计。

➢ 客户服务政策陈述有特例、没有定量指标、没有客户细分、成熟物流客户服务政策四种类型。

➢ 可以通过与企业战略相匹配、成本-效益衡量、ABC 分类法建立物流客户服务系统。

➢ 客户服务监控可以评价一个企业提供的客户服务水平，及时调整和改进客户服务水平政策。客户服务监控主要包括客户服务的要素、绩效控制的方式和信息系统的效率。一般可分为内外部客户服务监控、识别潜在的解决方案和优化客户服务政策三个步骤。

➢ 信息时代对企业提出了更高的时间要求，企业正越来越多地将信息技术作为获得竞争优势的主要手段。物流系统的一切活动都是从客户订单开始的，因此，订单处理系统是物流系统的神经枢纽。客户订货周期从客户下订单开始，到客户收到产品并将产品入库为止。这个过程主要由以下几个主要活动构成，即客户下单、订单处理、订单确认、仓库分拣和包装、订单运送与跟踪、交付客户。

案例分析 →

雅迪与日日顺物流共创出行服务新方案 启动行业后市场服务特训营

雅迪与日日顺物流电动车行业后市场服务特训营圆满落幕。此次培训聚焦电动车送装修一体服务、出行安全服务、生态服务三大场景迭代升级，旨在满足用户个性化、应用场景多样化需求，提升用户体验。

1. 解决用户痛点，打造行业首个物联网场景物流标准

随着社会经济发展和消费升级，大件网购已成为人们重要的消费方式。但区别于家电等大件产品，电动车线上销量占总销量的比例仅有 2%。体积大、专业度较高、使用环境复杂多变等因素，导致其整体后市场服务水平参差不齐，影响用户的购买体验。

为了切实解决电动车行业的用户痛点，雅迪电动车与日日顺物流联合打造"521"

创新服务模式：售后 5 分钟接单响应、2 小时反馈处理方案、1 次上门解决问题。同时，日日顺物流还为雅迪用户提供免费拆箱、免费安装、免费验车及与用户签订用车回执等"三免一回执"增值服务，全面解决用户网购电动车的后顾之忧，成为电动车行业首个物联网场景物流标准。

此次培训，双方在之前标准化服务的基础上，从服务场景、服务内容等方面进行了迭代升级。例如，除了提供电动车送装修一体化等基础服务，双方将为用户提供废旧电池以旧换新服务。众所周知，电动车的电池一般在使用超过 3 年后，就会出现老化、续航能力差等问题，日日顺物流可以根据用户需求，提供上门电池换新服务，创造用户全流程最佳服务体验。

2. 创新服务模式，为用户出行提供定制化解决方案

与传统物流的"只管送到"模式不同，日日顺物流凭借 20 万名服务兵触点与用户建立深度交互的强关系，颠覆传统的物流发展模式，针对用户出行等场景提供定制化解决方案。

举例来说，日日顺物流在为用户提供电动车配送的同时，借助终端服务兵触点感知用户对出行安全的需求，通过并联电动车行业上下游优质资源方，共同打造了包括头盔、电池、安装服务等在内的基于出行场景的生态圈，满足用户与出行相关的各种需求。例如，针对雨天出行及车窗因温差产生雾气等情况，推出后视镜镀膜防水喷雾和玻璃防雾喷雾，保证出行安全；针对电动车保养推出划痕修复剂等，免去用户去 4S 店隔天取车的麻烦。

随着人们环保意识的逐渐增强，电动车市场需求不断增加。在此次培训中，日日顺物流与雅迪不仅为用户提供了出行链群场景解决方案，打造差异化服务体验，也为行业树立了电动车全流程服务新标杆。

凭借物联网场景物流模式，日日顺物流不断受到行业认可。从入选独角兽指数榜单，到牵头承担"智慧物流管理与智能服务关键技术"项目，日日顺物流实现了对行业的持续引领。

3. 日日顺多措并举，做大件物流领航者

多款大件商品成套送装并非易事。大件商品对物流基础设施和服务能力要求高，不仅服务链条长、运输难度大，而且涉及复杂的安装、售后、维修、保养等服务。可以说，大件物流的"最后一公里"问题，一直是物流供应链体系的软肋。

日日顺供应链 2000 年就开始布局居家（家电、家居、出行产品等）大件物流平台，目前已形成了辐射全国的 CDC-RDC-TC 三级分布式仓储网络，在全国以自建及租赁的方式快速布局了 900 多座仓库；在服务网络上，通过合作模式快速拓展并建立起超过 6000 个服务网点，以及辐射全国 330 个地级市、超 2800 个区县的仓干配资源，和 20 万名场景服务师形成的触点网络，同时，区配运输的区县覆盖率可达 99%。2022 年"6·18"大促期间，日日顺供应链还全面履行"进户入村，无处不达""成套送装，如约而至""送装同步，一次就好""货物零损，有损必赔""场景服务，按需定制""专业客服，温度服务""信守承诺，违诺必赔""品牌 500 强，实力保障"八大用户承诺，切实打通大件物流"最后一公里"，让消费者感受成套送装"一次就好"的便捷和幸福。

　　相比传统物流服务商，日日顺供应链通过"全套送装"新路径，在减少一个中转搬运环节的同时，结合送货上门、售后响应、售后维修等增值服务，提升了运作效率与用户体验，建立起用户口碑"护城河"，以绝对实力角逐于大件物流"最后一公里"赛道。

思考题：

1. 根据案例分析，像雅迪电动车这样的大件物流，客户服务包括哪些内容？
2. 大件物流配送的特点是什么？难点在哪里？
3. 日日顺物流通过哪些举措提高了其大件物流的客户服务水平？

复习思考题 →

1. 简述物流客户服务的概念及构成要素。
2. 简述成熟物流客户服务政策的内容。
3. 客户订货周期有哪些活动？
4. 订单审核的内容有哪些？
5. 请根据以下数据按照利润贡献率对客户进行 ABC 分类（见表 4-12）。

表 4-12　客户交易额与利润额　　　　　　　　　　　　　　　　单位：万元

客户编号	1	2	3	4	5	6	7	8	9	10
交易额	18 760	1 230	11 560	12 780	8 900	850	1 060	23 520	2 300	700
利润额	6 100	360	3 250	3 670	2 760	240	320	3 760	700	200

6. 某公司的客户服务水平如果从 95%提高到 98%，成本和收益将发生如下变化：运输成本增加 12.5 万元；库存水平增加 350 万元；仓储成本增加 1.5 万元；库存持有成本率为 30%；销售额增加 500 万元；公司利润率为 30%。

请问，该公司是否应该提高客户服务水平？

7. A 公司是一家全国性的连锁零售企业，在北京地区与 100 多家便利超市合作，其配送中心负责为超市进行配送。最近一段时间，各超市对产品供应和物流服务的投诉较多，A 公司决定在五个有代表性的超市对八个项目（产品价格、产品质量、品项完整率、配送正确率、预定送货日期、订单完整性、缺货通知、紧急送货）进行调研，让超市对每个项目的重要性做出评价，评价结果如表 4-13 所示。

表 4-13　各超市对各项目的重要性的评价

项目代码	产品价格	产品质量	品项完整率	配送正确率	预定送货日期	订单完整性	缺货通知	紧急送货
CS1	6	6	7	6	5	5	6	5
CS2	7	5	6	5	4	4	7	5
CS3	7	4	5	6	6	5	6	7
CS4	6	7	6	5	6	6	5	4
CS5	5	6	6	6	7	4	5	6

同时，A 公司让超市对这些项目的服务表现良好性进行了评价，评价结果如表 4-14 所示。

表 4-14　各超市对各项目的服务表现良好性的评价

项目代码	产品价格	产品质量	品项完整率	配送正确率	预定送货日期	订单完整性	缺货通知	紧急送货
CS1	3	4	5	6	5	3	6	2
CS2	3	5	6	5	4	4	7	3
CS3	4	5	5	6	5	5	6	3
CS4	3	6	4	6	4	4	7	3
CS5	4	6	4	6	4	4	6	2

另外，超市对 A 公司的主要竞争对手的评价结果如表 4-15 所示。

表 4-15　超市对 A 公司主要竞争对手的评价

项目代码	产品价格	产品质量	品项完整率	配送正确率	预定送货日期	订单完整性	缺货通知	紧急送货
CS	4	5.8	4.2	5.3	5.2	4.2	6.8	4.2

请思考：

（1）请你根据题目中给出的数据，画出绩效评估矩阵和相对绩效矩阵，并把调研项目的序号填入画出的绩效评估矩阵。

（2）根据分析结果，说明 A 公司的配送中心对哪些项目的服务要绝对提高？对哪些项目的服务要提高？对哪些项目的服务要保持/提高？对哪些项目的服务要保持？

第 5 章

运输系统的规划与设计

1. 了解运输系统的功能。
2. 掌握运输系统规划与设计的目标及内容。
3. 掌握运输网络的类型及特点。
4. 掌握运输网络类型选择的依据。
5. 理解不同运输方式的优缺点。
6. 掌握运输方式选择的影响因素及方法。
7. 掌握车辆装载方案的规划与设计方法。
8. 掌握不同情况下运输线路规划与设计的方法。

开篇案例 →

畅通国际物流供应链　中储智运长沙中欧班列首发

2022 年中央经济工作会议提出，2022 年经济工作要稳字当头、稳中求进。当前经济形势严峻复杂，稳定供应链、努力缓解国际运力紧张局面、维护全球供应链畅通，成为科技物流企业的应尽责任。

2022 年 1 月 3 日和 5 日，随着悠扬响亮的汽笛声，两列满载 50 个高箱的中欧班列相继从长沙北站驶出，它们将通过二连浩特和满洲里口岸出境，最快 13 天便可抵达德国汉堡。

这是中储智运物流有限公司继郑欧班列、长安号班列、蓉欧班列、渝新欧班列后首次发出的长沙班列，主要运输的货物有太阳能光伏组件、厨房用具、电器零部件等。该班列为图定班列，每周可准时发车。"有了这条班列，我们能为客户提供更多的备选方案，为国内客户外贸出口按期交货又上了一重保险。长沙班列的开通，不仅解决了货物发运难的问题，还大大增加了公司的发运量，货物周转率得以大大提高。"中储智运相关人士说。

受新冠疫情影响，各国口岸、港口拥堵严重，海运价格大涨，空运线路锐减，全球供应链面临中断风险。中欧班列作为新形势下对外贸易的重要物流载体，在维护全球产业链供应链稳定方面发挥了重要作用。中储智运作为中国物流集团旗下智慧物流板块重要力量，主动承担行业"国家队"职责，充分发挥平台运营优势，通过中欧班列打通国际物流"大动脉"，有力地促进了中欧经贸往来，为稳定外贸、保证国际物流供应链畅通提供了强有力的支撑。

目前，中储智运已陆续开通多条国际班列，国内始发站点包括郑州、西安、成都、重庆等，线路涵盖波兰、荷兰、德国等"一带一路"沿线十个国家近二十座城市。2021 年，中储智运完成国际班列运输量近 5 万吨，交易额过亿元。

此次长沙班列的首发和开通，是中储智运积极响应"一带一路"倡议，保证供应链畅通，扩展自身铁路货运及多式联运服务的策略性举措。2022 年 2 月，中储智运还实现了包列运输。

未来，中储智运将全面推进国际班列业务，加强与各陆港和平台公司在集疏运等方面的战略合作，将中储智运中欧班列打造成具有国际竞争力和良好美誉度的知名品牌，通过"多式联运"模式，为企业提供稳定、高效的国际物流大通道，为加快构建"双循环"新发展格局注入新动力。

思考题：

1. "一带一路"中的"丝绸之路经济带"涉及的中国省市及欧洲国家有哪些？
2. 请分析为什么采用铁路运输的方式？

5.1　运输系统规划与设计概述

运输活动及其载体所构成的运输系统是物流系统最重要的组成部分。通过运输活动，物流系统的各个环节有机地联系起来，物流系统的目标得以实现。运输与物流系统中的其他各方面都有千丝万缕的联系；运输的成本直接影响企业、车间、工厂、仓库、供应商及客户等选址决策，存货水平则在很大程度上受所选运输方式的影响，而所选运输方式又决定所使用的包装等。

5.1.1 运输系统的功能

目前，随着运输工具与设施的不断改进，现代物流中的运输已非通常意义上的运输，其触角已伸到企业生产经营活动的大部分领域，成为一个系统，如图5-1所示。企业为在工厂从事生产活动，需要从事原材料和零部件的调达运输。由于原材料和零部件的调达常常是大量运输，因此需要选择与大量运输相适应的运输手段。

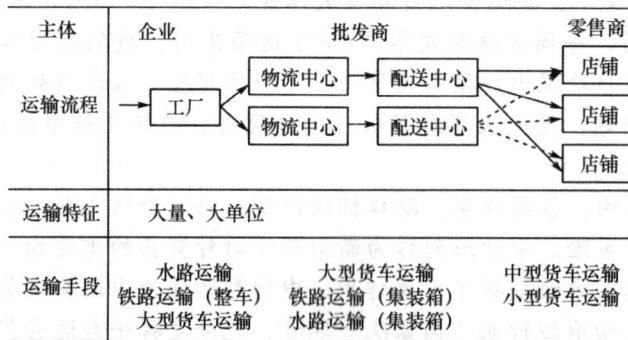

图 5-1　企业物流运输系统

原材料、零部件在工厂进行加工、制成成品以后，就会发生产品从工厂仓库到全国主要物流中心的大规模运输，常称为"干线运输"或"核心运输"。它涉及利用货台、装卸机械等工具，按一定的标准把产品单位化，进而在工厂和物流设施之间进行长距离的运输。这种长距离的运输既可利用大型货车，也可利用具有长距离运输优势的铁路（集装箱）或水路（集装箱）来进行。

当产品进入企业的物流中心后，接下来的运输业务主要是对应客户的订货而进行发货，包括将产品向批发业的配送中心或大型零售商的配送中心运输，甚至直接向零售店铺进行产品输送，即配送。配送一般又可分为都市内配送、地域内配送和货车货场配送。配送需要将产品分拣，实行小单位化，进而由中型或小型货车运输。配送可采取委托形式，也可由批发商或零售商自己承担。自己配送不仅包括向零售店铺配送产品，还包括与交易对象商谈、进行产品销售状况调查、店头产品管理等配送以外的目的。

综上所述，物流运输系统的功能有产品和货物转移功能、产品和货物储存功能、物流节点衔接功能。

1. 产品和货物转移功能

无论产品处于哪种形式，是原材料、零部件、装配件、在制品，还是制成品，也无论是在制造过程中被转移到下一阶段，还是被转移到最终客户手中，运输都是必不可少的环节。运输的主要功能就是帮助产品在价值链中来回移动。既然运输利用的是时间资源、财务资源和环境资源，那么只有确实能提高产品价值时，该产品的移动才是重要的。

运输之所以涉及时间资源，是因为被运输产品在运输过程中是难以存取的。被运输产品通常是指转移中的货物和产品，是各种供应链战略要考虑的一个因素，通过运输时间的占用，可以减少生产线上和配送中心的存货。

运输之所以涉及财务资源，是因为在运输过程中会发生驾驶员劳动报酬、运输工具的运行费用，以及一般杂费和行政管理费用的分摊。另外，还要考虑因产品灭失损坏而必须弥补的费用。

运输还直接和间接地使用环境资源。在直接使用方面，运输是能源的主要消费者之一；在间接使用方面，由于运输造成拥挤、空气污染和噪声污染而发生相应的环境费用。

运输的主要目的就是要以最低的时间、财务和环境成本，将产品从原产地转移到规定地点。另外，产品灭失损坏的费用也必须是最低的；同时，产品转移所采用的方式必须满足客户有关交付履行和装运信息的可行性等方面的要求。

2．产品和货物储存功能

对产品进行临时储存是一个不太寻常的运输功能，也就是将运输工具临时作为储存设施。然而，如果转移中的产品需要储存，但在短时间内（如几天后）又将重新转移，则该产品在仓库卸下来和再装上去的成本也许会超过在运输工具中每天需支付的费用。

在仓库有限的情况下，利用运输储存不失为一种可行的选择。可以采取的一种方法是将产品装到运输工具上，然后采用迂回线路或间接线路运往目的地。对迂回线路来说，转移时间长于直接线路。当起始地和目的地仓库的储存能力受到限制时，这样做是合情合理的。在本质上，这种运输工具被用作一种临时储存设施，但它是移动的、满载的，而不是闲置的、静止的。

概括来说，用运输工具储存产品可能是昂贵的，但当需要考虑装卸成本、储存能力限制或延长前置时间时，从物流总成本或完成任务的角度来看，或许是正确的。

3．物流节点衔接功能

在物流系统中，不同物流节点犹如一座座"孤岛"，只有把各"孤岛"通过运输系统连接起来，才能成为一个物流系统。在传统的物流系统中，运输不仅承担着实物转移功能，而且承担着信息沟通与传递功能，或者说此时运输在物流系统衔接中发挥着核心作用。在现代物流系统中，运输与信息网络并行实现了物流系统的衔接，前者侧重于实物衔接，而后者侧重于信息衔接。

事实上，如果把物流系统比作人体的生理系统，那么各个物流节点就像人体的各个器官，而运输系统则是沟通各个器官的血液和神经系统。没有运输系统参与工作，整个物流系统就像人体缺乏血液供应一样，最终导致整个系统衰亡、坏死。

5.1.2 运输系统规划与设计的目标

1. 运输系统规划与设计的目标模型

运输系统的总目标应该是在满足客户服务政策的前提下，用最低的运输成本连接供货地点和客户。为了实现这个目标，需要知道物流系统所需服务的对象、反应时间及服务过程中的其他时间限制、采购地点和物料流动量。

运输系统规划与设计的目标模型可以这样表示：最小化——总运输成本；约束条件——客户服务政策、运输能力。其中，总运输成本包括货运、车队、燃料、设备维护、劳动力、保险、装卸、逾期或滞留费用，税收，以及跨国费用。运输方案对存货持有成本和仓储成本有重大影响。在制订目标计划时，必须考虑上述两种成本和运输方案间的相互作用。客户服务政策包括反应时间要求、配送时间要求、数量要求、频率要求，以及运送途中尽可能避免损坏；运输能力包括通道能力、车辆能力、容器能力、劳动力能力、工作量差异。

运输方案的目标和限制贯穿于整个运输计划，如物流网络设计、运送规划、运输方式和承运人选择，以及运输费率谈判等。

2. 运输系统目标的主要衡量指标

为了实现运输系统的功能，促进整个物流系统协调运行，在制定运输系统目标时，要综合考虑如下几个主要衡量指标。

（1）运输成本。运输成本在全部物流费用中占很大比例，运输成本的高低在很大程度上决定整个物流系统的竞争能力。实际上，运输成本的降低，无论是对货主企业还是对物流经营企业来说，都是运输系统规划与设计的目标。运输成本也是各种运输系统规划与设计方案是否行之有效的最终判断依据之一。

需要注意的是，物流系统各要素之间相互影响、相互制约，所以运输系统规划与设计需要考虑的不仅仅是运输子系统本身的成本，而是整个物流系统的总成本。简言之，通过运输系统规划与设计，确保物流系统总成本降到最低限度，这意味着低费用的运输不一定能获得最低的总成本。这也是物流一体化的具体体现。显然，从整个物流系统的角度出发考虑合理的运输系统目标，相比从运输系统成本本身出发考虑运输系统目标，前者更加复杂。

（2）运输速度。确保及时送达是运输系统规划与设计的核心目标，该目标需要适当的运输速度来实现。一般情况下，在进行运输系统规划与设计时，运输速度越快越好，但这需要一个前提来保证，即成本可接受。因为在绝大多数情况下，运输速度和运输成本呈现同向变化，即快的运输速度同时产生高的成本。例如，某直销企业在为经销商发送货物时有三种选择：铁路运输、邮政运输和航空运输，这三种运输方式送达所需时间递减，送达所需成本则递增，其中，航空运输的成本远远高于铁路运输的成本。因此，在进行运输系统规划与设计时，并不是速度越快越好，而是选择恰当的运输方式，实现运输速度与运输成本之间的平衡。

运输是物流过程中需要花费较多时间的环节，尤其是远程运输，运输时间占全部物流时间的绝大部分，因此，运输时间的缩短对整个物流时间的缩短起着决定性的作用。另外，运输时间短，有利于运输工具加速周转，充分利用运力；有利于货主资金周转；有利于运输线路通过能力的提高，对运输合理化有很大贡献。

每增加一次运输，不但会增加起运的运费和总运费，而且会增加运输的附属活动，如装卸、包装等，各项技术经济指标也会因此下降。所以，减少运输环节，尤其是同类运输工具的环节，能对合理运输起到一定的促进作用。

（3）运输一致性。运输一致性是指在若干次装运中履行某次特定运输任务所需的时间，与计划的时间或前几次运输所需的时间是否一致。运输一致性是运输可靠性的反映，如果某个运输作业花费时间变动的弹性非常大，这种不一致性就会导致整个物流系统的不一致性，从而产生低效率。因此，在进行运输系统规划与设计时，要认真考虑运输的一致性问题。

（4）与物流节点的匹配程度。如前所述，物流运输系统的核心功能是发挥在各物流节点之间的桥梁作用。显然，桥梁作用的发挥首先就要求运输系统与其他物流节点良好对接。例如，公路集装箱运输车辆的规格必须与散货堆场的集装箱规格一致，否则就无法完成二者之间的对接，导致运输系统无法发挥作用。当然，运输系统与其他物流节点的匹配还涉及很多其他类似的问题，需要在运输系统规划与设计时综合考虑。

可以看出，物流运输系统规划与设计的工作是多方面的，涉及的范围十分广泛，还应该靠生产、交通运输和流通等部门共同协作来组织实施。

5.1.3　运输系统规划与设计的内容

运输系统规划与设计的内容很多，从不同的角度有不同的规划与设计工作需要完成。从工作内容来说，包括按经济区域组织货物流通，制定货物合理流向，开展直线直达运输和"四就"（就站、就港、就厂、就仓）直拨运输，选择合理的运输线路和运输方式，增加车辆有载行程等任务。从涉及的单位来说，与企业生产单位、商业采购和销售单位，以及各经营单位等都有密切的联系。在承、托双方的内部，又涉及计划、业务、调度、储运、财务等部门和环节。因此，组织合理运输的工作是纷繁复杂的，需要因时、因地进行计划安排，选取切实可行的途径和方法。具体要确定以下四个方面的内容。

1．确定运输战略

在进行运输系统规划与设计时，首先需要对运输系统所处的环境进行分析，环境分析主要包括国家的宏观运输政策、运输市场的发展状况、物流系统综合战略、其他物流节点的情况等。在分析上述问题的基础上，确定运输系统战略，明确运输系统规划与设计的方向。物流运输战略的确定直接决定运输系统规划与设计的其他要素。例如，如果某企业的物流运输战略为速度最快，那么在选择运输方式时，速度就成为首要的参考指标。

2．选择运输方式

在运输战略明确的情况下，选择适当的运输方式是实现运输系统目标的重要保证。

目前，运输方式主要包括公路运输、铁路运输、航空运输、水路运输、管道运输等。在选择具体的运输方式时，既可以选择单一的运输方式，也可以选择多种运输方式的联运，目的是满足运输系统规划与设计的目标。

3. 确定运输线路

在物流系统中，当物流节点相对稳定时，各物流节点之间会形成若干条不同的运输线路，不同运输线路的差异可能体现为线路上节点的数量，也可能体现为线路上节点的先后顺序。不同的运输线路由于节点数量或顺序的差异会产生不同的运输效果，以满足物流节点的不同需求。因此，运输线路的选择不仅是运输系统规划与设计的主要内容，而且是运输战略的充分体现。运输线路的选择往往需要借助许多其他方法来实现，如运筹学等。

4. 运输过程控制

物流运输系统目标的实现依赖有效的过程控制。由于运输过程的空间变动性，控制运输过程的难度远远高于对固定节点的控制。因此，在进行运输系统规划与设计时，如何实现对运输系统的有效控制特别是过程控制，既是运输系统规划与设计的难点，也是重点。传统物流对运输过程的控制性较弱，但是随着信息技术的发展及信息化水平的提高，对运输过程的控制越来越依赖信息技术，如 GPS、GIS 等。在信息技术的支持下，对运输过程的控制已越来越有效，而且提高运输系统的效率这一作用也越来越突出。

5.2 运输网络的规划与设计

5.2.1 运输网络的概念

1. 运输网络的定义

运输网络是指在一定空间范围（国家或地区）内，由一种或多种运输方式的运输线路和物流节点（运输枢纽）等固定设施，按照一定的原则和要求构成的网络。运输线路是运输网络的基干，运输枢纽（包括港、站）是线路与线路的结合部，是各种运输线路联结成网的节点。运输网络按组成要素，可分为由一种运输方式构成的运输网络（如铁路网、公路网、水上航道网、航空网和管道网等）和由两种或两种以上运输方式联合构成的综合运输网络。

2. 运输网络的构成

（1）运输线路。运输线路广义上指所有可以行驶和航行的陆上、陆下、水上、空中路线，狭义上仅指已经开辟的可以按规定进行物流经营的路线和航线。运输网络规划与设计涉及的几种运输线路为铁路线路、公路线路、水路线路、空运线路、管道线路，对应的运输方式为铁路运输、公路运输、水路运输、航空运输、管道运输等一种或几种。运输网络规划即选择合适的运输方式及运输线路，并确定从起点到终点是否需要借助节点进行一定的物流处理或停顿的决策。

（2）物流节点。物流节点是运输网络中连接运输线路的节点，是在货物流动过程中需要经过或暂时储存及进行一定的物流处理的地方。

5.2.2 运输网络的类型

1. 直接运输网络

在直接运输网络中，所有货物都从供应商直接运达零售商，如图 5-2 所示。在这种运输网络中，每次运输的线路都是指定的，管理者只需决定运输数量并选择运输方式。这需要管理者在运输费用和库存费用之间进行权衡。

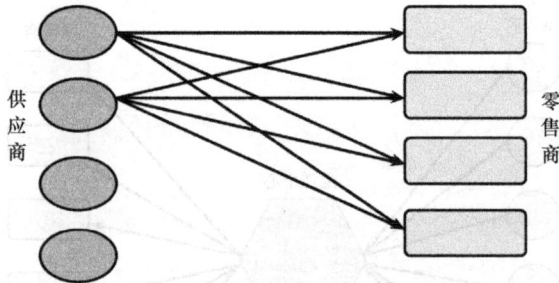

图 5-2　直接运输网络

直接运输网络的主要优势在于无须中介仓库，而且在操作和协调上简单易行。运输决策完全是地方性的，一次运输决策不影响其他货物运输。同时，由于每次运输都是直接的，因而从供应商到零售商的运输时间较短。

如果零售商的规模足够大，对供应商和零售商来说，每次的最佳补给规模都与卡车的最大装载量相近，那么直接运输网络就是可行的。但对小零售商来说，直接运输网络的成本相对较高。

2. 利用"Milk Run"的运输网络

"Milk Run"是指一辆卡车从一个供应商那里提取货物送至多个零售商时经过的线路，或者从多个供应商那里提取货物送至一个零售商时经过的线路，如图 5-3 所示。在这种运输网络中，供应商通过一辆卡车直接向多个零售商供货，或者由一辆卡车从多个供应商那里装载货物运送到一个零售商。

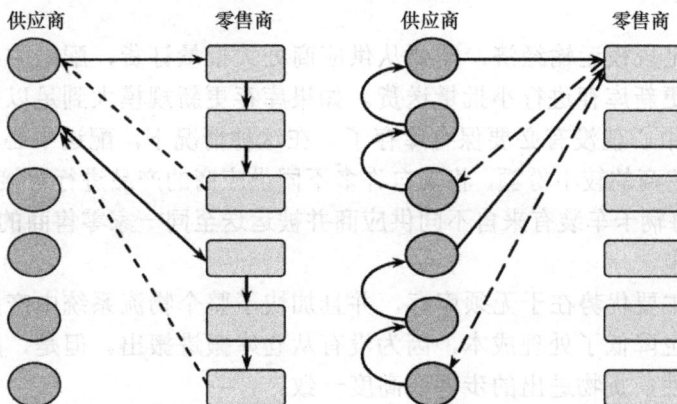

图 5-3　利用"Milk Run"的运输网络

直接运输具有无须中介仓库的优势，而"Milk Run"通过多家零售商在一辆卡车上的联合运输大大降低了运输成本。如果运输是规律性、经常性、小规模的，而且多个供应商或零售商在地理位置上接近，则"Milk Run"将显著降低成本。

3. 设有配送中心的运输网络

这种运输网络在供应商和零售商中间设有配送中心，首先将货物运送到配送中心，再送达零售商，如图 5-4 所示。

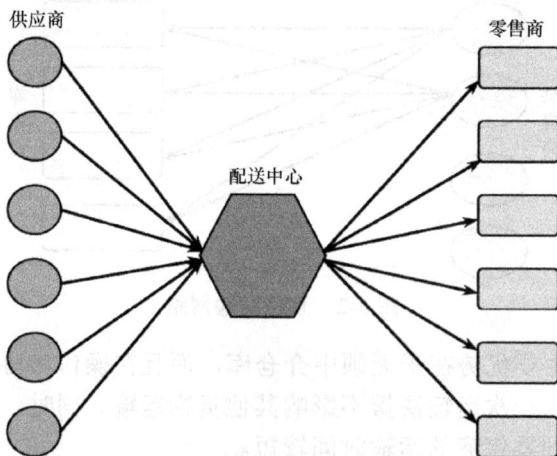

图 5-4　设有配送中心的运输网络

企业根据零售商的空间布局来划分区域，在每个区域分设配送中心。供应商将货物送至配送中心，然后由配送中心选择合适的运输方式，再将货物送达零售商。

在这种运输网络中，配送中心是供应商和零售商的中间环节，发挥两种不同的作用：一是保管货物；二是转运点。当供应商和零售商的距离较远、运费高昂时，配送中心有利于减少物流系统中的成本消耗。通过使进货地点靠近最终目的地，配送中心使物流系统获取了规模经济效益，因为每个供应商都将配送中心管辖范围内的所有零售商的进货送至配送中心，由配送中心实行统一保管和送货。

4. 越库操作

如果为了满足规模运输经济，需要从供应商处大批量订货，配送中心就保有这些库存，并为零售商更新库存进行小批量送货。如果库存更新规模大到足以获取进货规模经济效益，则配送中心就没有必要保有库存了。在这种情况下，配送中心通过把进货分拆成运送到每家零售商的较小份额，将来自许多不同供应商的产品进行对接。当配送中心进行产品对接时，每辆卡车装有来自不同供应商并被运送至同一家零售商的产品。这种运输网络称为越库操作。

越库操作的主要优势在于无须库存，并且加快了整个物流系统中产品的流通速度。同时，越库操作也降低了处理成本，因为没有从仓库搬进搬出。但是，成功的货物对接需要高度的协调性，货物进出的步调要高度一致。

因此，越库操作适合大规模、可预测的产品，要求建立配送中心，以在货物进出两个方面的运输都能获取规模效益。

5. 设有配送中心的"Milk Run"运输网络

如果每家零售商的进货规模都较小，配送中心就可以使用"Milk Run"向零售商送货，如图 5-5 所示。"Milk Run"通过联合的小批量运送降低了送货成本。例如，日本的 7-11 公司将来自新鲜食品供应商的货物在配送中心进行越库，并通过"Milk Run"向零售商送货。因为每家零售商向所有供应商的订货不足以装满一辆卡车，所以越库操作和"Milk Run"的联合使用可以使该公司在向每家连锁店提供库存产品时降低成本。但使用越库操作和"Milk Run"也要求高度协调，以及对"Milk Run"的合理规划和安排。

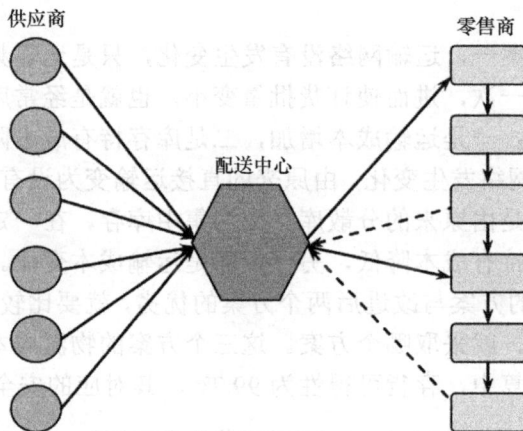

图 5-5　设有配送中心的"Milk Run"运输网络

5.2.3　运输网络类型的选择

1. 运输网络类型选择的目标

在选择运输网络类型时，最终要达到的目标是以最低成本满足客户服务需求，即物流总成本最低或满足反应时间的要求。

（1）物流总成本最低。选择设有配送中心的运输网络还是选择直接运输，主要从总成本方面考虑。需要注意的是，运输网络类型的选择不仅会影响运输子系统的成本，还会带来库存水平的变化，即影响库存持有成本。

在运输网络中设置配送中心，一方面，在运输中可以做到大批量运输，降低产品单位运输成本；另一方面，设置配送中心，就要增加物流设施，也就是增加企业投资或租赁物流设施的成本；还会影响企业的安全库存水平。在配送中心进行集中储存是对所有客户的需求进行综合预测，这样预测准确性就会提高，进而降低需求的波动性，以达到降低安全库存水平的目的，相应的安全库存的库存持有成本也会降低。由此可以看出，运输子系统与仓储子系统联系密切，因此在考虑不同的运输网络类型对成本的影响时，要综合运输成本和仓储成本进行考虑，最终使整个物流系统的总成本最低。

例题 5-1　A 公司是一家医疗器械公司，其产品可以分为高端产品和低端产品两种型号。A 公司将其客户划分为 24 个区域，每个区域都有销售人员。A 公司每 4 周向每个区域送货一次，运输费用为 0.66+0.26X，单位为元，其中 X 为运输产品的种类，单位为公斤。高端产品每个重量为 0.1 公斤，成本为 200 元；低端产品每个重量为 0.4 公斤，成本为 30 元。高端产品的平均需求量为 2 个/周，需求标准差为 5；低端产品的平均需求量为 20 个/周，需求标准差为 5。A 公司在每个区域设置安全库存，使存货可得性达到 99.7%。A 公司的存货持有成本率为 25%。现在 A 公司对其运输网络进行优化与改进，提出了两个方案。方案一：保持目前直接运输的运输网络不变，但是由 4 周送货一次变为 1 周送货一次。方案二：在临近客户的位置设置一个配送中心，所有库存在该配送中心进行集中储存，取消区域仓库，由配送中心直接向客户送货，送货频率为一周一次，并且运输费用变为 5.53+0.53X，平均每个客户订单包含 1 个高端产品和 10 个低端产品。A 公司是否应进行运输网络的优化？应采用哪种方案？

解：

该例题中，对于方案一，运输网络没有发生变化，只是运输频率增加，由原来的四周一次变为现在的一周一次，进而使订货批量变小，也就是经常库存降低。由此带来的成本变化包括两个方面：一是运输成本增加，二是库存持有成本降低。

对于方案二，运输网络发生变化，由原来的直接运输变为设有配送中心的运输网络，这种变化的结果一方面是由原来的分散库存变为集中库存，在一定程度上降低了安全库存，即整个系统的库存持有成本降低，另一方面是运输成本变化。

因此，要比较原来的方案与改进后两个方案的优劣，就要比较这三个方案的总成本，哪个方案的总成本最低，就采取哪个方案。这三个方案的物流成本计算结果如表 5-1 所示，在安全库存量的计算中，存货可得性为 99.7%，其对应的安全系数为 2.8。

表 5-1　三个方案的物流成本比较

	目前的情形	方案一	方案二
库存点数量/个	24	24	1
记录间隔期	4 周	1 周	1 周
高端产品的经常库存量/个	96	24	24
高端产品的安全库存量/个	336	336	69
高端产品的总库存量/个	432	360	93
低端产品的经常库存量/个	960	240	240
低端产品的安全库存量/个	336	336	69
低端产品的总库存量/个	1 296	576	309
年库存持有成本/元	31 320	20 070	6 968
运输类型	补充库存货物	补充库存货物	客户订购货物
运输规模	8 高+80 低	2 高+20 低	1 高+10 低
载重量/公斤	32.8	8.2	4.1
年运输成本/元	2 870	3 494	9 613
每年的总成本/元	34 190	23 564	16 581

通过计算比较可知，方案二每年的总成本最低。虽然方案二的运输成本增加了，但是由于其安全库存可以大幅降低，库存持有成本降低得更多，因此其物流总成本是最低的，所以应该选择方案二，也就是设有配送中心的运输网络来完成物流任务。另外，通过该例题，可以看出不同的运输网络带来的成本变化不仅仅是运输子系统的成本变化，还有仓储子系统的成本变化，在选择时要综合考虑。

（2）满足反应时间的要求。运输网络的选择除了考虑成本，还要考虑客户服务政策中有关反应时间的要求。设有配送中心及"Milk Run"的运输网络中，虽然通过货物的集中可以达到运输规模或装载率的要求，从而降低成本，但是同时牺牲了反应时间的要求，因为要等到所有货物到齐以后才能够统一安排运输。在选择运输网络时，一定要在满足客户服务政策有关反应时间要求的基础上，比较各方案的成本进行选择。

2. 运输网络类型选择的依据

如果物流企业的数据比较充足，就可以在满足反应时间要求的基础上对各运输网络的成本进行计算，选择成本最低的方案。但是如果数据不太充足，则一般采用定性的方法进行选择。

（1）依据客户需求量选择。当客户需求量比较大，基本能够装满整辆车时，采用直接运输网络是最经济、快捷的方式。当客户需求量不足以支持整车运输时，就要考虑设有配送中心的运输网络或"Milk Run"运输网络。如果采用设有配送中心的运输网络，就要考虑配送中心设置的地点及配送线路的安排。"Milk Run"运输网络与运输费用相关的主要有两项，一项是距离，另一项是配送频率。

如果采用"Milk Run"运输网络，就要合理规划运输线路及运输频率，以达到运输成本最低的目的。物流企业要综合考虑所有客户的运输量及配送时间要求，进行统一规划，协调资源的使用。例如，如果物流企业的客户分为大客户（L）、中客户（M）、小客户（S）三种类型，但是每类客户都不能达到满载运输的要求，在这种情况下，就可以将小客户的货物与大客户的货物装在一辆车上，采用"Milk Run"运输网络。对于大客户，一般企业都会给予较高的服务水平，配送频率较高，而小客户就会给予较低的服务水平。假设大客户要求企业每天配送一次，中等客户（M_1,M_2）要求企业每两天配送一次，而小客户（S_1,S_2,S_3）要求企业三天配送一次，企业综合考虑自身资源及客户要求，可以规划六条配送线路，即（L,M_1,S_1）、（L,M_1,S_2）、（L,M_1,S_3）、（L,M_2,S_1）、（L,M_2,S_2）、（L,M_2,S_3），这样既满足了客户对配送频率的要求，又满足了车辆资源充分利用的要求。

（2）依据客户密度及运输距离选择。是否选择"Milk Run"运输网络，主要的依据是客户密度及运输距离。采用"Milk Run"运输网络时，每个客户依次卸货，卸货后车辆的空间就会空余出来，随着送达客户数量的增加，车辆的装载率就会越来越低。因此，如果客户密度较低，或者起点到客户的运输距离较远，车辆的空驶率就会比较高，造成运输资源的浪费及运输成本的提高。依据客户密度及运输距离进行运输网络选择如表5-2所示。

表5-2　依据客户密度及运输距离进行运输网络选择

选择项目		运输距离		
		短距离	中距离	长距离
客户密度	高密度	"Milk Run"	"Milk Run"+配送中心	"Milk Run"+配送中心
	中密度	"Milk Run"+第三方物流	第三方物流	第三方物流
	低密度	"Milk Run"+第三方物流	第三方物流	第三方物流

当客户密度很高，且运输距离较短时，可以选择"Milk Run"运输网络，但是起点到客户的距离较远时，则可以考虑在起点与客户中间设置一个配送中心，即选择

设有配送中心的"Milk Run"运输网络。如果客户密度较低，或者运输距离偏长，企业自身进行运输的成本较高，车辆空驶率较高，企业就可以选择第三方物流。

（3）依据产品需求量及产品价值选择。是否选择设有配送中心的运输网络，主要的选择依据是产品需求量及产品价值。设有配送中心的运输网络最大的优点就是可以集中库存，满足规模运输的需求；将需运输的物品集中存放在配送中心，还能降低需求不确定性带来的影响，减少安全库存，进而降低库存持有成本。但是设有配送中心的运输网络增加了中间节点的停顿和处理，势必造成运输反应时间延长及存储成本增加。如果产品的需求量足够大，不需要与其他货物合并，就能满足装载率的要求，则没必要增加中间环节，可以采用直接运输的方式。另外，因为库存持有成本与产品价值成正比，所以产品价值越大，选择设有配送中心的运输网络对库存持有成本的降低就更显著。综上所述，依据产品需求量及产品价值进行运输网络选择如表 5-3 所示。

表 5-3　依据产品需求量及产品价值进行运输网络选择

选择项目		产品价值	
		价值大	价值小
产品需求量	需求量大	经常库存：直接运输网络 安全库存：配送中心运输网络，如有需求，则采用速度快的运输方式进行运输	所有库存采用直接运输网络
	需求量小	所有库存采用设有配送中心的运输网络；如有需求，则采用速度快的运输方式进行运输	经常库存：直接运输网络，但是选择成本低的运输方式，或者委托第三方物流 安全库存：设有配送中心的运输网络；如有需求，则采用成本低的运输方式进行运输

5.3　运输方式的选择

5.3.1　运输方式及其特点

1. 铁路运输

铁路运输是指以机车牵引车辆，沿着铺有轨道的运行线路行驶，借助通信和信号的联络运送货物，实现货物在空间上的转移的活动。铁路运输的优点是运量大、运输成本低、速度快、安全可靠、受气候和自然条件的影响较小、在货物运输中具有较高的连续性和准确性。铁路运输一般用来装运大宗散装产品，如煤、沙、矿物和农林产品等。铁路运输分整装车和零担、快运和慢运等类别，类别不同，则运输费用也不同。但铁路运输也有其局限性，主要是线路和设站固定，如需要再转运，则不但会增加运输费用和时间，而且会增加损耗。

2. 公路运输

公路运输是指使用汽车在公路上载运货物的一种运输方式。公路运输可以直接运进和运出货物，是车站、港口、机场、码头进行货物集散的主要运输方式。公路运输的通道是公路，工具是汽车。公路能纵横交叉，汽车能四通八达，而且机动灵活、简捷方便，这是其最明显的优势。在短途货物集散转运上，它比铁路运输、航空运输等更灵活。尤其在直达（门到门）运输中，其重要性更为显著。虽然其他运输方式都各有优势，但最终或多或少都要依靠公路运输来完成运输任务，如车站、码头、机场的货物集散都离不开公路运输。公路运输的优点是速度较快、范围广，在运输时间和线路安排上有较大灵活性，可直达仓库、码头、车站等地直接装卸。但公路运输的载量较小，不适宜装卸大件和重件物品，也不适宜长途运输。公路运输成本比水路运输和铁路运输高，超过一定的运输距离，运输费用会明显增加。另外，公路运输的过程中震动较大，尤其在路况较差的情况下，很容易造成货损、货差事故。

3. 水路运输

水路运输是指使用船舶或其他航运工具，在江河、湖泊、运河、海洋上载运货物的一种方式。水路运输一般具有运量大、运费低、耗能少的优点。对于运输体积大、价值低、不易腐烂的产品，是一种极为经济合理的运输方式。但水路运输常受水域、港口、船期等条件的限制，并且受季节、气候等自然条件的影响较大，运输连续性较差，速度慢，时间长。水路运输主要包括海上运输和内河运输两种方式。

水路运输的经营方式主要有班轮运输和租船运输两大类。班轮运输是指船舶在固定的航线上和港口间按事先公布的船期表航行，从事运输业务并按事先公布的收费率收取运费的一种经营方式。其具有固定航线、固定港口、固定船期和相对固定费率的"四定"特点。另外，班轮运输还具有方便供货方、手续简便、能提供较好的运输质量等优点。班轮承运人通常在码头交接货物，并专门负责货物的转口工作，从而为供货方提供了极大的方便。租船运输是指没有事先公布的船期表、航线、港口，船舶按租船人和船东双方签订的租船合同规定的条款行事的一种运输经营方式。租船运输一般用整船装运货价较低的大宗货物，如谷物、石油、化肥、木材、水泥等。租船运输在海上运输中占有十分重要的地位。租船运输无固定航线，无固定的装卸港口和船期，双方的权利、义务是由双方洽商，并以租船合同的形式确定的。租船运输受租船市场供求关系的制约，一般船多货少时运价低，反之则高。由于租船一般是整船装运，运量大，所以单位运输成本较低，对于低值大宗货物的运输，采用租船方式较为有利。

4. 管道运输

管道运输是指使用管道输送气体、液体、浆料与粉状物体的一种运输方式。按输送物品的不同，可分为气体管道、液体管道、固体浆料管道。管道运输是一种不需要动力引擎，运输通道和运输工具合二为一，借高压气泵的压力把货物经管道向目的地输送的运输方式。管道运输具有迅速、安全、货损货差小、运输货物无须包装、节省费用、成本低、管理简单、不受地面气候条件影响、可连续作业的优点，但固定资产投资大，机动灵活性差（永远单向运输）。一般来讲，管道大多由管道所有者用来运输自有产品，不提供给其他发货人使用。

相关链接 ➡

管道运输新发展

随着陆上的交通需求越来越大，路面运输越来越拥堵，有些企业开始研究新的运输方式，管道运输也不再局限于运输液体或气体物料。例如，京东在 2019 年提出了"胶囊快递"，利用地下管道及一些自动化运载设备，实现在城市中自动化配送的目标，如图 5-6 所示。

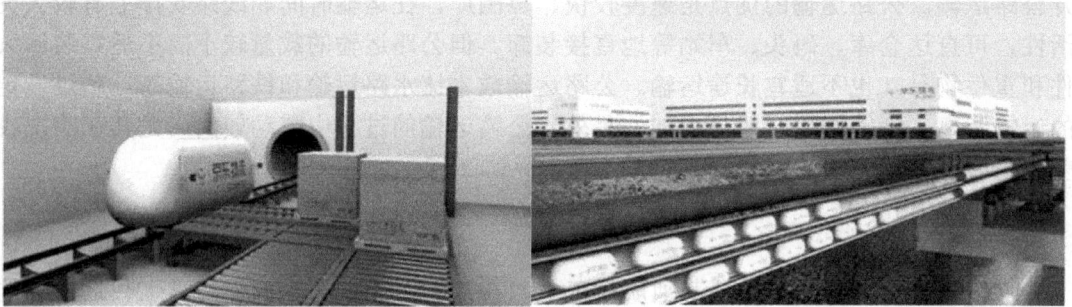

图 5-6　京东地下物流"胶囊快递"示例

5. 航空运输

航空运输是指使用飞机或航空器进行货物运送的一种运输方式。航空运输的重要性已越来越明显，对于那些体积小、价值高的贵重物品，如科技仪表、珠宝、鲜活产品等，以及要求迅速交货或长距离运输的产品，是一种较为理想的运输方式。航空运输速度快、安全、准确，虽然费用比铁路、公路等运输方式高，但许多企业的实践证明，它可降低所需存货的水平、仓储费用和包装成本。

目前，航空运输的经营方式主要有班机运输和包机运输。班机运输是在固定航线上定期航行，具有固定始发站、目的站和途经站的运输方式。因为班机运输定期开航，所以收发货人都可确切掌握起飞和到达时间，从而确保货物迅速投放市场。其不足之处是舱位有限，且运费较高。包机运输分整架包机和部分包机两种。整架包机是指航空公司或包机代理公司按照双方事先约定的条件和费率，将整架飞机租给租机人，从一个或几个航空站装运货物至指定的目的地的一种运输方式。其特点是可运送大批量货物，运费相对较低。部分包机是指几家航空货运代理公司（或发货人）联合包租一架飞机，一般适用于不足整机的货物，运费比班机运输低，但运送时间长。

6. 多式联运

多式联运是由两种及以上的交通工具相互衔接、转运而共同完成运输过程的一种方式。例如，从上海到南非的约翰内斯堡的货物，首先通过海运从上海运送到德班，再通过陆运从德班运送到约翰内斯堡。这个过程涉及海运、陆运两种运输方式，算是多式联运了。但是真正的多式联运需满足以下条件。

（1）根据多式联运的合同进行操作，运输全程中至少使用两种运输方式，而且是不同方式的连续运输。

（2）多式联运是一票到底，实行单一运费率的运输。发货人只要订立一份合同，一次付费，一次保险，通过一张单证即可完成全程运输。

（3）多式联运是不同方式的综合组织，全程运输均是由多式联运经营人组织完成的。无论涉及几种运输方式，分为几个运输区段，都由多式联运经营人对货运全程负责。

在多式联运中，为了操作方便，往往采用集装箱的方式进行运输。集装箱运输方式具有装卸效率高、车船周转快、货损货差小、包装费用省、手续简便、货运成本和劳动强度低等优点,因此集装箱运输目前发展迅速,并在货物运输中占有重要地位。

相关链接

国家多举措促进多式联运发展

2021 年 12 月,中华人民共和国国务院办公厅为深入贯彻落实党中央、国务院决策部署,大力发展多式联运,推动各种交通运输方式深度融合,进一步优化调整运输结构,提高综合运输效率,降低社会物流成本,促进节能减排降碳,制定印发《推进多式联运发展优化调整运输结构工作方案(2021—2025 年)》(以下简称《方案》)。《方案》提出,到 2025 年,多式联运发展水平明显提升,基本形成大宗货物及集装箱中长距离运输以铁路和水路为主的发展格局。《方案》提出六方面政策措施,以促进多式联运的发展。

5.3.2 运输方式选择的影响因素

各种运输方式都有其优缺点,企业在选择时,必须结合自己的经营特点和要求、产品性能特征、市场需求的缓急程度等,对各种运输方式的运载能力、速度、频率、可靠性、可用性和成本等因素进行综合考虑和合理筛选。一般来说,企业在选择运输方式时,应该重点考虑以下因素。

1. 产品性能特征

这是影响企业选择运输方式的重要因素。一般情况下,粮食、煤炭等大宗货物适宜选择水路运输;水果、蔬菜、鲜花等鲜活产品,电子产品,宝石及节令性产品等适宜选择航空运输;石油、天然气、碎煤浆等则适宜选择管道运输。

2. 运输速度和路程

运输速度的快慢、运输路程的远近决定了货物运送时间的长短。在途运输货物犹如企业的库存产品,也会形成资金占用。因此,运输时间的长短对能否及时满足销售需要,减少资金占用有重要影响。一般来说,批量大、价值低、运距短的产品适宜选择水路或铁路运输,而批量小、价值高、运距长的产品适宜选择航空运输,批量小、距离近的产品则适宜选择公路运输。

3. 运输能力和密度

运输能力以能够应付某时期的最大业务量为标准。运输能力对企业分销影响很大,特别是一些季节性产品,旺季时运输达到高峰状态,若运输能力弱,不能合理、高效地安排运输,就会造成货物积压,产品不能及时运往销地,进而使企业错失销售良机。运输密度包括各种运输工具的班次,如车、船、飞机班次,以及各班次的间隔时间。运输密度对于产品能否及时运送,使其在客户需要的时间送达客户手中,以及满足客户的需要和扩大销售至关重要。

4. 运输费用

企业开展产品运输工作，必然支出一定的财力、物力和人力，各种运输方式都需要企业支付一定的费用。因此，企业在进行运输决策时，要受其经济实力及运输费用的制约。如果企业经济实力弱，就不可能使用运费高的运输工具，如航空运输；也不能自设一套运输系统来进行产品运输工作。

5. 运输期限

运输期限必须与交货日期相联系。要调查各种运输工具所需要的运输时间，根据运输时间选择运输方式。一般情况下，运输时间由短到长依次为航空运输、公路运输、铁路运输、水路运输。各种运输方式可以按照其速度编组来安排日程，加上两端及中转的作业时间，就可以计算出所需的运输时间。在产品流通中，研究运输方式的现状，进行有计划的运输，以使交货日期准确是最基本的要求。

6. 运输批量

运输批量和运输费用有比较紧密的关系。因为大批量运输成本低，所以企业应尽可能使产品集中到最终消费者附近，选择合适的运输方式进行运输是降低成本的良策。一般来说，15 吨以下的产品用汽车运输；15～20 吨及 20 吨以上的产品用铁路运输；数百吨以上的原材料之类的产品，如有水路，则应选择水路运输。

7. 市场需求的缓急程度

市场需求的缓急程度也决定着企业应当选择何种运输方式。如果是市场急需的产品，就必须选择速度快的运输方式，如航空运输或公路运输，以免贻误时机；反之，则选择成本较低且较慢的运输方式。

对运输方式的选择做进一步定量分析，应考虑不同运输方式的服务特征，这些服务特征中最重要的是成本、速度和可靠性。因此，服务成本、平均运达时间（速度）和运达时间的变动性（可靠性）应作为选择运输方式的依据。

各种运输方式的比较如图 5-7 所示。

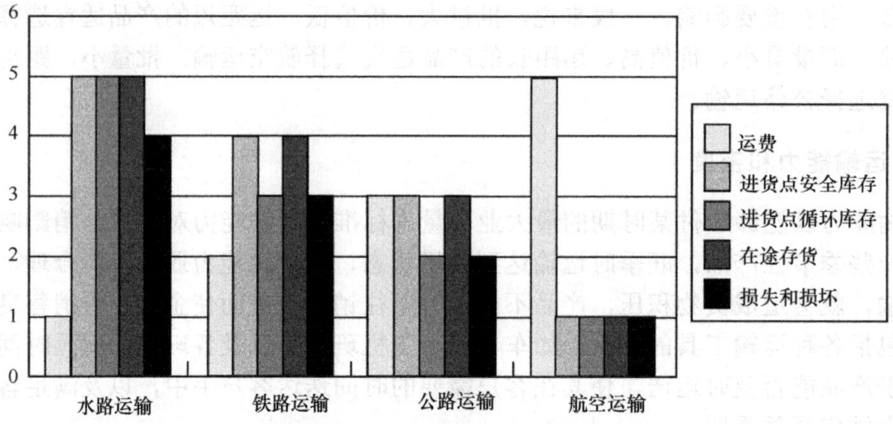

图 5-7 各种运输方式的比较

5.3.3　运输方式选择的方法

1. 成本比较分析法

不同的运输方式，完成运输的成本不同，而且运输系统规划时的最终目标也是以最低的成本满足客户服务要求。因此在选择运输方式时，可以通过比较各种运输方式的成本，选择在满足客户服务要求的条件下成本最低的方案。需要注意的是，运输系统只是物流系统的一部分，与物流系统的其他子系统有联系。在进行成本比较时，应该比较物流系统的总成本，而不是运输系统的成本。

表 5-4 列举了某公司采用海上运输和航空运输方式的不同成本。

表 5-4　某公司海上运输和航空运输每公斤物流成本比较（采购品项：电子设备）

		空运	海运
计算基础	年总运量/吨	66.3	68
	每批货物体积/米³·吨⁻¹	2.5	2.5
	每公斤货物平均价值/万元	20	20
	门到门前置期/天	9	41
	年利率	15%	15%
	每年发货次数	40	10
	订货批量/吨	1.6	6.8
	发货后买方年均存货量/吨	2.5	10.2
每公斤物流成本	运输费率/万元	2.05	0.4
	包装费/万元	0.03	0.2
	供应商国内运费（FOB 前的运费）/万元	0.05	0.15
	保险费/万元	0.06	0.3
	在途固定成本/万元	0.07	0.4
	订货成本/万元	0.03	0.02
	买方国内运费/万元	0.03	0.25
	在途仓储费/万元	0.1	0.45
	存货固定成本（包括装运前后的存货成本）/万元	0.3	1.15
	每公斤物流总成本/万元	2.72	3.32

如果只考虑运输系统的成本，那么海上运输方式低于航空运输方式。但是，海上运输方式速度慢、时间长，在途库存成本会增加，而且海运时间长也会造成变化比较大，即不确定性增加，因此安全库存成本会增加。比较物流总成本，海运成本高于空运成本，因此应该选择航空运输的方式来完成运输。

2. 多因素分析法

在进行运输方式选择时，除低成本外，还要满足客户服务水平的要求，如运输时间的要求、运输破损率的要求等，还受运输能力的限制，如通道能力、运输工具能力等。因此，除了成本，还要考虑运输安全性、运输时间、运输一致性等其他因素。将这些因素综合起来进行考虑的方法称为多因素分析法。

多因素分析法首先要确定选择运输方式时要考虑的因素有哪些，将这些因素列举出来。其次对这些因素的影响程度按照 0～1 分进行权重分配，影响程度越大，则权重得分越高。再次对每种方案在这些因素上的得分按照 1～10 分进行评估。最后计算每种方案的加权总分，选取加权总分最高的方案作为最终选择。具体公式如式（5-1）所示。

$$w_j = \sum_{i=0}^{n} \alpha_i \times s(i, j) \tag{5-1}$$

式中，w_j 为运输方式 j 的最终综合得分；α_i 为第 i 个因素的权重得分；$s(i, j)$ 为第 i 个因素在运输方式 j 的得分；n 为评分因素的个数。

例题 5-2 某公司运输货物时可以选择铁路、公路、航空三种运输方式，该公司组织若干专家对这三种运输方式进行评价，评价结果如表 5-5 所示。请根据评价结果确定该公司应选择哪种运输方式。

表 5-5　各种运输方式的权重及评分结果

		运输速度	运输成本	便利性	安全性	货品完好率
权重		0.3	0.4	0.15	0.05	0.1
得分	公路运输	6	7	9	8	9
	铁路运输	7	5	7	7	7
	航空运输	9	8	6	8	8

解：

依据式（5-1）依次计算每种运输方式的得分情况，则

$$w_{公路} = 0.3 \times 6 + 0.4 \times 7 + 0.15 \times 9 + 0.05 \times 8 + 0.1 \times 9 = 7.25$$

$$w_{铁路} = 0.3 \times 7 + 0.4 \times 5 + 0.15 \times 7 + 0.05 \times 7 + 0.1 \times 7 = 6.2$$

$$w_{航空} = 0.3 \times 9 + 0.4 \times 8 + 0.15 \times 6 + 0.05 \times 8 + 0.1 \times 8 = 8$$

最终评价得分 $w_{航空} > w_{公路} > w_{铁路}$，因此该公司应该选择航空运输方式。

5.4　车辆装载方案的选择

运输系统是指在接到客户订单后，及时对订单信息进行处理，然后送货，即共同运送订单集合。在运输时，需要决定每次送货包含哪些订单、货物的装车顺序等。如果每辆车所装的货物种类不相同，则需要确定每辆车的装载方案，以达到车辆装载率最高，或运输收益最大，或运输效率最高等目标。车辆装载方案一般有两种情况：一种是多种货物装载到一辆车上，但是货物的重量、体积及收益各不相同，需要确定如何装载能够达到既定目标，即货物装载的动态规划；另一种是多种货物装载到一辆车上，货物的重量、体积及收益各不相同，但是多了一个约束条件，即某两种或两种以上的货物不能装载在同一辆车上。这是由于某些不同的货物由于外形、颜色等比较接近，装载在同一辆车上，容易造成装卸混淆，如型号相近的汽车发动机等；或者某些有特殊气味或容易泄

漏的货物容易对其他货物造成污染，也不允许将这些不同类型的货物装载在同一辆车上。这类问题属于多品种混装问题。

5.4.1　货物装载的动态规划方法

货物装载的动态规划问题也称背包问题，即车辆的载重量有限，不同货物的重量、体积及价值各不相同，如何装载才能使车辆的利用率或收益率最大。

这类问题的数学模型如式（5-2）所示。货车的载重量上限为 G，用于运输 n 种不同的货物，货物的重量分别为 $w_1,w_2,\cdots,w_n$，每种货物对应的价值系数为 $P_1,P_2,\cdots,P_N$，X_k 表示第 K 种货物的装入数量，最终目标是确保每车的收益最大。具体求解过程用例题 5-3 说明。

$$\begin{cases} \max f(x) = \sum_{k=1}^{n} P_k X_k \\ \sum_{k=1}^{n} W_k X_k \leqslant G \\ X_k \geqslant 0 \end{cases} \quad (5\text{-}2)$$

例题 5-3　载重量为 8 吨的载重汽车运输 4 种机电产品，单件重量分别为 3 吨、3 吨、4 吨、5 吨，其收费原则是每吨重量收 1 个单位费用。如何装载这些机电产品，才能使收费最多？

解：

第一阶段，装入第 1 种机电产品 x_1 后的最多收费为

$$f_1(w) = \max_{x_1}\{3x_1\}$$

式中，$0 \leqslant x_1 \leqslant \left[\dfrac{8}{3}\right] = 2$，即 $x_1 = 0,1,2$，w 是装入车上的货物重量。则第一阶段计算如表 5-6 所示。

表 5-6　第一阶段计算

w	0	1	2	3	4	5	6	7	8
x_1	0	0	0	1	1	1	2	2	2
$f_1(w)$	0	0	0	3	3	3	6	6	6

第二阶段，装入第 2 种机电产品 x_2 后的最多收费为

$$f_2(w) = \max_{x_2}\{3x_2 + f_1(w-3x_2)\}$$

式中，$0 \leqslant x_2 \leqslant \left[\dfrac{8}{3}\right] = 2$，即 $x_2 = 0,1,2$，w 是装入车上的货物重量。则第二阶段计算如表 5-7 所示。

表 5-7　第二阶段计算

w	x_2	$w-3x_2$	$f_1(w-3x_2)$	$3x_2 + f_1(w-3x_2)$	$f_2(w)$
0	0	0	0	0	0
1	0	1	0	0	0

（续表）

w	x_2	$w-3x_2$	$f_1(w-3x_2)$	$3x_2+f_1(w-3x_2)$	$f_2(w)$
2	0	2	0	0	0
3	0	3	3	3	3
	1	0	0	3	
4	0	4	3	3	3
	1	1	0	3	
5	0	5	3	3	3
	1	2	0	3	
6	0	6	6	6	6
	1	3	3	6	
	2	0	0	6	
7	0	7	6	6	6
	1	4	3	6	
	2	1	0	6	
8	0	8	6	6	6
	1	5	3	6	
	2	2	0	6	

第三阶段，装入第 3 种机电产品 x_3 后的最多收费为

$$f_3(w)=\max_{x_3}\{4x_3+f_2(w-4x_3)\}$$

式中，$0\leqslant x_3\leqslant\left[\dfrac{8}{4}\right]=2$，即 $x_3=0,1,2$，w 是装入车上的货物重量。则第三阶段计算如表 5-8 所示。

表 5-8　第三阶段计算

w	x_3	$w-4x_3$	$f_2(w-4x_3)$	$4x_3+f_2(w-4x_3)$	$f_3(w)$
0	0	0	0	0	0
1	0	1	0	0	0
2	0	2	0	0	0
3	0	3	3	3	3
4	0	4	3	3	4
	1	0	0	4	
5	0	5	3	3	4
	1	1	0	4	
6	0	6	6	6	6
	1	2	0	4	
7	0	7	6	6	7
	1	3	3	7	
8	0	8	6	6	8
	1	4	3	7	
	2	0	0	8	

第四阶段，装入第 4 种机电产品 x_4 后的最多收费为

$$f_4(w) = \max_{x_4}\{5x_4 + f_3(w - 5x_4)\}$$

式中，$0 \leqslant x_4 \leqslant \left[\dfrac{8}{5}\right] = 1$，即 $x_3 = 0,1$，w 是装入车上的货物重量。则第四阶段计算如表 5-9 所示。

表 5-9　第四阶段计算

w	x_4	$w-5x_4$	$f_3(w-5x_4)$	$5x_4+f_3(w-5x_4)$	$f_4(w)$
8	0	8	8	8	8
	1	3	3	8	

因此最大的收费为 8 个单位，向前推。第一个 8，$x_4=0$，$x_3=2$，$x_2=0$，$x_1=0$；第二个 8，$x_4=1$，$x_3=0$，$x_2=0$，$x_1=1$ 或 $x_4=1$，$x_3=0$，$x_2=1$，$x_1=0$。

最终最优的装载方案为：方案一，第 3 种产品装两件，其他产品不装，车辆的收费为 8 个单位；方案二，第 1 种产品装 1 件，第 4 种产品装 1 件，车辆的收费为 8 个单位；方案三，第 2 种产品装 1 件，第 4 种产品装 1 件，车辆的收费为 8 个单位。

5.4.2　多品种混装问题规划方法

在运输系统中，还会遇到需要把各客户需要的零担货物组成整车的情况。车内装有多个客户的货物，分别在一站或多站装卸。但是为了降低装卸错误率或减少对其他货物的污染及影响，往往规定某些货物不能装载在一辆车上。

在这种情况下，一般把货物按品种、形状、颜色和规格等分为若干类，分别为第 $1,2,\cdots,m$ 类，共有 N 件待运货物，其中第 1 类货物有 N_1 件，它们的重量分别为 $G_{11},G_{12},\cdots,G_{1N_1}$；第 2 类货物有 N_2 件，它们的重量分别为 $G_{21},G_{22},\cdots,G_{2N_2}$；以此类推，品种混装要求同一货车内每类货物至多装入一件，同一客户的多件同类货物计作一件，最终目标为车辆装载率最高或车辆收益最大，这类问题的数学模型如式（5-3）所示。具体求解过程用例题 5-4 说明。

$$N = \sum_{S=1}^{m} N_S$$

设　$X_{rs} = \begin{cases} 1 & \text{第}r\text{类第}s\text{件货物装入} \\ 0 & \text{第}r\text{类第}s\text{件货物不装入} \end{cases}$

$$\max G = \sum_{r=1}^{m}\sum_{s=1}^{N_r} G_{rs}X_{rs}$$

$$\begin{cases} \sum_{r=1}^{m} X_{rs} = 1 & s = 1,2,\cdots,N_r \\ \sum_{s=1}^{N_r} X_{rs} = 1 & r = 1,2,\cdots,m \\ X_{rs} = 0 \text{ 或 } 1 \end{cases} \quad (5-3)$$

例题 5-4　设有额定载重量为 50 吨的货车，运送 4 类不同的货物。第 1 类货物有 2 件，第 1 件重 20 吨，第 2 件重 11 吨；第 2 类货物有 1 件，重 13 吨；第 3 类货物有 3 件，第 1 件重 6 吨，第 2 件重 11 吨，第 3 件重 8 吨；第 4 类货物有 2 件，第 1 件重 19 吨，第 2 件重 17 吨。要求每类货物至多有 1 件装入货车内。如何装车才能使车辆装载率最高？

解：

问题可以转化为图 5-8：每类货物至多有 1 件可以装上车，最终目标为车辆装载率最高。

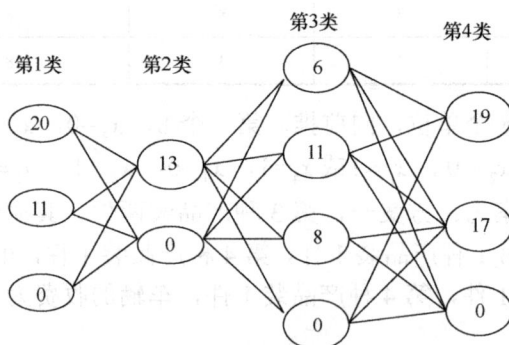

图 5-8　车辆混装可选方案

该例题中有 4 类货物，可以分成四个阶段进行计算。

第一阶段装第 4 类货物：用 W_4 表示车内允许装入的前 4 类货物的重量，用 G_4 表示第 4 类货物的单位重量，则 $W_4 - G_4$ 表示允许装入的前 3 类货物的重量，如表 5-10 所示。

表 5-10　第一阶段计算

W_4	50		
G_4	19	17	0
$W_4 - G_4$	31	33	50

第二阶段装第 3 类货物：用 W_3 表示车内允许装入的前 3 类货物的重量，因此 $W_3 = W_4 - G_4$；用 G_3 表示第 3 类货物的单位重量，则 $W_3 - G_3$ 表示允许装入的前 2 类货物的重量，如表 5-11 所示。

表 5-11　第二阶段计算

$W_3 = W_4 - G_4$	31				33				50			
G_3	6	11	8	0	6	11	8	0	6	11	8	0
$W_3 - G_3$	25	20	23	31	27	22	25	33	44	39	42	50

第三阶段装第 2 类货物：用 W_2 表示车内允许装入的前 2 类货物的重量，因此 $W_2 = W_3 - G_3$；用 G_2 表示第 2 类货物的单位重量，则 $W_2 - G_2$ 表示允许装入的第 1 类货物的重量，如表 5-12 所示。

表 5-12　第三阶段计算

$W_2 = W_3 - G_3$	G_2	$W_2 - G_2$
25	13	12
	0	25
20	13	7
	0	20
23	13	10
	0	23
31	13	18
	0	31
27	13	14
	0	27
22	13	9
	0	22
33	13	20
	0	33
44	13	31
	0	44
39	13	26
	0	39
42	13	29
	0	42
50	13	37
	0	50

第四阶段装第 1 类货物：用 W_1 表示车内允许装入的第 1 类货物的重量，因此 $W_1 = W_2 - G_2$；用 G_1 表示第 1 类货物的单位重量，则 $W_1 - G_1$ 表示多余的载重量。考虑到第 1 类货物是最后的货物，因此在允许的情况下应该装入最重的第 1 类货物，如表 5-13 所示。

表 5-13　第四阶段计算

$W_1 = W_2 - G_2$	G_1	$W_1 - G_1$
12	11	1
25	20	5
7	0	7
20	20	0
10	0	10
23	20	3
18	11	7
31	20	11
14	11	3
27	20	7

（续表）

$W_1 = W_2 - G_2$	G_1	$W_1 - G_1$
9	0	9
22	20	2
33	20	13
44	20	22
26	20	6
39	20	19
29	20	9
42	20	22
37	20	17
50	20	30

表 5-13 中，W_1-G_1 项即车辆最终剩余空间。该例题规划目标为车辆装载率最大，即剩余空间最少，所以 W_1-G_1 为 "0" 时为最优解，然后倒序推导，找到最优解中每类货物的装载量，得到最优解为（20,0,11,19）或（20,13,0,17），也就是第 1 类货物装重量为 20 的 1 件，第 2 类货物不装，第 3 类货物装重量为 11 的 1 件，第 4 类货物装重量为 19 的 1 件；或者第 1 类货物装重量为 20 的 1 件，第 2 类货物装重量为 13 的 1 件，第 3 类货物不装，第 4 类货物装重量为 17 的 1 件。这两个方案都能使车辆的装载率达到 100%。

5.5 运输线路的规划方法

物流运输线路的规划主要选择从起点到终点的最短路径，最短路径的度量可以是时间最短、距离最短或费用最少等。下面具体介绍运输线路的规划方法。

5.5.1 起讫点不同的路径规划

1. 单一不同起讫点问题

对于分离的、单个起点和终点的运输线路选择问题，最简单和直观的方法是最短路线法。它对解决单一不同起讫点的问题十分有效。网络由节点和线组成，点与点之间由线连接，线代表点与点之间运行的成本（距离、时间或时间与距离的加权组合）。初始，除起点外，所有节点都被认为是未解的，即均未确定是否在选定的运输线路上。起点作为已解的点，计算时从起点开始。

（1）最短路线法的计算方法及步骤。

① 第 n 次迭代的目标。寻求第 n 次最近起点的节点，重复 $n=1,2,3,\cdots$，直到最近节点是终点为止。

② 第 n 次迭代的输入值。$(n-1)$ 个最近起点的节点是由以前的迭代根据离起点最短的路线和距离计算得出的。这些节点及起点成为已解的节点，其余的节点是未解的节点。

③ 第 n 个最近节点的候选点。每个已解的节点由线路分支通向一个或多个未解的节点，在这些未解的节点中，有一个以最短路线分支连接的候选点。

④ 第 n 个最近节点的计算。将每个已解节点及其候选点之间的距离和从起点到该已

解节点之间的距离加起来，总距离最短的候选点即第 *n* 个最近的节点，即起点到达该点的最短距离。

（2）最短路线法举例。图 5-9 是一张高速公路网络示意图，其中 A 点是起点，J 点是终点，B、C、D、E、F、G、H、I 是网络中的节点，节点与节点之间以线路连接，线路上标明了两个节点之间的距离，以运行时间（min）表示。要求确定一条从 A 到 J 的最短运输路线。

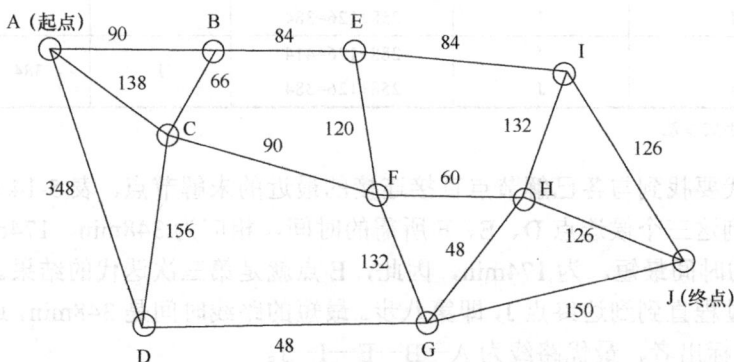

图 5-9　高速公路网络示意图

首先列出表 5-14。第一个已解节点就是起点 A。与 A 点直接连接的未解节点有 B、C 和 D 点。第一步，可以看到 B 点是距 A 点最近的节点，记为 AB。由于 B 点是唯一选择，所以它成为已解节点。随后，找出距 A 点和 B 点最近的未解节点。只需列出距各个已解节点最近的连接点，即 A—C，B—C，记为第二步。注意从起点通过已解节点到某个未解节点所需的时间应该等于从某个未解节点到达这个已解节点的最短时间加上已解节点之间的时间，也就是说，从 A 点经过 B 点到达 C 点的距离为 BC+AB=156min，而从 A 点直达 C 点的时间为 138min。现在 C 点也成了已解节点。

表 5-14　最短路线方法计算

步骤	直接连接到未解节点的已解节点	与其直接连接的未解节点	相关总成本	第 *n* 个最近节点	最小成本	最新连接
1	A	B	90	B	90	AB*
2	A B	C C	138 90+66=156	C	138	AC
3	A B	D E	348 90+84=174	E	174	BE*
4	A C E	D F I	348 138+90=228 174+84=258	F	228	CF
5	A C E F	D D I H	348 138+156=294 174+84=258 228+60=288	I	258	EI*
6	A C F I	D D H J	348 138+156=294 228+60=288 258+126=384	H	288	FH

（续表）

步骤	直接连接到未解节点的已解节点	与其直接连接的未解节点	相关总成本	第 n 个最近节点	最小成本	最新连接
7	A	D	348	D	294	CD
	C	D	138+156=294			
	F	G	228+132=360			
	H	G	288+48=336			
	I	J	258+126=384			
8	H	J	288+126=414	J	384	IJ*
	I	J	258+126=384			

注：*号表示最小成本法

第三次迭代要找到与各已解节点直接连接的最近的未解节点。表 5-14 中，有三个候选点，从起点到这三个候选点 D、E、F 所需的时间，相应为 348min、174min、228min，其中连接 BE 的时间最短，为 174min，因此，E 点就是第三次迭代的结果。

重复上述过程直到到达终点 J，即第八步。最短的路线时间是 348min，连接见表 5-14 中以"*"符号标出者，最优路线为 A—B—E—I—J。

2. 多起讫点问题

多点间运输是起点或终点不唯一的运输调配问题，相对来说，这种问题更为复杂。如图 5-10 所示，该运输系统有多个起点（供应地）$A_1,A_2,\cdots,A_m$，多个终点（需求地）$B_1,B_2,\cdots,B_m$，如何调配运输能使运输成本最低或路径最短？

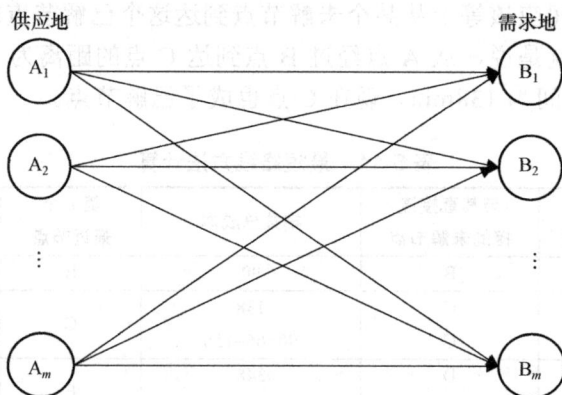

图 5-10 多起讫点问题

有多个供应地服务于多个需求地，面临的问题是：要指定各自需求地的供应地，同时要找到供应地、需求地之间的最佳路径。这种问题经常出现在多个供应商、工厂或仓库服务于多个客户的情况下。如果各供应地能够满足的需求数量有限，与需求地的需求不平衡，则问题会更加复杂。这种问题属于运筹学中的运输问题。如果总供应量等于总需求量，就是最基本的运输问题，其数学模型可以表示为式（5-4）。

$$目标函数 \min Z = \sum_{i=1}^{m}\sum_{j=1}^{n} C_{ij}X_{ij}$$

$$约束条件：\begin{cases} \sum_{i=1}^{m} X_{ij} = b_j, j为正整数 \\ \sum_{i=1}^{n} X_{ij} = a_i, i为正整数 \\ X_{ij} \geqslant 0 \\ \sum_{i=1}^{m} a_i = \sum_{j=1}^{n} b_j \end{cases} \qquad (5\text{-}4)$$

式中，a_i 为第 i 个供应地的供应量；b_j 为第 j 个需求地的需求量；X_{ij} 为由供应地 a_i 到需求地 b_j 的运输量；C_{ij} 为这两地之间的运价。

运输问题属于线性规划问题，可以用单纯形法求解，也可以用表上作业法求解，详细的求解过程可参见运筹学的相关内容。

5.5.2　单回路运输线路的规划

在运输系统中，如果运输网络采用的是 "Milk Run" 的形式，即从起点出发，遍历所有客户最终又回到起点的运输网络，则管理人员需要做的一个重要决策就是确定送货线路。在此决策中，管理人员需要确定具体的送货线路，并决定向客户送货的先后顺序。如果这个过程只是单一车辆的运输线路安排，即单回路运输线路的规划。这类问题有两个显著特点：一是单一性，只有一个回路；二是遍历性，要经过所有客户，不可遗漏。这类问题也称旅行商问题（Traveling Salesman Problem）。这种问题的算法有很多，下面介绍几种常用的方法。

1. 最近邻点法

最近邻点法，顾名思义，就是将离起点最近的一个点作为下一个送货点，以此类推，直到送完最后一个用户，车辆返回起点。

最近邻点法的求解过程可以分为四步。第一步，从起点开始，将其作为整个回路的起点；第二步，找到离刚刚加入回路的点最近的一个点，将其加入回路中，作为下一个送货点；第三步，重复第二步，直到所有的点都加入回路中；第四步，将最后一个加入的点与起点连接起来，形成一个闭合回路。

例题 5-5　某配送中心（P）每天用一辆车给固定区域内的五个（$A_1 \sim A_5$）超市送货，要求每个超市只能送货一次，所有超市送完货后车辆返回配送中心，这些节点之间的距离如表 5-15 所示，相对位置如图 5-11 所示。请对该车辆每天的配送线路进行规划，以达到行驶距离最短的目标。

表 5-15　不同节点之间的距离

	P	A_1	A_2	A_3	A_4	A_5
P		10	9	7	8	13
A_1			6	16	19	17
A_2				15	9	8
A_3					5	11
A_4						6
A_5						

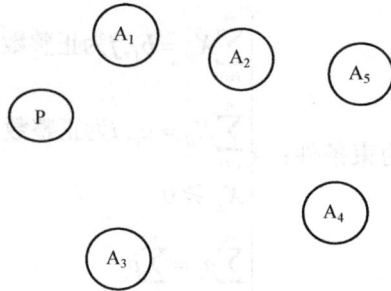

图 5-11　不同节点的相对位置

解：

根据最近邻点法求解步骤，首先确定 P 为起点，在剩余五点中寻找距离 P 最近的点，为 A_3，距离为 7，因此 A_3 作为下一个点与 P 形成回路；然后继续寻找距离 A_3 最近的点，为 A_4，距离为 5，因此 A_4 为下一个配送点，纳入回路中，重复整个过程，一直到最后一个点 A_1 纳入回路中，通过此方法得到的最优解为 $P—A_3—A_4—A_5—A_2—A_1—P$，如图 5-12 所示。

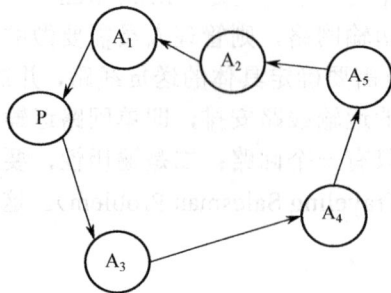

图 5-12　配送线路规划

2. 最近插入法

最近插入法比最近邻点法计算过程更复杂，但是可以得到相对比较满意的结果。最近插入法也有四步。第一步，找到距离起点最近的节点，和起点形成一个回路；第二步，在剩下的节点中，寻找一个距离这个回路中某个节点最近的节点；第三步，在子回路中找到一条弧，使加入该节点后增加的距离最短，则按照这个弧的顺序将该节点纳入回路中，形成新的回路；第四步，重复第三步，直到所有节点都加入回路中。下面以例题 5-5 为例演示最近插入法的求解过程。

第一，例题 5-5 中，起点为 P，距离 P 最近的点为 A_3，形成 $P—A_3—P$ 的回路。

第二，从剩余点中找到与 P 或 A_3 距离最近的点，为 A_4，形成新的回路 $P—A_3—A_4—P$。

第三，从剩余点中找到与 P、A_3 或 A_4 距离最近的点，为 A_5，然后计算 A_5 放在什么位置使回路增加的距离最短，计算过程如下。

第一种可能为（$P—A_3—A_4—A_5—P$），增加的距离为：

$$d_{p-A5} + d_{A4-A5} - d_{p-A4} = 13 + 6 - 8 = 11$$

第二种可能为（$P—A_3—A_5—A_4—P$），增加的距离为：

$$d_{A3-A5} + d_{A4-A5} - d_{A3-A4} = 11 + 6 - 5 = 12$$

第三种可能为（P—A₅—A₃—A₄—P），增加的距离为：

$$d_{\text{P-A5}}+d_{\text{A3-A5}}-d_{\text{p-A3}}=13+11-7=17$$

由此可见，第一种可能（P—A₃—A₄—A₅—P）增加的距离最短，因此形成新的回路
（P—A₃—A₄—A₅—P）。

重复以上步骤，直到所有节点都加入回路中，最后的结果为：P—A₃—A₄—A₅—
A₂—A₁—P。

可以看出，最近插入法的计算过程更加复杂，所以求解的精确度一般情况下比最近
邻点法高。

3. 希尔平斯基曲线法

希尔平斯基曲线（Sierpinski Curve）是空间填充曲线的一种，它通过自我复制和连
接可以无限扩展。很明显，希尔平斯基曲线是一种闭合的线路，而且有优异的对称性，
如图 5-13 所示。

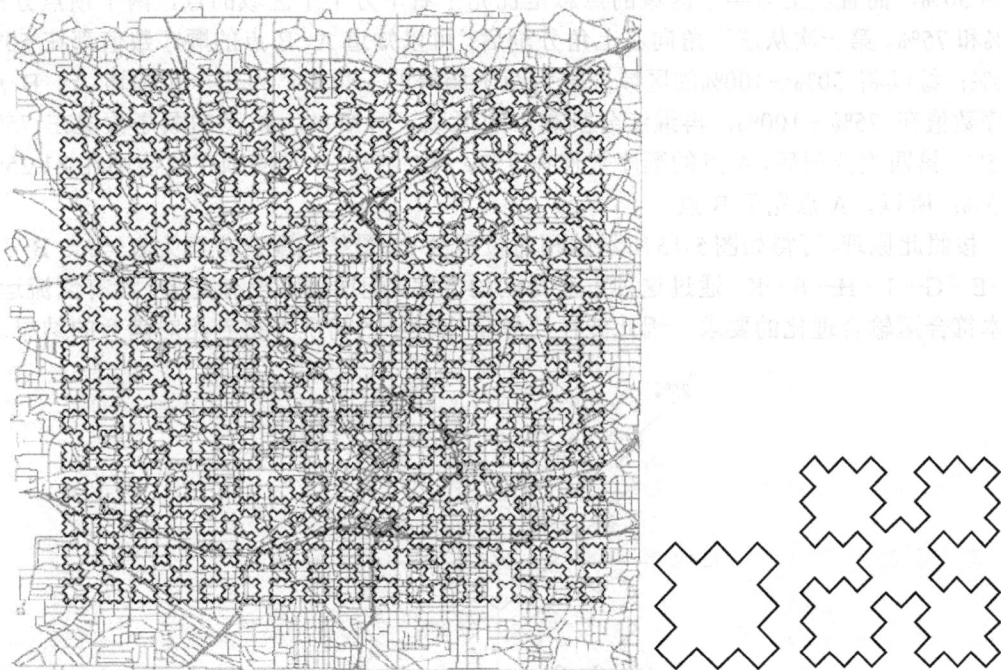

图 5-13　希尔平斯基曲线填充示例

可以在曲线上任意取一点作为起点，当然，这一点也就是终点。以沿曲线绕行一周
的距离作为 1，则在这个线路上的其他任何一点都对应一个 0～1 的数值，这个数值就是
确定先后次序的依据，即数值小的点先访问，而数值大的点依次排在后面访问。

实际上，因为所有的点会相互连接成一条封闭的线路，所以无论以何处作为起点，
访问线路都不会有什么变化，问题的关键在于求出点的次序。

分割希尔平斯基曲线确定顺序值。用希尔平斯基曲线填充车辆路径问题（Vehicle
Routing Problem，VRP）所要经过的点后，该如何确定各个点的访问顺序呢？例如，求
出图 5-14 中 A、B 两点的送货顺序，最简单的方法就是分割法。

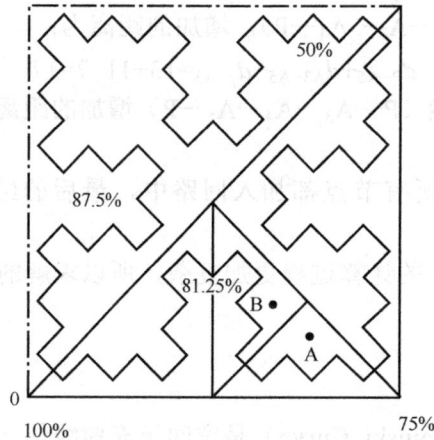

图 5-14　确定 A、B 两点的送货顺序

不妨假设左下角为起点 0（也是终点 100%），由于曲线的闭合性和对称性，则对角点为 50%，而且左上方半个区域的点总是优先于右下方半个区域的点，两个顶点分别为 25% 和 75%。第一次从左下角向右上角分割后，可以知道 A、B 点的顺序数值都在 50%～100%；继续将 50%～100% 的区域分割为两个相等的三角形，可进一步知道 A、B 点的顺序数值在 75%～100%；再继续分割剩下的区域，可知 A、B 点的顺序数值在 75%～87.5%；第四次分割后，A 点的顺序数值在 75%～81.25%，B 点的顺序数值则在 81.25%～87.5%；所以，A 点先于 B 点。

按照此原理，可得如图 5-15 所示的相对位置分布，最终的配送方案为 K—A—B—D—C—E—G—I—H—F—K。通过这种方法得到的方案，配送线路没有交叉，没有倒流运输，基本符合运输合理化的要求，因此能在计算量比较小的情况下得到相对满意的结果。

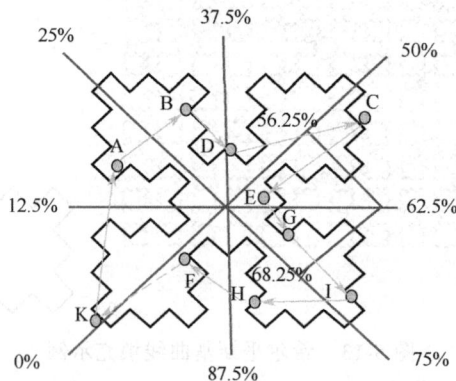

图 5-15　希尔平斯基线路规划结果

4. 扫描法

扫描法是求解车辆路线问题的方法，该方法计算量小，非常简洁易用。用极坐标表示各需求点的区位，然后任取一需求点作为起点，定其角度为零度，以顺时针或逆时针方向扫描，哪个点先被扫描到，就作为下一个送货点，具体求解过程一般可分为两个步骤。

第一步，利用极坐标表示各需求点的区位，然后任取一需求点为起点，如图 5-16 所示，再以该需求点为零度按顺时针或逆时针的方向扫描。图 5-16 按照逆时针方向扫描，最先扫描到的点确定为下一个送货点。

第二步，重复第一步，直到所有的客户都被扫描到。利用这种方法，图 5-16 中的情况的最终运输线路如图 5-17 所示。

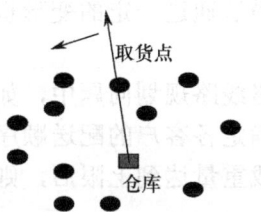

图 5-16　扫描法客户分布　　　　图 5-17　扫描法线路规划结果

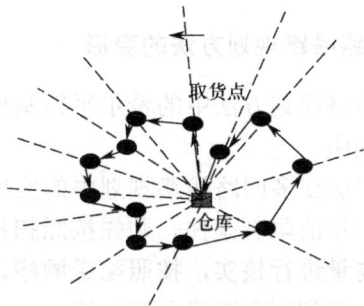

5.5.3　多回路运输线路的规划

多回路运输线路问题也称车辆路径问题，是指当物流企业服务的客户数量很多时，由于各方面条件限制，不能用一条回路完成任务，而是需要多辆车、多条回路来完成，这便是多回路运输。

多回路运输线路的规划是指针对一系列发货点和收货点，组织调用一定数量的车辆，安排适当的行驶线路，使车辆有序通过，在满足制定的约束条件的基础上，力争实现运输系统的目标。

1．VRP 数学建模

（1）模型目标。在 VRP 中，运输系统的目标可以有车辆空驶里程最短、运输总费用最低、车辆按照一定时间到达、使用的车辆数量最少等。总之，根据客户服务系统确定的客户服务水平，在保证客户服务水平的基础上，使资源利用率最高或运输总成本最低。

（2）涉及的变量。

① 仓库，包括仓库级数、每级仓库的数量、地点与规模。

② 车辆，包括车辆型号和数量、车辆容积及运作成本、出发时间和返回时间、司机休息等停顿时间、最大里程和时间限制。

③ 时间窗口，包括各客户的工作时间，以及可以接收货物的时间段。

④ 用户，包括用户需求、软硬时间窗口、装载和卸载、所处位置、优先级。

⑤ 道路信息，包括车辆密度、道路交通费用、先行信息、载重量要求、距离或时间属性。

⑥ 货物信息，包括货物种类、兼容性和保鲜性要求。

⑦ 运输规章，包括车辆的维护周期、工人的工作时间。

（3）限制条件。

① 拥有车辆数量大于等于所需车辆数量。

② 每个订单都要完成。

③ 每辆车完成任务后都要回到原点。

④ 不能超过车辆的容量限制，特殊问题有时需要考虑时间窗口的限制。

⑤ 运输规章的限制。

上述变量或限制条件不同，VRP 模型的构建会有很大差别。为了简化 VRP 问题，常常做出一些假设，忽略一些限制条件或变量，以得到原问题比较满意的解。

2. 单回路线路规划方法的变形

单回路线路规划方法中的希尔平斯基曲线法及扫描法通过一定的变形也可以用在多回路线路规划中。

（1）扫描法在多回路线路规划中的应用。在多回路线路规划问题中，如果现实问题只有车辆载重量的限制条件，则先按照扫描法的原理确定各客户的配送顺序，然后对每个客户的货物量进行核实，按照配送顺序，当车辆的载重量达到上限后，则分配另一辆车进行服务，直到所有客户分配完毕。

例题 5-6　表 5-16 给出了每个客户的货物量，图 5-18 给出了每个客户的相对位置。假设车辆的载重量为 10 吨，请使用扫描法安排车辆，并确定车辆的行驶路线，使车辆的总里程最短。

表 5-16　客户货物量信息　　　　　　　　　　单位：吨

客户	1	2	3	4	5	6	7	8	9	10	11	12	13
货物量	1.9	2.8	3.2	2.4	2.1	3.1	2.2	2.5	1.8	2.1	1.6	2.6	1.5

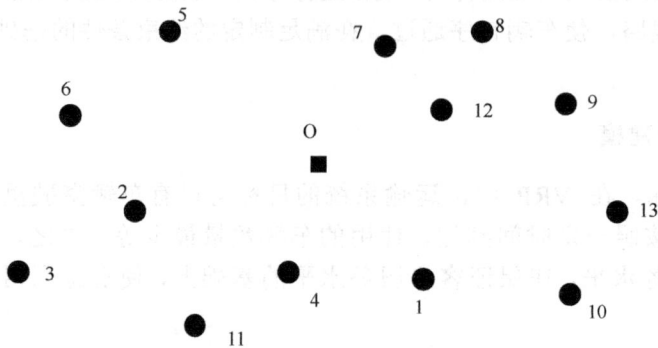

图 5-18　客户的相对位置

解：

首先以客户 1 为起点，按照逆时针的方向扫描，确定各客户的配送顺序为 1—10—13—9—12—8—7—5—6—2—3—11—4，然后根据每个客户的货物量进行累积，累积到车辆的载重量上限后，则更换车辆，作为另一个回路。按照车辆的配送顺序，1、10、13、9、12 这 5 个客户的货物总量为 9.9 吨，若再添加后一个客户 8，则货物总量为 12.4 吨，超出了车辆载重量的限制，则这 5 个客户安排一辆车进行配送，从客户 8 开始，安排另一辆车，直到货物总量符合载重量限制，则更换下一辆车，直到所有客户安排完毕。该例题最终的车辆及路线规划结果如图 5-19 所示。需要安排三辆车完成客户的运输服务，第一辆车的配送线路为 O—1—10—13—9—12—O，货物量为 9.9 吨；第二辆车的配送线路为 O—8—7—5—6—O，货物量为 9.9 吨；第三辆车的配送线路为 O—2—3—11—4—O，货物量为 10 吨。

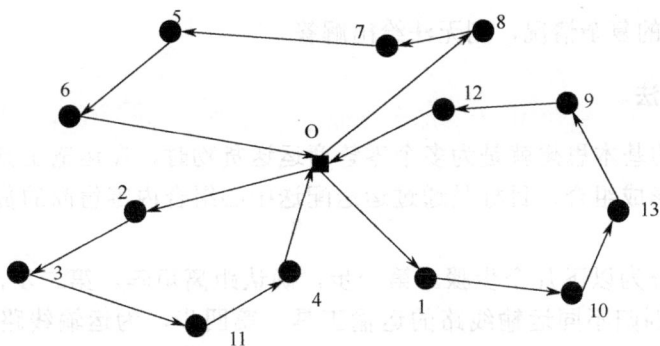

图 5-19　扫描法多回路线路规划结果

如果除了载重量的限制，还有时间窗口的限制，则在排序时首先用扫描法确定先后顺序，然后判断每条线路的时间窗口的可行性。若有客户无法满足时间窗口的约束，则先排除此客户。再以载重量为限制条件划分服务区域，再借由交换法进行需求点的排序，建构车辆排程路线。若所有客户都已排入行程，则所有客户都已被服务，路线建构完成；若有客户尚未被服务，则沿原扫描方向，将剩余的尚未被服务的客户重复扫描，安排顺序，直到所有客户都被服务。

在使用扫描法解决多回路问题时，由于各个点的货物量及时间窗口各不相同，开始扫描的起始位置不同，扫描方向不同，最终的求解结果也可能不同。实际操作时，可以多试几种方案，进行比较，进而确定最终方案。

（2）希尔平斯基曲线法在多回路线路规划中的应用。简单的希尔平斯基曲线问题只假定了一辆车，而多回路问题则考虑了协调多辆车进行运输作业的情况。在希尔平斯基曲线法中，安排 n 个交通工具的路线其实也很简单，只要把访问路线平分为 $1/n$ 即可，而访问顺序不变。假设一家物流公司有 2 辆运输车，要服务 10 个客户，则 1 号司机负责送货到线路图上 FKJAB 客户，2 号司机负责送货到线路图上 CEGIH 客户，如图 5-20 所示。如果有车辆载重量与时间窗口的限制，则处理方法与扫描法一样。

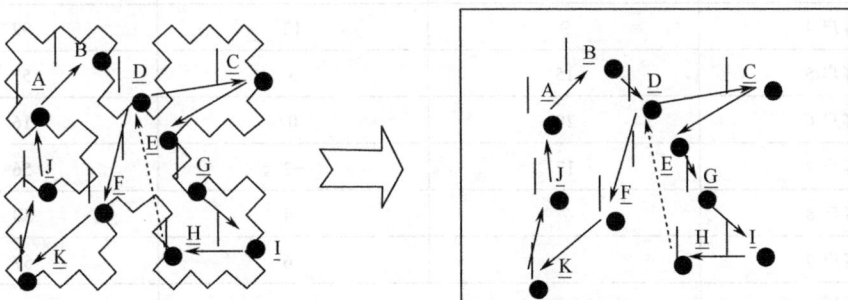

图 5-20　2 辆车 10 个用户的分配路线

希尔平斯基曲线法还具有很强的灵活性。要增加新的访问点，只需要在图上确定它的顺序数值，把它插入已有的点的序列中；出动的车辆数量有变化，只需要简单地重新划分路线。由于只规定了访问序列，具体的道路选择可以由司机灵活掌握，如根据交管部门的临时限制、车流高峰等情况变换道路。

基于空间填充曲线的方法具有快速、灵活、运算量小的特点，因而可以很好地解决确定访问顺序、规划最短路线问题。但对于含有满载约束、分批装货、回程装载、时间窗口约束的 VRP 的复杂情况，则无法给出解答。

3. 节约矩阵法

节约矩阵法的基本思想就是为多个零售商运送货物时，在运输工具允许的范围内，选择一组零售商形成组合，目标是通过运送配送中心组合内零售商的货物时，使节约的运送距离最长。

节约矩阵法分为以下几个步骤。第一步，确认距离矩阵。第二步，确认节约矩阵。第三步，将客户划归不同运输线路的运输工具。第四步，为运输线路排定每个客户的送货顺序。

其中，前三步用于为客户分配运输工具，第四步用于为每辆运输工具设定行驶线路以缩短行程。

（1）确认距离矩阵。距离矩阵就是运送模型中配送中心及各个零售商之间的距离。在这里，也可以用两点之间的运输成本代替两点之间的距离。在坐标系中，$A(x_a, y_a)$、$B(x_b, y_b)$ 两点之间的距离计算公式如式（5-5）所示。

$$d = \sqrt{(x_a - x_b)^2 + (y_a - y_b)^2} \tag{5-5}$$

假设客户的坐标及订单规模如表 5-17 所示。配送中心共有 4 辆卡车，每辆卡车的载重量为 200 个单位。

表 5-17　客户的坐标及订单规模

	X 坐标	Y 坐标	订单规模
仓库	0	0	
客户 1	0	12	48
客户 2	6	5	36
客户 3	7	15	43
客户 4	9	12	92
客户 5	15	3	57
客户 6	20	0	16
客户 7	17	−2	56
客户 8	7	−4	30
客户 9	1	−6	57
客户 10	15	−6	47
客户 11	20	−7	91
客户 12	7	−9	55
客户 13	2	−15	38

利用式（5-5）计算每个客户到配送中心及两个客户之间的距离，可得到如表 5-18 所示的距离矩阵。

表 5-18　距离矩阵

	配送中心	客户1	客户2	客户3	客户4	客户5	客户6	客户7	客户8	客户9	客户10	客户11	客户12	客户13
客户1	12	0												
客户2	8	9	0											
客户3	17	8	10	0										
客户4	15	9	8	4	0									
客户5	15	17	9	14	11	0								
客户6	20	23	15	20	16	6	0							
客户7	17	22	13	20	16	5	4	0						
客户8	8	17	9	19	16	11	14	10	0					
客户9	6	18	12	22	20	17	20	16	6	0				
客户10	16	23	14	22	19	9	8	4	8	14	0			
客户11	21	28	18	26	22	11	7	6	13	19	5	0		
客户12	11	22	14	24	21	14	16	12	5	7	9	13	0	
客户13	15	27	20	30	28	22	23	20	12	9	16	20	8	0

（2）确认节约矩阵。节约矩阵是指将两个客户的订货放在一辆卡车上联合运输时节约的累积。节约可以按照距离、时间或成本来计算。节约距离的计算公式如式（5-6）所示。

$$S(A,B) = D(DC,A) + D(DC,B) - D(A,B) \tag{5-6}$$

式中，$S(A,B)$ 为节约的距离；$D(DC,A)$ 为 A 客户到配送中心的距离；$D(DC,B)$ 为 B 客户到配送中心的距离；$D(A,B)$ 为 A、B 客户之间的直接距离。

利用式（5-6）计算出节约矩阵，如表 5-19 所示。

表 5-19　节约矩阵

	客户1	客户2	客户3	客户4	客户5	客户6	客户7	客户8	客户9	客户10	客户11	客户12	客户13
客户1	0												
客户2	11	0											
客户3	21	15	0										
客户4	18	15	28	0									
客户5	10	14	18	19	0								
客户6	9	13	17	19	29	0							
客户7	7	12	14	16	27	33	0						
客户8	3	7	6	7	12	14	15	0					
客户9	0	2	1	1	4	6	7	8	0				
客户10	5	10	11	12	22	28	29	16	8	0			
客户11	5	11	12	14	25	34	32	16	8	32	0		
客户12	1	5	4	5	12	15	16	14	10	18	19	0	
客户13	0	3	2	2	8	12	12	11	12	15	16	18	0

（3）将客户划归不同运输线路的运输工具。节约矩阵将客户划归不同的运输线路，以使节约最大化。这一过程是重复进行的。最初，将每个客户划分到各自独立的运输线路中。如果两条运输线路上的运输总量不超过运输工具的最大载重量，那么二者的合并就是可行的。在任何重复进行的步骤中，总是试图使节约最大的两条线路合并成一条新的可行线路。这一过程一直持续到不能再合并时。

上例中，企业可以将客户分为（1,3,4）、（2,9）、（6,7,8,11）、（5,10,12,13）四组，然后再给每组分配一辆运输卡车。

（4）为运输线路排定每个客户的送货顺序。改变送货顺序对运输工具的行程有显著影响。排定运输线路内的送货顺序的目标是尽量缩短每个运输工具必需的行程。首先得到一个最初的行程安排，然后运用线路改进程序得到一个距离较短的送货顺序，这一过程一直持续到不能再改进时。通常情况下，可以采用最远插入法、最近插入法、最近邻点法或旋转法得到运输线路内的送货顺序。

本章小结 →

> 运输活动及其载体所构成的运输系统是物流系统最重要的组成部分。通过运输活动，物流系统的各个环节有机地联系起来，物流系统的目标得以实现。运输系统具有产品和货物转移功能、产品和货物存储功能、物流节点衔接功能。

> 运输系统的总目标应该是在满足客户服务政策的前提下，用最低的运输成本连接供货地点和客户。主要衡量指标为运输成本、运输速度、运输一致性及与物流节点的匹配程度。

> 运输系统规划与设计的主要内容为确定运输战略、选择运输方式、确定运输线路及运输过程控制。

> 运输网络的类型有直接运输网络、利用"Milk Run"的运输网络、设有配送中心的运输网络、越库操作及设有配送中心的"Milk Run"运输网络五种。

> 运输网络类型选择的目标为以最低成本满足客户服务需求，一般依据客户需求量、客户密度及距离、产品需求量及产品价值等几个方面的判定进行选择。

> 常用的运输方式包括铁路运输、公路运输、水路运输、管道运输、航空运输、多式联运等。各种运输方式各有利弊，在选择具体运输方式时要充分考虑产品性能特征、运输速度和路程、运输能力和密度、运输费用、运输期限、运输批量和市场需求的缓急程度等多方面因素。具体方法包括成本比较分析法和多因素分析法。

> 运输系统是指在接到客户订单后，及时对订单信息进行处理，然后送货，即共同运送订单集合。在运输时，需要决定每次送货包含哪些订单、货物的装车顺序等，这是车辆装载方案的决策。两种装载方案的规划方法即货物装载的动态规划方法和多品种混装问题规划方法。

> 在物流运输线路的选择和优化上，可分为三类问题讨论，即起讫点不同的路径规划、单回路运输线路的规划及多回路运输线路的规划。这三类问题主要运用最短路线法、最近邻点法、最近插入法、希尔平斯基曲线法、扫描法、节约矩阵法等方法。

案例分析

《国家综合立体交通网规划纲要》（节选）

2021 年 2 月，中华人民共和国国务院印发了《国家综合立体交通网规划纲要》，旨在加快建设交通强国，构建现代化高质量国家综合立体交通网，支撑现代化经济体系和社会主义现代化强国建设。规划期为 2021—2035 年，远景展望到 21 世纪中叶。这里节选第二部分总体要求中的发展目标，以及第三部分优化国家综合立体交通布局中的部分内容。

1．发展目标

到 2035 年，基本建成便捷顺畅、经济高效、绿色集约、智能先进、安全可靠的现代化高质量国家综合立体交通网，实现国际国内互联互通、全国主要城市立体畅达、县级节点有效覆盖，有力支撑"全国 123 出行交通圈"（都市区 1 小时通勤、城市群 2 小时通达、全国主要城市 3 小时覆盖）和"全球 123 快货物流圈"（国内 1 天送达、周边国家 2 天送达、全球主要城市 3 天送达）。交通基础设施质量、智能化与绿色化水平居世界前列。交通运输全面适应人民日益增长的对美好生活的需要，有力保障国家安全，支撑我国基本实现社会主义现代化。规划还给出了国家综合立体交通网主要指标，如表 5-20 所示。

表 5-20　国家综合立体交通网主要指标

序号	指标		目标值
1	便捷顺畅	享受 1 小时内快速交通服务的人口占比	80%以上
2		中心城区至综合客运枢纽半小时可达率	90%以上
3	经济高效	多式联运换装 1 小时完成率	90%以上
4		国家综合立体交通网主骨架能力利用率	60%～85%
5	绿色集约	主要通道新增交通基础设施多方式国土空间综合利用率提高比例	80%
6		交通基础设施绿色化建设比例	95%
7	智能先进	交通基础设施数字化率	90%
8	安全可靠	重点区域多路径连接比率	95%以上
9		国家综合立体交通网安全设施完好率	95%以上

到 21 世纪中叶，全面建成现代化高质量国家综合立体交通网，拥有世界一流的交通基础设施体系，交通运输供需有效平衡、服务优质均等、安全有力保障。新技术广泛应用，实现数字化、网络化、智能化、绿色化。出行安全、便捷、舒适，物流高效、经济、可靠，实现"人享其行、物优其流"，全面建成交通强国，为全面建成社会主义现代化强国当好先行者。

2．优化国家综合立体交通布局

1）构建完善的国家综合立体交通网

国家综合立体交通网连接全国所有县级及以上行政区、边境口岸、国防设施、主要景区等。以统筹融合为导向，着力补短板、重衔接、优网络、提效能，更加注重存量资源优化利用和增量供给质量提升。完善铁路、公路、水运、民航、邮政快递等基础设施网络，构建以铁路为主干，以公路为基础，水运、民航比较优势充分发挥的国家综合立体交通网。

到 2035 年，国家综合立体交通网实体线网总规模合计 70 万公里左右（不含国际陆路通道境外段、空中及海上航路、邮路里程）。其中，铁路 20 万公里左右，公路 46 万公里左右，高等级航道 2.5 万公里左右。沿海主要港口 27 个，内河主要港口 36 个，民用运输机场 400 个左右，邮政快递枢纽 80 个左右。

2）加快建设高效率国家综合立体交通网主骨架

国家综合立体交通网主骨架由国家综合立体交通网中最关键的线网构成，是我国连通区域间、城市群间、省际间及国际运输的主动脉，是支撑国土空间开发保护的主轴，也是各种运输方式资源配置效率最高、运输强度最大的骨干网络。

依据国家区域发展战略和国土空间开发保护格局，结合未来交通运输发展和空间分布特点，将重点区域按照交通运输需求量级划分为 3 类。京津冀、长三角、粤港澳大湾区和成渝地区双城经济圈 4 个地区作为极，长江中游、山东半岛、海峡西岸、中原地区、哈长、辽中南、北部湾和关中平原 8 个地区作为组群，呼包鄂榆、黔中、滇中、山西中部、天山北坡、兰西、宁夏沿黄、拉萨和喀什 9 个地区作为组团。按照极、组群、组团之间的交通联系强度，打造由主轴、走廊、通道组成的国家综合立体交通网主骨架。国家综合立体交通网主骨架实体线网里程 29 万公里左右，其中国家高速铁路 5.6 万公里、普速铁路 7.1 万公里；国家高速公路 6.1 万公里、普通国道 7.2 万公里；国家高等级航道 2.5 万公里。

加快构建 6 条主轴。加强京津冀、长三角、粤港澳大湾区、成渝地区双城经济圈 4 极之间的联系，建设综合性、多通道、立体化、大容量、快速化的交通主轴。拓展 4 极辐射空间和交通资源配置能力，打造我国综合立体交通协同发展和国内国际交通衔接转换的关键平台，充分发挥促进全国区域发展南北互动、东西交融的重要作用。

加快构建 7 条走廊。强化京津冀、长三角、粤港澳大湾区、成渝地区双城经济圈 4 极的辐射作用，加强极与组群和组团之间的联系，建设京哈、京藏、大陆桥、西部陆海、沪昆、成渝昆、广昆等多方式、多通道、便捷化的交通走廊，优化完善多中心、网络化的主骨架结构。

加快构建 8 条通道。强化主轴与走廊之间的衔接协调，加强组群与组团之间、组团与组团之间的联系，加强资源产业集聚地、重要口岸的连接覆盖，建设绥满、京延、沿边、福银、二湛、川藏、湘桂、厦蓉等交通通道，促进内外连通、通边达海，扩大中西部和东北地区交通网络覆盖。

3）建设多层级一体化国家综合交通枢纽系统

建设综合交通枢纽集群、枢纽城市及枢纽港站"三位一体"的国家综合交通枢纽系统。建设面向世界的京津冀、长三角、粤港澳大湾区、成渝地区双城经济圈 4 个国际性综合交通枢纽集群。加快建设 20 个左右国际性综合交通枢纽城市及 80 个左右全国性综合交通枢纽城市。推进一批国际性枢纽港站、全国性枢纽港站建设。

4）完善面向全球的运输网络

围绕陆海内外联动、东西双向互济的开放格局，着力形成功能完备、立体互联、陆海空统筹的运输网络。发展多元化国际运输通道，重点打造新亚欧大陆桥、中蒙俄、中国—中亚—西亚、中国—中南半岛、中巴、中尼印和孟中印缅 7 条陆路国际运输通道。发展以中欧班列为重点的国际货运班列，促进国际道路运输便利化。强化国际航运中心辐射能力，完善经日韩跨太平洋至美洲，经东南亚至大洋洲，经东南亚、南亚跨印度洋至欧洲和非洲，跨北冰洋的冰上丝绸之路 4 条海上国际运输通道，保障原油、铁矿石、粮食、液化天然气等国家重点物资国际运输，拓展国际海运物流网络，加快发展邮轮经济。依托国际航空枢纽，构建四通八达、覆盖全球的空中客货运输网络。建设覆盖五洲、连通全球、互利共赢、协同高效的国际干线邮路网。

思考题：
1. 请结合案例说明运输基础设施对于国民经济发展的重要性。
2. 请总结国家综合立体交通网主骨架布局的内容。
3. 面向全球的运输网络重点建设内容是什么？
4. 我国综合立体交通网发展目标的主要指标有哪些？

复习思考题

1. 运输系统的功能有哪些？
2. 运输系统规划与设计的目标及主要衡量指标是什么？
3. 运输网络有哪些类型？每种运输网络类型的优缺点是什么？
4. 请归纳每种运输方式的优缺点。
5. 影响运输方式选择的主要因素有哪些？
6. A 公司是一个发电厂，每天需要使用 10 万公斤煤和 1 000 公斤辅助用材料。煤与辅助用材料分别来自 B 地、C 地。煤的购买价格为 0.08 元/公斤，辅助用材料的价格为 80 元/公斤，该公司的库存持有成本率为 30%。以下有两种运输方案。

方案一：铁路运输。

运输提前期为 15 天；每节车厢的载重量为 10 万公斤，运价为 3 200 元/车厢；整车（70 节车厢）运价为 12 万元。

方案二：公路运输。

运输提前期为 4 天；最低成本为 800 元；1 万公斤以下的运价为 0.64 元/公斤；1 万～2 万公斤的运价为 0.56 元/公斤；2 万～4 万公斤的运价为 0.48 元/公斤。

小型满载车辆（载重量为 4 万公斤）的运价为 16 000 元/车；

大型满载车辆（载重量为 6 万公斤）的运价为 20 800 元/车。

煤和辅助用材料的安全库存量为经常库存量的 4 倍。请根据以上信息分析煤、辅助用材料分别应该选择哪种运输方式。

7. 有四件货物 A、B、C、D，其重量分别为 3 吨、5 吨、6 吨、9 吨，价值分别为 5 万元、10 万元、15 万元、16 万元。现有额定 20 吨的卡车装运这四件货物。从这四件货物中挑选哪几件货物，可以使装运货物的总价值最大？

8. 某企业以仓库为起点，为 10 个客户送货，所用车辆的载重量为 50 吨。请使用希尔平斯基曲线法和扫描法分别设计配送车辆及路线安排。使用扫描法时，用两个不同的客户作为起点，试一试得到的结果会不会有所不同。每个客户的货物量如表 5-21 所示，客户的相对位置如图 5-21 所示。

表 5-21　每个客户的货物量

序号	1	2	3	4	5	6	7	8	9	10
货物量	10 吨	13 吨	14 吨	12 吨	8 吨	18 吨	14 吨	24 吨	13 吨	12 吨

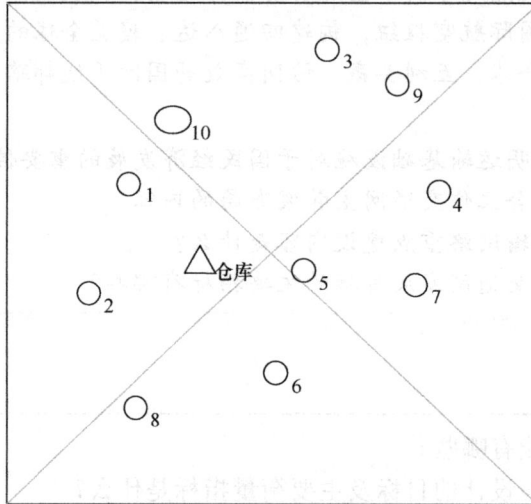

图 5-21　客户的相对位置

第 6 章

物流节点与园区的
规划与设计

1. 理解物流节点的概念与类型。
2. 了解物流节点的功能。
3. 掌握物流节点规划与设计的内容。
4. 掌握自建物流节点、公共物流节点的优缺点。
5. 掌握是否选择自建物流节点的决策方法。
6. 理解物流节点数量与规模的决策方法。
7. 掌握物流节点选址的方法。
8. 理解物流节点布局的步骤。
9. 掌握物流节点规划资料分析的主要方法。
10. 理解物流节点内部各作业区域相关性分析的方法。
11. 掌握物流节点总体平面布局的方法。

RH天津物流运营中心的选址

RH 是国有控股企业、世界 500 强企业，以经营连锁生活超市为主，旗下有多个品牌的连锁超市。RH 肩负着"引领消费升级，共创美好生活"的使命，通过持续优化与发展，致力于成为高效的全渠道零售商。

RH 在天津市有 70 多家连锁超市，主要分布在市内六区和滨海新区。

这 70 多家超市的商品配送任务由位于天津市北辰区陆路港物流装备产业园（以下简称陆路港）内的物流运营中心完成。RH 的物流运营中心之所以落户在陆路港，主要是看中了陆路港的区位优势。

陆路港是 2009 年经天津市政府批准设立的市级示范工业园区，主导产业为现代物流、高端装备制造、新材料、新能源等。园区总面积 9.85 平方公里，发展储备用地 4.6 平方公里，是天津 31 家市级示范工业园区中距离天津市区最近的园区。陆路港内规划建有商检通关机构，具备内陆无水港功能，已正式列入天津市"一区三港"现代物流基地发展战略，成为天津继"空港""海港"之后的又一重要货运集散中心。

北辰区境内有 6 条高速公路、9 条国道、13 条地铁线路，纵横交错、四通八达。陆路港周边，路网交织，辐射"三北"，连接欧亚大陆桥。通往北京有京津塘高速、京津高速、津蓟转京沈或京平高速；通往东北地区有津蓟转京沈高速、津宁转滨保转唐津或海滨高速；通往西部地区有滨保高速、津保高速；通往南部地区有京沪高速、正在建设的蓟汕联络线转荣乌或津沧高速；天津港是欧亚大陆桥最近的东方起点；大北环铁路是京沪、京九、京广三大铁路干线交会点，其西堤头货运编组站是天津铁路货运"四主四辅"规划布局的主要货运站之一。陆路港位于公、铁、海、空综合立体交通交叉汇集处，依托建设在园区内的大北环铁路主货场，利用公路货运交易中心的集疏和辐射功能，可无缝对接空港、海港，成为华北地区唯一具备公、铁、海、空"四位一体"多式联运功能的物流园区。陆路港公路货运交易中心是天津市唯一的"陆交中心"，拥有天津市区近 2/3 的货物运输执照，未来天津城市物流配送、省际中转物流将统一通过"陆交中心"分拨集散。通过与大北环铁路主货场的紧密配合，货物可直达天津港，实现快速通关。园区东侧规划修建机场高速公路，紧密连接了首都国际机场与天津滨海国际机场，使陆路港成为京津两大航空枢纽的重要节点，实现公、铁、海、空的多式联运。

该园区符合城镇建设规划和土地利用总体规划，除农业种植设施外，无其他地上物设施，土地已完成流转，土地整理费用相对较低，并已具备基础设施投入和环境建设的条件。

园区周边公交站、地铁站等公共交通设施齐全、完善，有文化、学校、医疗健康等生活配套设施。

思考题：
1. RH 为什么不把其物流运营中心建在天津市内六区？
2. RH 的物流运营中心在选址时还考虑了哪些因素？

6.1　物流节点的概念与类型

6.1.1　物流节点的概念

物流节点是指物流网络中连接物流线路的结节处，又称物流接点。物流节点以一定的设施形态存在，在物流系统中发挥着不同的作用。物流线路与物流节点相互交织、连接，构成了物流网络。

运输线上的物流节点称为货站、车站、编组站。还有一种物流节点是进行储备的物流设施，包括仓库或仓库团地等；从广义上讲，配送中心、物流中心等也属于物流节点。

物流过程按其运动状态来看，有相对运动的状态和相对停顿的状态。货物在物流节点中处于相对停顿的状态，在物流线路中处于相对运动的状态。其中，包装、装卸、储存、配货、流通加工等活动都是在物流节点中完成的。物流节点和物流线路结合在一起，构成了物流的网络结构。物流节点和物流线路的相互关系和配置形成物流系统的比例关系。这种比例关系就是物流系统的结构。

6.1.2　物流节点的类型

1. 转运型节点

转运型节点是指处于运输线路上，以连接不同线路和不同运输方式为主要功能的节点。铁道运输线路上的车站、货站、编组站；水运线路上的港口、码头；空运线路上的空港，以及连接不同运输方式的转运站和中转仓库等节点都处于运输线路上，并且主要通过中转将不同的线路和不同的运输方式连接起来，货物在这类节点上停顿的时间一般比较短。转运型节点可以是流通仓库、中心仓库、运输场站、物流中心（中心仓库+运输场站）、配送仓库等。转运型节点的物流功能一般包括装卸、配送；物流进出口的控制；货运单元的构造和解体；进库、出库；缓冲和仓储；包装和再包装；分拣与配送等。

2. 储存型节点

储存型节点是指以保管存放货物为主要功能的节点，包括储备仓库、营业仓库等。由于储备的需要、生产和消费的季节性等原因，一些货物通常需要较长时间的储存。因此，储存型节点主要是带有储备性质的仓库。由于货物储存量较大，周转速度较慢，因此对仓库的货物保管、养护的要求比较高。

3. 集散型节点

集散型节点是指以集中货物或分散货物为主要功能的节点，包括集货中心和分货中心。集货中心将一定范围内来源分散、批量小，但总量较大的货物集中起来，以便进行大批量处理或发货。分货中心对集中到达的数量巨大的货物进行拆分处理，形成新的货体和新的包装形态，以适应大批量、集中生产和小批量、分散的要求。

4. 配送型节点

配送型节点是指连接干线物流与末端物流，以配备货物和组织送货为主要功能的节点。配送中心是配送型节点的典型代表。配送中心是现代物流业发展中出现的新型物流设施，具有集货、分货、分拣、倒装、加工、配货、为客户调节库存、送货及收集和传递信息的功能。在现代物流中，配送活动已不再是单纯的物流活动，而是与销售或供应等营销活动结合在一起，成为营销活动的重要内容。

5. 综合型节点

综合型节点是指在一个节点中将若干功能有机结合在一起，有完善的设备，有效衔接和协调各流程。流通中心、物流中心等都属于这种节点。这种具有多种功能的节点是为满足物流大量化、复杂化、细致准确的要求而出现的。在一个节点中实现多功能的连接和转化，不仅简化了物流系统，而且大幅提高了物流效率，是现代物流系统中节点发展的方向之一。

6. 物流园区

《物流术语》（GB/T18354）对物流园区的概念做了较全面的阐释：物流园区是指为了实现物流设施集约化和物流运作共同化，或者出于城市物流设施空间布局合理化的目的，而在城市周边等各区域集中建设的物流设施群与众多物流业从业者在地域上的物理集结地。简单来说，物流园区是指在物流作业集中的地区，在几种运输方式衔接地，将多种物流设施和不同类型的物流企业在空间上集中布局的场所，也是一个有一定规模的、具有多种服务功能的物流企业的集结点。物流园区首先是一个空间概念，与工业园区、经济开发区、高新技术开发区等概念一样，具有产业一致性或相关性，拥有集中连片的物流用地空间。其包括八个功能：综合功能、集约功能、信息交易功能、集中仓储功能、配送加工功能、多式联运功能、辅助服务功能、停车场功能。其中，综合功能的内容为：具有综合各种物流方式和物流形态的作用，可以全面处理储存、包装、装卸、流通加工、配送等作业方式及不同作业方式之间的相互转换。

上述物流节点的分类并不是绝对的。在实际物流活动中，各类节点的功能往往是交叉并存的。现代物流的发展对节点的要求不断提高，传统的单一型节点出现向多功能、综合型、物流园区转变的趋势。

6.1.3 物流节点的功能

1. 连接功能

物流节点将物流线路连接起来，使不同线路通过节点成为相互贯通的网络系统，节点的配置决定着物流系统的基本框架。物流活动往往需要若干环节，在不同的线路间进行转换，才能够到达终点。在这个过程中，不同线路的运输形态、运输装备、运输数量都各不相同。如果没有节点，不同线路之间的连接就非常困难，甚至中断。只有通过节点，不同线路才能连接起来，成为连续不断、畅通无阻的网络。具体来说，物流节点的连接功能包括：通过转换运输方式连接不同运输手段；通过加工、分拣、配货等连接干线物流和末端物流；通过储存保管连接不同时间的供应物流与需求物流；通过集装箱、托盘等集装箱处理使运输一体化。

2. 信息处理功能

物流系统中的每个节点同时是一个信息点。节点是连接线路的枢纽，各方面的信息都在节点流进、流出，因此节点成为信息收集、处理、传递的集中地。若干个节点的信息流与物流系统的信息中心连接起来，形成了指挥、管理、调度物流系统的信息网络。如果说设施、线路是物流系统的硬件，那么信息网络就是物流系统的软件。如果软件出现问题，硬件就无法正常运行。因此，节点的信息处理功能是物流系统运行必不可少的前提条件。

3. 管理功能

物流系统的管理机构一般都集中于节点，大大小小的节点都是一定范围内的指挥、管理、调度中心，物流系统运行的有序化和效率性在很大程度上取决于物流节点管理功能的水平。尤其是物流园区这样的节点，入驻园区的企业多，互相独立，这就需要一个综合管理者对整个园区的资源、信息等进行统一管理和调度，以实现园区资源利用率最大化。

根据物流节点的作用、类型、地理位置等因素，物流节点除具备上述功能外，还具备配套功能和延伸功能。

4. 配套功能

（1）车辆停靠及辅助服务。物流节点一般配备专门的停车场，可在车辆等待装卸货时，提供车辆临时停靠的场地。另外，物流节点也是进出车辆停顿、休整的场所，因此也有车辆检修、加油、配件供应等服务。

（2）金融、生活配套服务。可提供餐饮、住宿、购物、提款、保险等服务功能。很多物流节点内部或周边都有保险公司、银行、酒店等入驻。

（3）工商、税务、海关服务。很多物流节点会提供物流相关的工商、税务、海关服务。

5. 延伸功能

除了具备上述基本功能，现代物流节点还具备以下延伸功能。[①]

（1）货物调剂中心（库存处理中心）。物流节点一般能够有效处理库存物资与举办新产品展示会。

---

① 李云清. 物流系统规划[M]. 上海：同济大学出版社，2004.

（2）系统技术设计。引进高科技，从事物流软件和物流设备的开发设计。

（3）咨询培训服务。利用丰富管理经验，为企业或客户提供咨询，提供高附加值服务。

例如，天津保税物流园区以物流主体功能为主，包括国际中转功能、国际配送功能、国际采购功能和国际贸易功能，还具有延伸服务功能和增值服务功能，天津海关和检验检疫部门在园区设立办事机构，外管、国税、地税、公安、消防等其他保税区管理机构将职能延伸至园区，为企业提供各项必要的服务。

园区采用一流的信息化管理，公共信息平台连接海关、检验检疫、外管、税务及银行等部门，设有集装箱卡车等各类货运车辆电子车牌自动识别系统及电子放行系统，实行进出货物一次申报、一次查验、一次放行，实现园区与港区之间直通。

为了引进人才，园区还建设了大量与经济发展和居民生活息息相关的公共服务、商业医疗、教育等各项配套设施，包括文化中心、体育中心、学校、职工公寓等。

物流节点的服务内容应根据物流系统节点的功能定位、任务及相关影响因素进行综合分析，按照目标市场的分类进行规划设计。一般来说，一个城市或一个区域甚至一个国家的物流节点系统都具有部分或全部物流服务的内容，如表 6-1 所示。

表 6-1　物流节点的服务内容

目标市场及分类		选　址	服务内容
国际物流	国际物流服务	港口	保税仓储、商品展示、临港加工、拆箱拼箱、公海运输转换、铁海运输转换及办公业务
		机场	保税仓储、商品展示、临港加工、拆箱拼箱、快递、公航运输转换及办公业务
		公路、铁路货站	保税仓储、商品展示、临港加工、拆箱拼箱、公海运输转换、铁海运输转换及办公业务
	国际货物运输服务	港口、机场与公路、铁路货站	海运、航空运输、铁路运输、公路运输
区域物流	港铁联运	港口与铁路货站结合点	铁路运输、海铁运输转换、仓储、加工
	铁路运输	铁路货站	铁路运输、卡车集输货物、仓储、加工
	公空联运	公路货站与机场结合点	航空货物的集中、分拨
	公铁联运	公路货站与铁路货站结合点	公铁运输转换、卡车集输货物、仓储、加工
	公路运输	公路货站	卡车集输货物、仓储、加工
	供应链管理	工业园区旁	采购、运输、仓储、配送
配送物流	商业配送	城市中心边缘区	仓储、加工、配送

6.1.4　物流节点的意义

对整个物流系统来说，物流节点是系统的终端，是直接面对服务对象的部分，直观而具体地体现了物流系统对客户需求的满足程度，实现了物流整体效益的提高。具体意义如下。

1. 减少社会总库存

物流节点通过统一的管理功能和信息服务功能，可以更加准确、可靠地对市场信息进行预测，并统一整合资源，协调和控制相关物流活动，提升了供应保证水平，减少了生产和流通领域对库存的需求，从而减少了社会的总库存。

2. 提高资源利用率

除了根据客户的订单进行货物分配，为实现对物流系统的控制，物流节点还要进行货物的储存、客户所需货物的收集、零散货物的集装化、配送任务的批处理、包装、货物单元的集装化和出货控制等工作。相应的管理工作有订单的接收和验证、货物的库存安排、送货任务的分配、物流任务的形成、数量和质量的跟踪。这些管理功能和信息功能可以对物流活动进行统一协调和控制。合理、顺畅的物流活动，可以提高车辆和装载利用率，降低物流成本，节约能源，减少污染，缓解大中型城市的交通运输紧张状况。

3. 提高物流系统的效率和服务水平

物流节点建设与选择的根据是配送的频率和客户的要求，以实现配送时间最短、物流成本最低和服务质量最高的目的。重点是要明确各类物流节点的功能定位，提高专业化水平，实现物流作业的高效化。集中、高效的物流活动，可以简化物流流程，并解决各种运输环节的连接和各类转运站点的合理配置问题，从而达到提高物流系统的效率和服务水平的目的。

6.2　物流节点规划与设计的内容

物流节点规划与设计的内容如图 6-1 所示。

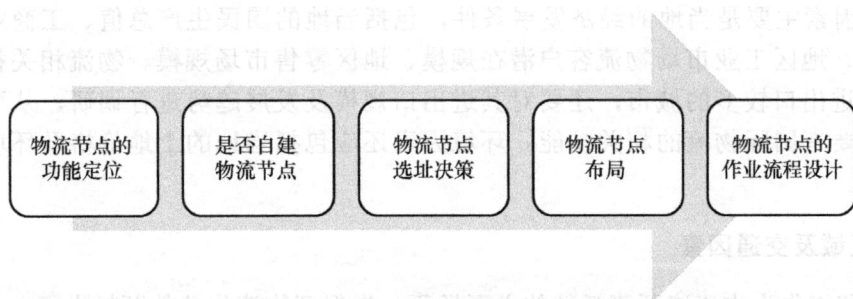

图 6-1　物流节点规划与设计的内容

6.2.1　物流节点的功能定位

物流节点的功能包括连接功能、信息处理功能、管理功能、配套功能及一些延伸功能，但不是所有物流节点都具备这些功能，大多数物流节点只具备其中的一种或几种功能。因此，在进行物流节点规划时，首先要确定的就是该节点的发展目标及具体功能。在物流节点的功能设计中，既要考虑功能的集成性，又要考虑其专业性及需求的规模化程度；既要考虑功能的先进性，又要考虑其经济和技术的可行性。

在进行功能定位时，首先要对该物流节点所服务的上下游客户的物流需求进行调研，看上下游客户除了完成物料位移的需求，还有没有物料加工、物料集散、商品展示与销售及其他增值服务的需求，再结合自身的资源及约束条件，确定该物流节点的发展目标及功能定位。具体的影响因素如图 6-2 所示。

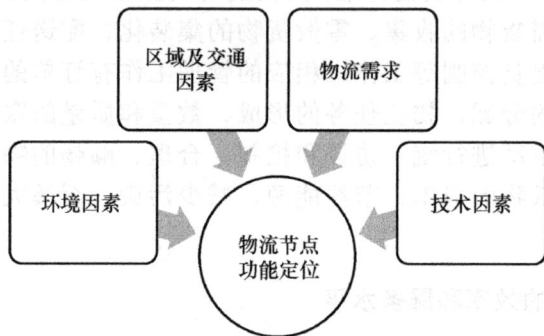

图 6-2 物流节点功能定位的影响因素

1. 物流需求

调研物流需求时，要掌握物流节点处理的货物的种类与性质，最重要的是预测未来物流节点处理的物流量，还要明确物流节点与最终客户之间的距离，这些都是物流节点功能确定的主要依据。另外需要注意的是，因为物流节点的建设投资大、建设周期长，所以物流节点的功能不仅要适应现阶段的需要，还要适应将来发展的需要。

2. 环境因素

环境因素主要是当地的经济发展条件，包括当地的国民生产总值、工商业发展水平及总量、地区工业市场物流客户潜在规模、地区零售市场规模、物流相关行业的产值。对于进出口较多的城市，还要对其进出口规模及发展趋势进行调研，从而确定该节点是否要有国际物流的相关功能。环境因素还应包括当地的土地价格及环境保护方面的要求。

3. 区域及交通因素

物流节点作为物流诸要素活动的主要场所，为保证物流作业的顺畅进行，必须具有良好的交通运输联络条件。因此，在功能设计中要考虑拟规划区域的货物运输量、交通通达度、物流节点货物平均运距，以及交通运输设施的发展水平。

4. 技术因素

通过上述调研，初步确定物流功能的实现需要用到的相关技术有哪些，这些技术的发展是否成熟，以及企业自身是否具备这些技术的实施能力。

注意：物流节点功能的确定属于定性、模糊评价的范畴，很难有严格的功能定位的量化模型，所以功能定位一般是对上述因素进行主观分析的结果，或采用类似于模糊评价的方法做出决策。

6.2.2　是否自建物流节点

是选址自建物流节点还是租用公共物流节点，是关于物流节点的一项重要决策。决策者一方面要考虑自身的物流处理量及波动性，另一方面要考虑客户的需求，即要达到的客户服务水平。在这两点确定的基础上，通过对比自建物流节点和租用公共物流节点的优缺点，如果数据充分，还可以通过对比分析财务数据，最终确定是否自建物流节点。

6.2.3　物流节点选址决策

物流节点地址的确定不仅影响后续运营中的仓储成本，而且影响整个物流系统中的运输成本，因此物流节点的选址也是物流管理人员面临的重要决策之一。

物流节点选址，首先要与企业的发展战略相适应。在此基础上，第一，根据物流需求量及客户服务水平，确定物流节点的数量和规模。第二，综合考虑政治、经济、社会、技术等因素，结合物流需求量核算相关费用或其他选择标准，确定物流节点的最佳地址。一般来说，物流节点选址对土地价格和建筑费用、地方税收和保险、劳动力成本及可得性或到其他设施的运输费用都有很大影响，要综合考虑这些因素，才能做出最终决策。

6.2.4　物流节点布局

由于物流节点功能较多，涉及的业务操作比较复杂，在确定了物流节点的地址后，还要确定物流节点的布局。物流节点布局的主要目标是使总费用最低，还需考虑其他因素，如特定设施间能否相互连接和禁止建立设施的特定区域。当然，这些决策的基本标准就是在保证客户服务水平的基础上使仓储成本降至最低。一个好的物流节点布局可以提高物流生产率、改进物流作业质量、降低物流成本、改进客户服务水平、改善员工的工作条件。

6.2.5　物流节点的作业流程设计

即使物流节点的功能相同，但每个功能如何实现，即该功能的作业流程如何完成却不尽相同。物流节点的规划与设计还应包括每个功能的实现方法，即作业流程设计。作业流程设计主要受客户需求的特点及其规律性影响，可以通过对节点处理货品的 EIQ（E 是指"Entry"，订货件数；I 是指"Item"，品类；Q 是指"Quantity"，数量）及 PCB（P 是指"Pallet"，托盘单位；C 是指"Carton"，箱单位；B 是指"Bulk"，单品）等数据资料的分析来确定其实现方法。

6.3 是否自建物流节点

6.3.1 自建物流节点

自建物流节点是指企业自己拥有并管理的物流节点。自建物流节点的初期投资较大，但在以后的日常运行中成本却很低。

当企业的自建物流节点不能满足大量物料保管和搬运的要求时，解决的途径之一就是再自建物流节点，以满足企业发展的要求。也就是说，自建物流节点适合组织实力强、市场潜力大的企业。

1. 自建物流节点的优点

（1）控制能力较强。企业能够在私有仓库内按照自己的意愿储存产品，从而对物流节点具有较强的控制能力。一旦客户的需求或市场状况发生变化，企业就能够对物流节点进行直接控制和管理，使企业能够较容易地将物流节点的管理集成到企业的整个物流管理系统中。

（2）低成本优势。长期来看，自建物流节点的运行成本相对较低。如果物流节点能够得到有效利用，则物流节点运行成本为物流成本的 15%～25%，甚至更低。在实际操作过程中，企业对物流节点的利用率为 70%～80%。一般认为，如果对物流节点的利用率达不到 75%，就应该考虑租用公共物流节点。

（3）充分发挥人力资源优势。企业一旦拥有自建物流节点，就可以充分利用企业的人力资源。企业自己的工作人员管理物流节点，对物流节点的维护会更加细心。同时，还可以充分利用专业化带来的优势。虽然一些公共物流节点允许客户管理物流节点时使用自己的员工，但并不能从根本上解决上述问题。

（4）税收和无形资产优势。拥有自建物流节点，能够带来税收方面的优势，因为在建筑设施和技术设备方面的投入和折旧能够减少企业应该支付的税额。同时，自建物流节点还可以给企业带来无形资产方面的优势。企业拥有自建物流节点，能够给客户一种持续、长久和稳定的商业运作印象，使人感到企业的产品供给是长期稳定和可信赖的。

2. 自建物流节点的缺点

（1）缺乏柔性。自建物流节点具有固定的规模和技术水平，因此在一定程度上缺乏柔性。在满足不同水平的客户需求时，自建物流节点的储存能力在短期内将受到一定限制。当客户的需求水平较低时，还会导致自建物流节点的闲置和仓库空间的浪费。

同时，由于自建物流节点的位置一般比较固定，企业不能迅速地随市场情况的变化而变化，这将失去许多重要的商业机会。另外，如果自建物流节点不能迅速地满足产品的市场需求，那么客户服务水平和销售额将不可避免地下降。

（2）财务限制。由于自建物流节点的初始投资成本比较高，对多数企业来说，不一定具有足够的资金实力来建造或购买。另外，自建物流节点属于长期、高风险的投资项目（由于其特殊的内部设计和构造，以后很难销售出去），企业会很慎重地考虑。

同时，支付给仓库管理人员的工资和培训费用、购买物流节点管理设备和节点作业系统的设计费用使自建物流节点费时又费钱。企业一般都愿意将资金投入一些高回报的投资项目，以便获得及时而高效的回报。

（3）投资回报率较低。对自建物流节点进行投资决策分析时，要考察自建物流节点的投资回报率。在大多数情况下，自建物流节点的投资回报率很低，很难获得与其他投资项目一致的投资回报率。

6.3.2 公共物流节点

公共物流节点是指国家或企业向社会提供的物流节点，专门用于向客户提供相对标准的物流节点相关服务，如储存、搬运和运输等。

公共物流节点可以提供检验、装配、标价和标批号等基本服务，以及包装、订单拣选、拆包装、订单履行、EDI 和信息传输等增值服务。公共物流节点包括一般意义上的提供仓储服务的仓库、合同仓库和保税仓库。公共物流节点的发展趋势为合同仓库或第三方仓库。合同仓库是指在一定时期内，按照一定的合同约束，使用仓库内一定的设备、空间和服务。这种协定可以为仓库所有者和仓库使用者提供更多的稳定性和未来投资计划的确定性。合同仓库是从公共仓库中延伸出来的一个分支，是"一种长期互惠的协议，排他性地向客户提供特别定制的储存和物流运输服务，由供方和客户共同分担与经营有关的风险"。合同仓库为有限的仓库使用者实现了定制化的物流服务，包括储存、拆包、组合、订单分类、库存现货、在途混装、库存控制、运输安排、信息传递等物流增值服务。合同仓库不仅提供储存服务，还为支持客户企业的物流渠道提供物流增值服务。

保税仓库是指经海关核准的专门用于存放保税货物的专用仓库。根据国际上通行的保税制度要求，入境存入保税仓库的货物可暂时免纳进口税款，免领进口许可证件（能制造化学武器的和易制毒的化学品除外），在海关规定的储存期内复运出境或办理正式进口手续。

相关链接 →

物流地产

物流地产是一种提供租用公共物流节点服务的形式。物流地产属于工业地产，是房地产轻资产化的重要存量运营细分领域。这一概念最早由物流地产行业巨头普洛斯于 20 世纪 80 年代提出并实践，指的是企业经营现代化的物流设施的不动产载体。物流地产开发商根据物流企业客户的需要，选择合适的地点，投资和建设企业业务所需的专业现代化物流设施。

现代物流地产以物流园区为核心载体，建设、运营与管理物流仓库、配送中心、分拨中心等专用物流设施，并与制造企业、物流企业、零售企业等供应链环节上的客户建立合作关系，提供包括园区租赁、园区运营、配送服务等在内的增值服务。物流地产主要经营环节包括选址拿地、开发建设、运营管理及基金运作等。

1. 公共物流节点的优点

（1）节约资金。公共物流节点的最大优点就是可以节省企业资金，减轻企业财务方面的压力。企业可以节省土地、仓库建设和仓库作业设备方面的投资，以及自建物流节点初期的运行成本和雇用、培训仓库管理人员的开支。在货物吞吐量较小，企业无法持续并有效地使用自建物流节点时，租用公共物流节点更加经济。

（2）缓解储存压力。对于季节敏感的企业，这一点体现得较为明显。租用公共物流节点能够缓解市场需求高峰期的储存压力，而自建物流节点，由于自身的限制，在短期内不可能承受如此庞大的业务。同时，当需求转入淡季时，企业可以不租用公共物流节点，从而节省资金，为企业带来明显的成本优势。

举例来说，如图6-3所示，在5月至10月，物流需求比较稳定，可以使用自建物流节点满足需求；在11月至次年4月，物流需求较多，且不稳定，可以租用公共物流节点满足需求。

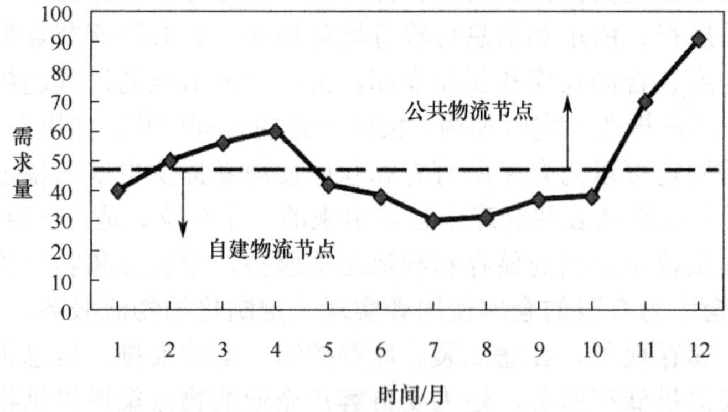

图6-3 物流节点需求

（3）降低投资风险。一般来说，物流节点设施的使用寿命为20~40年。如果企业投资建造自有仓库，就势必进行仓库设备方面的投资，而仓库设备的投资风险主要来自技术的不断更新和商业运营模式的日新月异导致这些设备很快过时。但公共物流节点就不存在这方面的风险，企业可以自由地选择或更换物流节点。

（4）柔性化水平较高。公共物流节点可以根据企业的实际需要进行地点或储存空间的变化。如果物流节点所在地的商业经营模式发生了改变，或者企业的经营方向发生了转变，那么拥有一个自建物流节点将成为企业的额外负担。公共物流节点却不存在这个问题，短期的公共物流节点租约使企业能够根据市场形势的变化（如客户群的扩大或缩小）、不同运输方式的选择、地区产品销售的特点或企业的财务状况等，自由地进行公共物流节点的租用决策。

2. 公共物流节点的缺点

（1）沟通方面的难题。能否有效地进行业务信息沟通已成为租用公共物流节点的一个主要难题。随着信息技术的飞速发展和电子商务的蓬勃兴起，物流节点作业的许多中间环节完全可以通过互联网来实现。但对公共物流节点来说，并不是所有的计算机终端接口和网络管理系统都是标准化的，它与企业进行数据传输和信息沟通时不一定协调，这就给公共物流节点的信息化管理带来了一定的阻碍。而在多数情况下，公共物流节点也不可能为了一个客户而额外增加计算机设备。

（2）缺少个性化服务。在公共物流节点中，企业有时可能得不到个性化的服务。许多公共物流节点的处理设备仅能提供一般化的服务，对于一些企业的特殊要求，公共物流节点提供的个性化服务少之又少。例如，企业希望得到个性化的服务（如较高的冷藏标准），但公共物流节点可能无法满足。

（3）空间的可得性差。公共物流节点的空间不是企业随时随地想要就有的。空间的短缺在一定的市场上季节性地出现，这给企业的物流战略和市场战略带来了负面影响。除非企业与短缺地区的公共物流节点建立了良好的关系，否则，在需求紧张的时候，企业可能找不到公共物流节点，或租用价格很高。

6.3.3　自建物流节点与租用公共物流节点的选择

综上所述，无论是自建物流节点还是租用公共物流节点，都有自身的优点和缺点，企业在选择时，应首先分析企业内外部环境，得到物流需求的特征，再根据客户服务水平的要求选择合适的物流节点方案。具体应考虑的因素有储存需求量、需求的稳定性、对控制权的需求等。

1．储存需求量

自建物流节点与租用公共物流节点在经济因素方面各有优缺点。自建物流节点的优点在于后期运营成本（可变成本）低，但前期的初始投资成本（固定成本）高，虽然这方面后期会给企业带来税收方面的优势，但是企业初始的经济压力还是非常大的。租用公共物流节点则恰恰相反，前期没有初始投资，主要是后期的租金（可变成本）相对来说较高，如图 6-4 所示。物流节点的可变成本一般与货物储存量成正比，但物流节点的固定成本不随货物储存量的变化而变化。当储存量较小时，最好选择租用公共物流节点；随着储存量的增加，自建物流节点则更有利，可分摊固定成本。

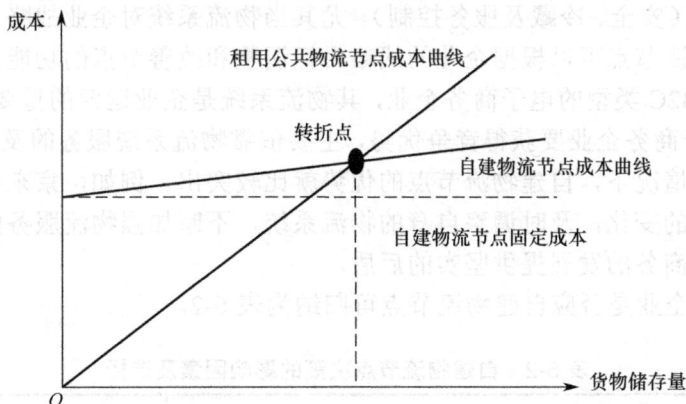

图 6-4　自建物流节点与租用公共物流节点的成本比较

在图 6-4 中，租用公共物流节点全是变动成本，当仓库货物储存量增加时，企业必须租用更多的空间，租用的空间是按每平方米或每单位重量进行收费的。而企业的自建物流节点含有固定成本。由于自建物流节点只有运营成本，因此变动成本的费率比租用公共物流节点低。这样就会产生租用公共物流节点和自建物流节点的成本转折点，即当货物储存量达到一定规模后，自建物流节点的总成本会比租用公共物流节点低。

2. 需求的稳定性

如果客户需求的稳定性较强，对企业来说，其需要规划的储存量也就相对稳定。但是当客户需求出现波动，并且波动较大时，企业就要面临自身的储存量不够用或存储率低的情况。这时，如果企业采用租用公共物流节点的方式，由于公共物流节点是为多个企业服务的，则多个企业需求的波动可以相互抵消，达到总需求相对稳定的结果，如图 6-5 所示。因此公共物流节点的空间利用率较高，总需求波动较小。也就是说，公共物流节点可以起到稳定需求波动的作用。如果企业的储存量需求波动较小，则可以选择自建物流节点，反之则应选择租用公共物流节点。

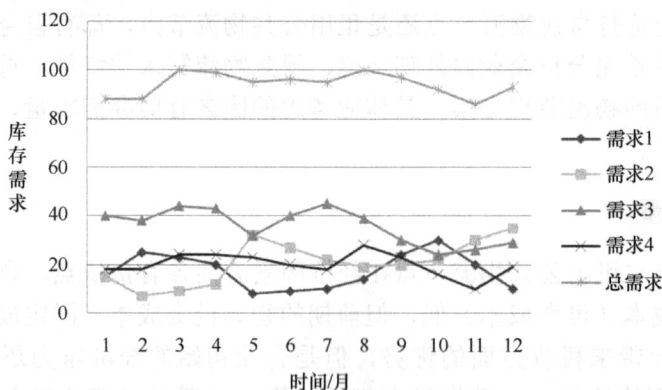

图 6-5　公共物流节点需求波动

3. 对控制权的需求

企业对自建物流节点享有控制权，可以根据客户的需求随时进行改造或功能改进，有利于管理控制（安全、冷藏及服务控制）。尤其当物流系统对企业战略目标的实现影响较大时，自建物流节点可以根据企业的战略目标调整和改善节点的功能，支持企业目标的实现。例如，B2C 类型的电子商务企业，其物流系统是企业运营的重要支撑要素之一。现阶段 B2C 电子商务企业要获得竞争优势，主要依靠物流系统服务的及时性、准确性及全面性，在这种情况下，自建物流节点的优势就比较突出。例如，京东会根据外界经济环境及客户需求的变化，及时调整自身的物流系统，不断加强物流服务能力，提高服务水平，为其电子商务的发展提供坚实的后盾。

综上所述，企业是否应自建物流节点可归纳为表 6-2。

表 6-2　自建物流节点决策的影响因素及选择

企业特征	自建物流节点	租用公共物流节点
储存需求量	大	小
需求的稳定性	强	弱
对控制权的需求	高	低
特殊的设备要求	有	无
客户服务需求	高	低
安全需求	高	低
多重用途需求	有	无

6.4　物流节点选址决策

6.4.1　物流节点的数量与规模

物流节点选址决策首先要确定的内容是企业所需物流节点的数量与规模。物流节点的数量与规模的决策是相互关联的，随着物流节点数量的增加，物流节点的平均规模将下降。一般的趋势是企业的配送系统拥有数量较少但规模较大的物流节点。物流节点数量的设置要以客户服务与分销成本的平衡为原则，即有利于增加企业利润；有利于减少发货、运输的费用；有利于为客户提供满意的服务。

1.　物流节点数量的确定

当进行物流节点数量的决策时，主要在成本和收益之间进行权衡。成本包括销售机会损失成本、库存成本、仓储成本及运输成本。这些成本之间的关系如图 6-6 所示。

图 6-6 没有将销售机会损失成本表示出来，这是因为不同企业的销售机会损失成本中的损失因子不尽相同，且很难估计和计算。

如图 6-6 所示，库存成本随着节点数量的增加而增加。因为每个节点都有相应的安全库存，这样总的安全库存或库存水平就会提高，所以库存成本也会随之上升。仓储成本也随着节点数量的增加而增加，因为更多的物流节点意味着拥有或租用更多的空间。当拥有一定数量的物流节点后，成本增加的趋势将减缓，特别是当企业租用仓库时，由于规模经济的存在，这种现象更加明显。而企业的运输成本刚开始随着物流节点数量的增加而降低，但最终因为使用太多的节点，运输成本曲线将由于进出运输成本的总和增加而升高。企业必须关注产品的整体运输成本，而不仅仅是从货物到物流节点间的运输成本。总之，节点数量少，就意味着要在制造商或供应商那里进行拆装运输。运输通常以整车或车辆荷载为基础计算费率，这两种运输方式都会减少每单位的成本。当客户订单到来时，产品采用零担运输运出物流节点，但费率较高。当物流节点数量增加到一定程度时，企业可能无法再产生运输的规模效益，因此费率会升高。

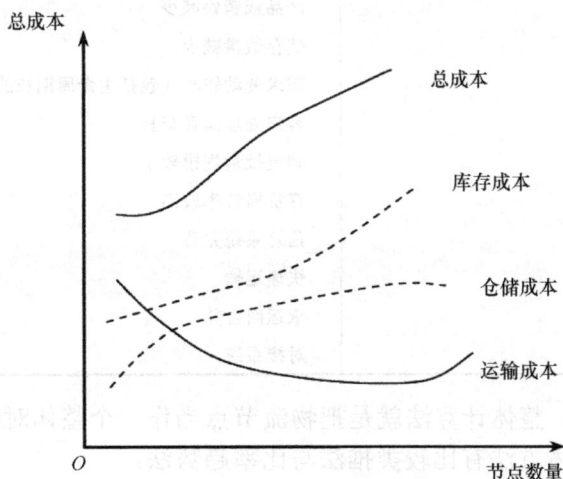

图 6-6　成本之间的关系

如果不考虑销售机会损失成本，则节点数量越少，总成本越低。但是有些企业的销售机会损失成本很高，这就需要通过增加节点数量来提高客户服务水平，进而减少销售机会损失成本。

在进行物流节点数量决策时，要找到库存成本、仓储成本、运输成本及销售机会损失成本等相关成本与物流节点数量的函数关系，综合考虑，计算出使物流总成本最低的物流节点数量。

2. 物流节点规模的确定

物流节点规模通常用地面空间的平方米定义，有时也用整个节点的立体空间定义。现在的趋势是用立体空间定义，因为平面空间忽略了空间的垂直存储能力。

物流节点的规模应满足储存和办公的需要。仓库里储存的货物包括周期库存和安全库存。因此，在进行规模决策时，需要考虑客户服务水平、所服务市场的规模、投入市场的产品数量、产品大小、所用的物料搬运系统、吞吐量（存货周转率）、生产提前期、规模经济、库存布局、通道要求、仓库中的办公区、需求水平和方式等。

随着企业服务水平的提高，企业需要更多的仓储空间来储存更高水平的库存。而且随着企业服务市场的增加，企业也需要更多的储存空间。企业常通过对接库存或提高库存周转率来解决这类问题。当企业拥有多种产品和产品类别，特别是这些产品互不相同时，企业需要更大的储存空间以便维持每种产品的最低存货水平。通常情况下，当产品需求量大、库存周转率低、提前期长、使用人工装卸搬运系统、含有办公区域、需求不稳定和不可预测时，企业需要更大的仓储空间。

另外，物料的搬运设备不同，仓储空间的需求也不一样。因为搬运设备不同，其空间利用率也不同，所以，企业的物流节点规模决策常常与搬运设备决策同时进行。

表 6-3 列举了物流节点规模的影响因素。结合这些因素，具体的定量计算方法包括整体计算法与分区域计算法。

表 6-3　物流节点规模的影响因素

扩大规模的因素	缩小规模的因素
市场或企业扩张	产品或销售减少
产品生命周期较短	储存数量减少
库存储存单元数量增加	需求变动较小（包括生命周期长的产品）
基于快速反应的直接交换	客户处理储存交货
减少分销商	制造批量规模较小
扩展至特定产品	存货周转率较高
出口/进口货物	信息系统完善
产品流程加长	快速运输
最小制造批量规模扩大	承运商合并
要求更快的反应时间	对接系统

（1）整体计算法。整体计算法就是把物流节点当作一个整体对待，不对每个功能区的面积单独计算。具体方法有比较类推法与比率趋势法。

① 比较类推法。比较类推法是以现已建成的同级、同类、同种物资仓库面积为基础，

根据储备量增减的比例关系，加以适当调整，最后推算出所求的仓库面积。计算公式如式（6-1）所示。

$$S = S_1 \times (Q/Q_1) \times K \tag{6-1}$$

式中，S 为拟新建仓库面积；S_1 为已建成的同类仓库面积；Q 为拟新建仓库的最高库存量；Q_1 为已建成的同类仓库的最高库存量；K 为调整系数，如果已建成的仓库还有潜力，则 K 小于 1，否则 K 大于 1。

② 比率趋势法。比率趋势法就是确定对物流节点面积有主要影响的因素的比率，根据历史数据预测这些因素的发展趋势，进而推算出对物流节点面积的需求。物流节点面积最主要的影响因素是库存需求量，但是也受到其他因素如市场的整体发展情况、区域发展规划等影响。比率趋势法计算公式如式（6-2）所示。

$$S = S_1 \times \left(1 + \prod_{i=1}^{n}(1 + K_i) \right) \tag{6-2}$$

式中，S 为拟新建仓库面积；S_1 为已建成的同类仓库面积；K_i 为某因素对物流节点面积的影响比率。

（2）分区域计算法。分区域计算法即按照各功能区所需面积分别进行计算，最后将各区域面积进行求和。

物流节点的功能区主要有入库区、储存区、拣选区、包装区、出库区、辅助功能区及办公区。根据每个功能区需要处理的物流量计算出工作面积，再根据使用的设备计算出要留出的通道面积，将这两项内容相加，得到该功能区的面积；将所有功能区面积计算完毕后相加，得到该物流节点的总面积。

在自建仓库前，除了要计算好仓库所需面积，还要考虑到其他因素的影响，如物资储备量、平均库存量、物资年供应量、物资品种数、仓库设备等。所以，仓库最低需求面积并不是用简单的几个公式就能确定的，还需要多方面考虑。

6.4.2　物流节点选址规划与决策

1. 物流节点选址规划的原则

物流节点选址规划是指在具有若干供应点和需求点的经济区域内选择一个地址设置物流节点的规划过程。这个过程要遵循以下几条原则。

（1）科学选址原则。物流节点如何选址，取决于出于哪种考虑建立物流节点。例如，如果以解决市内交通拥挤问题、缓解城市压力为重点建立物流节点，则应将其建在城乡连接处；如果以经济效益为重点建立物流节点，则可以将其建在交通枢纽地区或产品生产与销售的集散地区。如果根据物流节点在城市物流产业发展及物流体系中的地位和作用而对其进行分类，可分为综合物流节点和专业物流节点两类。前者以现代化、多功能、社会化、大规模为主要特征，后者则以专业化、现代化为主要特征，如集装箱港口、保税区、空港、钢铁基地、汽车生产基地等专业物流节点。专业物流节点选址只要求符合自身的专业要求。综合物流节点的选址，主要按照以下原则确定。

① 位于城市中心区的边缘地区，一般在城市道路网的外环线附近。

② 位于交通枢纽中心地带，至少有两种运输方式连接，特别是铁路和公路。

③ 位于土地资源开发较好的地区，土地充足，成本较低。

④ 位于城市物流节点附近，现有物流资源基础较好，一般物流量较大，如工业中心、大型卖场等，可利用和整合现有的物流资源。

⑤ 有利于整个地区物流网络的优化和信息资源的利用。

（2）统一规划原则。物流节点功能的发挥，通常需要很多政策、社会设施等宏观因素和条件的指导和支持，这必须由政府出面积极推动。政府在物流节点的规划建设中，应当扮演好基础条件的创造者和运作秩序的维护者的角色，根据长远和近期的货物流通量，确定物流节点长远和近期的建设规模；在充分掌握第一手材料的基础上，搞好物流节点的规划。这要求政府具体问题具体分析，按照区域经济的功能、布局和发展趋势，依据物流需求量和不同特点进行统一规划，尤其要打破地区、行业的界限，按照科学布局、资源整合、优势互补、良性循环的思路进行规划，防止各自为政、盲目布局、恶性竞争、贪大求洋，避免走弯路、误时间、费钱财。

（3）市场化运作原则。规划建设物流节点，既要由政府牵头统一规划和指导协调，又要坚持市场化运作原则。物流节点的运作以市场为导向，以企业为主体，在物流节点的功能开发建设、企业的进驻和资源整合等方面，都要具备优良的基础设施、先进的物流功能和周到有效的企业服务，以吸引物流企业和投资者共同参与，真正使物流节点成为物流企业公平、公开、公正竞争和经营的舞台。

（4）高起点、现代化原则。现代物流节点是一个具有关联性、整合性、集聚性和规模性的总体，其规划应该是一个高起点的中长期规划，并具有先进性和综合性。在设计物流节点时，主要应考虑城市与区域主要物流方向；各种运输方式、运输节点的分布；产业布局及物流市场、资源的布局；物流用地的区位优势；对现有物流设施的充分利用；有利于整个物流网络的优化；有利于各类节点的合理分工、协调配合。

（5）柔性化原则。现代物流节点的建设投资大、周期长、效应长、建设风险大，因而现代物流节点的规划应采取柔性规划，建立科学的投资决策机制和项目风险评估机制，突出规划中的持续改进机制，确立规划的阶段性目标，建立规划实施过程中的阶段性评估检查制度，以保证规划最终实现。

（6）人才优先原则。物流节点的建设规划是十分复杂而又庞大的工程，涉及的专业领域也很广泛，必须有各类专家型人才参与才能妥善完成。所谓专家型人才，是在某个领域积累了多年经验、在理论上有一定造诣、有一定技术专长的人员。他们各有所长，但都不是万能的，如按专业划分，有土建专家、机械专家、计算机专家等。在项目进行的不同阶段，应该让不同类型的专家在各自的领域发挥不同的作用。

2. 物流节点选址方法

确定物流节点最优位置的主要目标是使总运营成本最小。选址的固定费用一般是最初投资的年费用，包括土地使用、设备和建筑费用。重新选址费用包括将设备移到新地址的费用、新设施初建费用和关闭旧址处的设施的费用。选址还包括其他限制因素，如所选位置的数量及可得性、供应源能力、消费点的需求、建新设施的总资金等。选址的决策方法总体上可以分为只考虑运输成本、多因素全面考虑两种方法。其中，只考虑运输成本有直角选址模型和精确重心法两种方法；多因素全面考虑有加权因素分析法。

（1）直角选址模型。直角选址模型考虑的是开放连续解空间和基于运输费用的目标函数。问题定义如下：给出现有设施位置、新设施和现有设施之间的运输量，确定使总运输费用最小的最优选址方案。这里的运输费用是以运输距离乘以运输量来确定的。直角选址模型假定两点之间的距离为直角距离。当解空间是一个工厂、仓库或城市时，根据线路结构，物质移动以直角形式进行时最适合此模型。

现有设施 A 坐标（x，y）和新设施 P 坐标（a，b），两坐标点之间的直角距离为 d（A，P），定义如式（6-3）所示。

$$d(A, P) = |x-a| + |y-b| \tag{6-3}$$

当有 m 个现有设施（或客户）（A_1，A_2，$\cdots$，A_m）时，每个设施（或客户）和新设施有一流量 w_j，使总位移最小的新设施选址问题可表示为式（6-4）。

$$\begin{aligned}
&\min \sum_{j=1}^{m} w_j \left(|x_j - a| + |y_j - b| \right) \\
&= \min \sum_{j=1}^{m} w_j |x_j - a| + \min \sum_{j=1}^{m} w_j |y_j - b|
\end{aligned} \tag{6-4}$$

式（6-4）可分解为两个单独最小化问题，得到式（6-5）、式（6-6）。

$$\min f(x) = \min \sum_{j=1}^{m} w_j |x_j - a| \tag{6-5}$$

$$\min f(y) = \min \sum_{j=1}^{m} w_j |y_j - b| \tag{6-6}$$

为了能够简易地确定新设施的坐标，可假设式（6-4）的最优解满足下面两个特性。

第一，新设施的 x 坐标和某现有设施（或客户）的 x 坐标相同，新设施的 y 坐标也和某现有设施（或客户）的 y 坐标相同，但新设施的（x，y）坐标与现有设施（或客户）（x，y）的坐标并不同时一致。

第二，新设施的 x 坐标（y 坐标）的最优位置是一个中间位置，不超过一半的运输量在新设施的左边（y 坐标的下边），同时不超过一半的运输量在新设施的右边（y 坐标的上边）。

一般情况下，这两个假设可以满足，但对于特殊情况，如三点一线问题、处于圆周上的点等，不一定按上述方法确定，可以具体问题具体分析。

例题 6-1　某配送中心将向 5 家超市提供配送服务，5 家超市坐标为（1，2）、（2，3）、（4，1）、（6，5）、（7，4），现需确定该配送中心的位置。5 家超市每天的物流需求为 4 吨、3 吨、1 吨、5 吨、8 吨。请用直角选址模型确定该配送中心的坐标。

解：

直角选址模型的求解可以拆分成两个小问题来解，如式（6-5）、式（6-6）所示，即分别对新节点的 x 坐标和 y 坐标求解。求解满足上述两个假设，所以按照 x 轴坐标从小到大进行排序，然后计算 x 轴方向上距离与物流量乘积的累计量，总量 1/2 处即最佳的 x 坐标位置，则在累计量 1/2 上面或下面最接近 1/2 的点确定 x 坐标，如表 6-4 所示。

计算距离与物流量的累计和为 100，则其 1/2 为 50，最佳位置为累计和接近 50 的那个点的 x 坐标，如表 6-4 所示，$x = 6$ 为最优解。

表 6-4　配送中心 x 坐标的求解

x	w_i	xw_i	累计和
1	4	4	4
2	3	6	10
4	1	4	14
6	5	30	44
7	8	56	100

同理，可以求出 y 坐标的最优解为 y=4，如表 6-5 所示。

表 6-5　配送中心 y 坐标的求解

y	w_i	yw_i	累计和
1	1	1	1
2	4	8	9
3	3	9	18
4	8	32	50
5	5	25	75

综上，配送中心的坐标应为（6，4）。

直角选址模型法假设的是两者之间的距离为直角距离，这种假设与城市道路的实际情况更加相符，所以更加适用于城市配送中的节点选址。

（2）精确重心法。精确重心法是一种单物流节点选址的方法，这种方法主要考虑的因素是现有设施之间的距离和要运输的货物量，经常用于中间仓库或分销仓库的选择。货物运量是影响货物运输费用的主要因素，仓库应尽可能接近运量较大的网点，从而使较大的货物运量走相对较短的路程，即求出本地区实际货物运量的重心所在的位置。精确重心法更适合解空间是一个城市、地区或国家，且物体沿着直线运动，直线距离为两点之间的距离的情况，即更适合干线运输线路上的选址问题。

假设现有设施（或客户）A（x，y）与新设施 P（a，b）之间的距离如式（6-7）所示。

$$d(A,P) = k\left[(x-a)^2 + (y-b)^2\right]^{\frac{1}{2}} \tag{6-7}$$

式 6-7 中，k 是将直线距离变为实际距离的转换因子，其取值大于等于 1。它依赖区域的实际调查情况，如果该地区道路比较崎岖，迂回路线较多，k 取值就大一些。如果两点之间的道路接近直线，则 k 可以取 1。

假设有 M 个现有设施（A_1，A_2，…，A_m），每个现有设施同新设施间有一个流量 w_j，使总移动费用最小的新设施选址模型可表示为式（6-8）。

$$H = \min \sum_{j=1}^{m} kr_j w_j \left[(x_j-a)^2 + (y_j-b)^2\right]^{\frac{1}{2}} \tag{6-8}$$

式中，H 为总费用；r_j 为到位置 j 的单位运输费用。

该最小化问题可以用简单的求偏导来解决。对 a、b 各求偏导，令它们为 0，可得 a、b 值为式（6-9）、式（6-10）。

$$a = \left(\sum \frac{x_j r_j w_j}{d_j}\right)\left(\sum \frac{r_j w_j}{d_j}\right)^{-1} \tag{6-9}$$

$$b = \left(\sum \frac{y_j r_j w_j}{d_j}\right)\left(\sum \frac{r_j w_j}{d_j}\right)^{-1} \tag{6-10}$$

式中，d_j 为新设施和现有设施 j 之间的距离。

因为新设施位置未知，所以方程的左边和右边都含有未知数（a，b）。求解此问题可用迭代方法，迭代方法能保证收敛到最优值，其迭代步骤如下。

第一步，用式（6-11）、式（6-12）确定初始 a_0、b_0 值。

$$a_0 = \frac{\sum_{i=1}^{m} x_i r_i w_i}{\sum_{i=1}^{m} r_i w_i} \tag{6-11}$$

$$b_0 = \frac{\sum_{i=1}^{m} y_i r_i w_i}{\sum_{i=1}^{m} r_i w_i} \tag{6-12}$$

第二步，用 a_0、b_0 作为新设施坐标，用式（6-7）计算 d_j。

第三步，用式（6-9）和式（6-10）解出 a_1、b_1。

第四步，检查坐标（a，b）相邻两次迭代的变化是否小于某指定的较小的值，如式（6-13）、式（6-14）所示。如果不是，就返回第二步；否则停止，得到最优解。

$$\left|a_n - a_{n-1}\right| \leqslant R \tag{6-13}$$

$$\left|b_n - b_{n-1}\right| \leqslant R \tag{6-14}$$

式中，R 为可以接受的误差常数。

另一种检测最优解的方法是某次迭代得到坐标后，将坐标值代入总费用的求解式（6-8）中，若本次的费用既小于上一次的结果，又小于下一次的结果，如式（6-15）所示，则本次得到的坐标 a_n、b_n 即最优解。

$$H_{n-1} \leqslant H_n \leqslant H_{n+1} \tag{6-15}$$

通过精确重心法的求解过程可以看出，这种方法有几个基本假设，包括物流需求量集中在某个点上；选址区域不同，但物流节点的建筑费用、运营费用等相同，只考虑运输成本的差异；运输费用与运输距离成正比；运输线路为空间直线。因此，精确重心法在应用时存在一定局限，要求现实情况与模型假设基本相符。如果差异较大，则可以通过转换因子 k 等进行一定的调整。另外，精确重心法求解得到的是一组坐标，该坐标可能在大海上，也可能在某座山脉中，或者现实中不适合建设物流节点的地方，因此要对得到的最优解根据实际情况进行一些调整。

（3）加权因素分析法。这种方法既可考虑影响设施地址的定量因素，又可考虑定性因素，但在分析之前需要确定一系列候选地点。其具体步骤如下。

第一步，确定选择地点时需要考虑的因素及标准、各评价标准的权重或相对重要性。表 6-6 列举了影响物流节点选址的主要因素。

表 6-6　影响物流节点选址的主要因素

分　类	因　素
费用结构	土地费用、建筑费用、税收、保险及其他
法律规定	分区规划、租借条款、地方商业规章
人口统计	人口基数、收入状况、劳动力供给
交通运输	运输类型及运输量、运输方式、到达车站或港口的方便程度
竞争结构	竞争对手、类型
备选地点特征	停车的方便性、建筑物的状况、从其他主要街道看此地的能见度

第二步，给每个因素的重要性打分（1～10），给每个地点的所有因素打分（1～10）。这里的打分一般是主观打分，可以通过群体决策的方法得到。

第三步，计算每个地点的加权分数，并选择加权评分最高的地点作为选址地点，如式（6-16）所示。

$$v(j)=\sum w(j)\times s(i,\ j) \tag{6-16}$$

式中，$v(j)$ 为加权评分；$w(j)$ 为因素 i 的权重；$s(i,\ j)$ 为地点 j 在因素 i 上的打分。

加权因素分析法既考虑了运输成本，又考虑了选址地点的土地成本、劳动力价格等因素，还将当地的政治、经济、技术、社会等因素考虑在内，是比较全面的一种选址方法。但是对这些因素的重要性及各地点得分的评价多是定性评价，受主观因素影响较大，因此应采用群体决策的一些方法来避免或减少决策者主观因素的影响。

6.5　物流节点布局

物流节点布局规划是在物流节点经营策略的指导下，根据物流节点的功能转换活动，将物流设施涉及的对象及节点本身、人员配备、机械设备和物料管理作业等，利用信息系统做出最有效的优化组合与资源配置，并与其他相关设施相协调，以期达到安全、经济、高效的目标，满足物流节点经营的需求。常用的物流节点布局规划方法有三种：一种方法是 Muther 提出的系统设施布局设计 SLP 方法，这种过程和一些工程决策过程类似，主要步骤是首先产生候选布局方案，其次根据某些规则选出最好的方案。另两种方法是基于计算机的方法——CRAFT 和 ALDEP。CRAFT 为现有设施的改建做布局，从初始布局开始，通过对各设施最初布局进行一系列变换来改进布局效果。当任何布局的改变都不能带来一点改进时，程序结束。ALDEP 则为新建设施做新的布局，从初始状态开始，逐个设施进行选择和放置决策。选择决策主要确定安排的下个设施是什么，放置决策则决定它将被安排到什么地方。实际中使用最多的是 SLP 方法，下面就以 SLP 方法为例进行说明。

6.5.1　物流节点布局的步骤

物流节点布局的步骤可以用如图 6-7 所示的流程图表示。

该方法整体分为三个阶段，即总体区划阶段、详细布局阶段和施工安装阶段。布局规划主要涉及前两个阶段。总体区划阶段是初步确定物流节点的基本物流模式及总体布局，详细布局阶段则是确定该物流节点内各作业单位的具体位置。下面介绍其中的主要步骤。

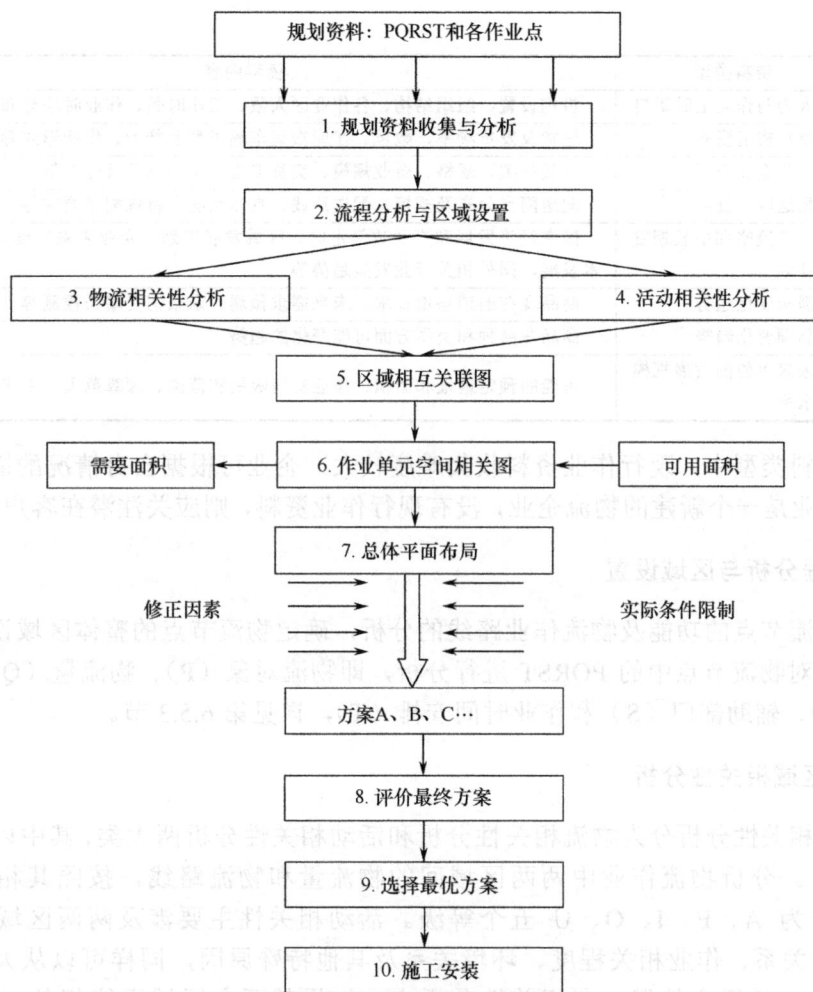

图 6-7　物流节点布局的步骤

1. 规划资料收集与分析

规划资料收集与分析主要包括现行作业资料和未来规划需求资料两部分。现行作业资料主要针对物流配送中心的定位和现实需求的确定，而未来规划需求资料则主要针对物流配送中心未来在目标市场和服务区域发展需要的确定。物流节点规划所需资料类型如表 6-7 所示。

表 6-7　物流节点规划所需资料类型

	资料类型	资料内容
现行作业资料	基本运营资料	业务类型、营业额、运输车辆数、供应商和用户数量等
	商品资料	商品类型、规格、品项数、供货渠道和保管形式等
	订货资料	商品种类、名称、数量、单位、订货和交货日期、生产企业等
	货物特性	货物形态、环境要求、腐蚀性特征、规格、包装形式等
	销售资料	按商品、种类、用途、地区、客户及时间等统计的结果
	作业流程	进货、搬运、储存、拣货、补货、流通加工、配送、退货等
	事务流程和单据传递	按单分类处理、采购任务指派、发货计划传送、相关库存及账务管理等
	厂房设施资料	厂房结构与规模、地理环境与交通特性、主要设备规模、生产能力等

（续表）

	资料类型	资料内容
现行作业资料	人力与作业工时资料	机构设置、组织结构、各作业区人数、工作时数、作业时序分布
	物料搬运资料	进货及发货频率、数量、在库搬运车辆类型及能力、作业形式等
	供货企业资料	供货种类、规格、企业规模、交货能力、企业总数及分布等
	配送网点资料	配送网点分布及规模、配送路线、具体状况、特殊配送要求等
未来规划需求资料	运营策略和中长期发展计划	国家经济发展和产业政策走向、区域发展规划、企业未来发展规划、物流技术发展、国外相关行业发展趋势等
	需求变化趋势	商品现在的销售增长率、未来需求预测、未来消费增长预测等
	品项变化趋势	商品在品种和类型方面可能变化的趋势
	未来可能的发展规模和水平	可能的预定地址和面积、作业实施限制和范围、预算范围、未来扩充需求等

以上资料类型中，现行作业资料收集难度较大，企业可根据自身情况酌情取舍。另外，如果企业是一个新建的物流企业，没有现行作业资料，则应关注潜在客户市场需求。

2. 流程分析与区域设置

根据物流节点的功能及物流作业路线的分析，确定物流节点的整体区域设置及物流模式。一般对物流节点中的 PQRST 进行分析，即物流对象（P）、物流量（Q）、物流作业路线（R）、辅助部门（S）和作业时间安排（T），详见第 6.5.3 节。

3. 各区域相关性分析

各区域相关性分析分为物流相关性分析和活动相关性分析两大类，其中以物流相关性分析为主。分析物流作业中两两区域间的物流量和物流路线，按照其相关性，可从大到小分为 A、E、I、O、U 五个等级。活动相关性主要涉及两两区域间的管理关系、流程关系、作业相关程度、环境关系及其他特殊原因，同样可以从大到小分为 A、E、I、O、U 五个等级。在相关性分析中，如果某两个区域不能相邻，则用"X"表示。

4. 总体平面布局

根据相互关系中各作业单元之间相互关系的密切程度，决定各作业单元之间距离的远近，安排各作业单元的位置，绘制作业单元位置相关图。将各作业单元实际占地面积与作业单元位置相关图结合起来，形成作业单元空间相关图。对作业单元空间相关图进行修正和调整，可得到数个可行的布局方案，一般常用的方法有定性关联图法、定量图形构建法和关联度构制邻接图法。

5. 评价最终方案并选择最优方案

评价最终方案是在概略评价和详细评价的基础上，对整个创新方案的诸多因素做出全面、系统的评价。为此，先要明确评价项目，即确定评价所需的各种指标和因素；然后分析各方案对每个评价项目的满足程度；最后根据各方案对各评价项目的满足程度，权衡利弊，判断各方案的总体价值，从而选出总体价值最大的方案，即技术上先进、经济上合理和社会上有利的最优方案。

物流节点布局评价主要考虑以下几个原则。

（1）尽可能采用单层设备，这样做造价低，资产的平均利用效率高。

（2）使货物在出入库时单向和直线运动，避免逆向操作和大幅改变方向的低效率运作。

（3）采用高效率的物料搬运设备及操作流程。

（4）在仓库里采用有效的储存计划。

（5）在物料搬运设备大小、类型、转弯半径的限制下，尽量减少通道占用的空间。

（6）尽量利用仓库的高度，也就是说，有效地利用仓库的容积。

根据以上原则，设定评价体系及评价指标，对备选方案进行评价，并确定最优方案。

6.5.2　规划资料的分析方法

1. 物品特性分析

物流节点的商品品种繁多，要对所存储的物品特性进行分析，合理分区储存。物品特性包括物品的形态、内容物特性、装填特性等，具体如表 6-8 所示。

表 6-8　物品特性

项　　目	内　　容			
形态	气体	液体	固体	
储存保管特性	冷冻	干品	冷藏	
温/湿度要求	℃	g/m³（或 RH）		
内容物特性	坚硬	易碎	松软	其他
装填特性	规则	不规则		
可压缩性	可压缩	不可压缩		
有无磁性	有	无		
单品外观	长形	长条形	圆筒形	不规则	其他
重量	kg			
体积	m³			
外部尺寸	长×宽×高			
包装材料	纸箱	包膜	金属容器	塑料容器	其他

物品特性直接影响物品的储存空间要求、搬运效率和使用的设备。储存时，一般根据物品特性将储存空间分为若干区域，如干货区、冷冻区、冷藏区；或按照物品重量分为重货区、轻货区；或按照价格分为贵重物品区和一般物品区；或按照物品用途分为食品区、日用品区、工业用品区等。不同的区域分布适用于不同形态的设备和作业方式，能做到不同特性的物品重点管理，并避免彼此干扰。物品特性分析还涉及设备的规划与选用，影响物品内外包装的包装规格。

2. EIQ 分析

物流节点的操作主要以订单为中心对货物进行处理。订单的品名、数量、发货日期千变万化，是物流节点的活力所在和不确定因素。EIQ 分析从订单、品项、数量三项主要资料出发，据此分析出货的特性，其目的在于分析物流节点的订单特征、接单特征、作业特征等，进而分析客户特征、货品特征、储存特征等，以此作为物流节点作业流程分析、功能区域分析等的依据。

EIQ 分析首先要收集一个作业周期的订单，然后对每张订单的出货品项、各品项出货量等进行分析，以表 6-9 方式列出。填表时需要注意数量单位的一致性，考虑商品的物品特性和储运单位，将所有订单品项的出货数量转换成相同的计算单位。

表 6-9　EIQ 分析格式

订单（E）	出货品项（I）						订单出货量（EQ）	订单出货品项数（EN）
	I_1	I_2	I_3	I_4	……	I_n		
E_1	Q_{11}	Q_{12}	Q_{13}	Q_{14}	……	Q_{1n}	EQ_1	EN_1
E_2	Q_{21}	Q_{22}	Q_{23}	Q_{24}	……	Q_{2n}	EQ_2	EN_2
E_3	Q_{31}	Q_{32}	Q_{33}	Q_{34}	……	Q_{3n}	EQ_3	EN_3
E_4	Q_{41}	Q_{42}	Q_{43}	Q_{44}	……	Q_{4n}	EQ_4	EN_4
……	……	……	……	……	……	……	……	……
E_m	Q_{m1}	Q_{m2}	Q_{m3}	Q_{m4}	……	Q_{mn}	EQ_m	EN_m
单品出货量（IQ）	IQ_1	IQ_2	IQ_3	IQ_4	……	IQ_n	总出货量 Q	总出货品项数 $EN_总$
单品出货次数(IK)	IK_1	IK_2	IK_3	IK_4	……	IK_n		总出货次数 $IK_总$

表 6-9 中，EQ_1 表示订单 E_1 的出货量，计算公式为 $EQ_1=\sum_{i=1}^{n}Q_{1i}$；$IQ_1$ 表示单品 I_1 的出货量，计算公式为 $IQ_1=\sum_{i=1}^{m}Q_{i1}$；总出货量 $Q=\sum_{i=1}^{m}EQ_i=\sum_{i=1}^{n}IQ_i$；$EN_1$ 表示订单 E_1 的出货品项数；$EN_总$ 表示所有订单的总出货品项数；IK_1 表示单品 I_1 的出货次数；$IK_总$ 表示所有品项的总出货次数。

在进行 EIQ 分析时，主要采用帕累托分析、次数分布，结合物品特性分析等，依据表 6-9，进行 EQ（订单出货量）、EN（订单出货品项数）、IQ（单品出货量）、IK（单品出货次数）四个方面的分析，以图表形式表现出来，为物流节点内部各个功能区域规划给出建议和要求。EIQ 分析的主要应用范围如表 6-10 所示。

表 6-10　EIQ 分析的主要应用范围

分析对象	主要应用范围
EQ	决定订单处理的原则、拣货系统的规划，影响出货方式及出货区的规划 ➤ 掌握物品配送的需求及客户 ABC 分析，重点客户重点管理； ➤ 决定物流中心的配送模式，并以此决定拣货设备选用和拣货策略； ➤ 根据订单量分布趋势决定储存区规划
EN	决定使用的拣货方式，判断物品拣货时间与拣货人力需求，影响拣货系统及出货区的规划
IQ	对出货商品进行 ABC 分类，重点商品重点管理 ➤ 把握物流节点处理物品的模式，与 EQ 分析结果结合使用； ➤ 对储存系统进行规划（包括储存区规划、设备的规划与选型、储存单位及库存水平的确定）； ➤ 对搬运系统进行规划
IK	结合 IQ 分布情况，决定仓储及拣货系统的设计，并进一步划分储存区及配置储存位

例如，某物流节点的 EIQ 数据如表 6-11 所示。为了简化分析，假设物流节点有四个客户，六类商品。

表 6-11　某物流节点的 EIQ 数据

订单（E）	出货品项（I）						订单出货量（EQ）	订单出货品项数（EN）
	I_1	I_2	I_3	I_4	I_5	I_6		
E_1	300	200	0	100	200	100	900	5
E_2	200	0	400	600	700		1900	4
E_3	1000	0	0	0	0	800	1800	2
E_4	200	800	0	300	500	200	2000	5
IQ	1700	1000	400	1000	1400	1100	6600	
IK	4	2	1	3	3	3		16

（1）EQ 分析。通过 EQ 分析，可以明确了解订货量及比例。按照出货量的百分比进行 ABC 分析，可以看出，四个客户中，E_4 订货数量最大，可以作为重要客户，优先安排配送等一系列服务。

（2）IQ 分析。可以看出，六类商品中，I_3 的出货量最小，可以安排在较偏僻的地方，I_1、I_5 的出货量大，应重点管理，安排在进出较便利的区域，以缩短节点内的操作路线。

（3）EN 分析。E_1 和 E_4 品项都是五种，但出货量相差较大，拣货方式可分别选择批量拣选方式与按单拣选方式。

（4）IK 分析。I_2 与 I_5 的出货量相当，但 I_2 被选取的次数少，每次拣选量较大，因此拣货工具优先考虑自动化，采用批量拣选的方式。

3．PCB 分析

商品在各作业区域流动是以不同的包装单位为基础的，不同的作业单元可能产生不同的设施配备、人力需求。在进行物流节点内部规划时，还应考虑物品的相关特性、包装规格与特性、储运单位等因素。在物流节点的操作中，不同的储运单元适用于不同的储运和搬运设备。由于物流节点中商品品种繁多，个别品种每托盘、每箱、每件的组合都有差异，物流作业中商品的包装单元也会因不同的需求而变化，因此订单分析中商品单位的统一需以各环节储运单位的转换情况为基础。PCB 分析以物流节点各种接受订货的单位为基础，对整托盘（P）、整箱（C）或单件（B）各种包装单位的 EIQ 资料进行分析，以得知物流包装单位特性，了解物流中心内部的托盘、箱或件存取的需求状况（见表 6-12），作为整体系统设计的参考依据，提升物流节点的作业效率。

表 6-12　PCB 分析

商品序号	入库单位	储存单位	拣货单位	出货单位
1	P	P	P	P
2	P	P、C	P、C	P、C
3	P	P、C、B	P、C、B	P、C、B
4	P、C	P、C	C	P、C
5	P、C	P、C、B	C、B	C、B
6	C、B	C、B	B	B

通过 PCB 分析，根据商品在物流节点的操作单位，可以将储存空间按照操作单元不同划分为不同的区域，进行规模化处理，提高物流效率，如表 6-13 所示。

表 6-13　储存空间分区示例

储存区代码	储存区名称	定位原则	储运模式	储存功能	拣选/出货功能
CP	主储存区	量大、体积大、托盘存储	P→P	√	√
CC	件储存区	量小、体积小、单件存储	C→C	√	√
JC	件拣货区	整件出货或补货、频率高	P→C	暂存	√
JB1	快速单品拣货区	拆零出货、频率高	C→B	暂存	√
JB2	快速单品拣货区	拆零出货、频率较低	C→B	暂存	√

根据商品操作单元的不同及转换，不同储运模式对应不同的设备配置，可以作为设备选型的主要依据，如表 6-14 所示。

表 6-14　PCB 分析设备选型示例

储运模式	设备配置		
	全自动方式	半自动方式	人工方式
P→P	托盘式自动仓储系统+输送机		托盘式货架+叉车
P→C	托盘式自动仓储系统+拆盘机+输送机 托盘式自动仓储系统+穿梭车+机器人	自动仓库+输送机	托盘式货架+叉车 托盘式货架+笼车 托盘式货架+手推车 托盘式货架+输送机
C→C	流动式货架+自动拣货机+输送机		
C→B	流动式货架+机器人+输送机 自动拣货机+机器人	水平旋转自动仓库+输送机	流动式货架+输送机 流动式货架+笼车 流动式货架+手推车 件式平货架+手推车
B→B		垂直旋转自动仓库+手推车	件式平货架+手推车

综上所述，PCB 分析在物流节点内部规划与设计中的应用主要有以下几点。

第一，出货单位的 PCB 分析可以作为计算拣货与出货人力需求，以及选用搬运与配送设备的依据。

第二，通过 PCB 分析还可以得到出货量及标准工时，从而计算出整托盘、整箱、单件拣取时所需的设备和人力资源。

第三，在 PCB 分析的基础上，结合 EIQ 分析中的 EQ 分析，可以了解出货状态及客户的商品需求量与包装特征。结合 IQ 分析，可以得到某种单品被订购的状态和包装单位，并以此作为拣货系统、储存方式和设备设计的参考。综合 EIQ 与 PCB 分析的结果，对不同的商品分别制定拣货策略，进而比较不同拣货单位的拣货效率，从中选出效率最高的拣货单位和拣货策略组合。

6.5.3　流程分析与区域设置

1. 流程分析的基础资料

SLP 法最初是以工厂布局问题为依据和出发点的，对产品（P）、数量（Q）、生产路线（R）、辅助部门（S）和时间安排（T）进行分析。在物流节点布局中，应把以上五项内容调整为物流对象（P）、物流量（Q）、物流作业路线（R）、辅助部门（S）和作业时间安排（T），其中 P、Q、R 三项是分析的重点。

（1）物流对象（P）。P（Production）指产品、材料或服务，是指待布局工厂将生产的商品、原材料或加工的零件和成品等。在物流节点规划中，物流对象是进出物流节点的货物。不同的物流对象对整个物流作业路线的设计、设施、储存条件都有不同的要求，在一定程度上决定了布局规划的不同，因此需要对货物进行分类。

（2）物流量（Q）。Q（Quantity）指数量或产量，是指生产、供应或使用的商品量或服务的工作量。在物流节点规划中，物流量是指各类货物在物流节点中的物流作业量。物流量不仅直接决定装卸、搬运等物流成本，还在一定程度上影响物流设施规模、设施数量、建筑面积、运输量等。但是物流量的确定比较烦琐，需要收集每类货物出入物流节点的数量及各作业单元之间的流量变化，还需要考虑物流节点各个作业单元的基本储运单位。一般物流节点的储运单位包括整托盘、整箱和单件。在掌握物流量的同时，掌握储运单位转换也同样重要，即所谓的 PCB 分析。

（3）物流作业路线（R）。R（Routing）指生产路线或工艺过程，这一要素是工艺过程设计的成果，可用工艺路线图、工艺过程图、设备等表示。物流作业路线是指各物流对象在各作业单元之间的移动路线，既反映了物流节点各作业单元的物流作业流程，也反映了各个功能区之间的联系，是后面相关性分析的依据。

（4）辅助部门（S）。S（Supporting Service）指辅助服务部门。在进行物流节点布局工作以前，必须对生产系统的组成情况做出总体规划，可以大体上分为生产车间、职能管理部门、辅助生产部门、生活服务部门及仓储部门等。

（5）作业时间安排（T）。T（Time）指时间或时间安排，指在什么时候、用多长时间生产出产品，包括各工序的操作时间、更换批量的次数。

2. 流程分析与区域设置

根据前面收集和分析的物流节点规划资料，首先确定该物流节点的功能及整体分区，通过对物流作业路线的分析确定该物流节点的整体布局。比较典型的布局模式如表 6-15 所示。

表 6-15　物流节点的典型布局模式及描述

布局模式	图　示	描　述
直线形		适用于出入口在作业区域两侧，作业流程简单、规模较小的物流作业
双直线形		适用于出入口在作业区域两侧，作业流程相似，但有两种不同进出货形态或作业需求的物流作业

（续表）

布局模式	图　示	描　述
锯齿形		适用于较长的流程，需要多排并列的作业区域
U形		适用于出入口在作业区域同侧的物流作业，可依进出货频率安排接近进出口端的储存区，缩短拣货搬运路线
分流形		适用于批量分拣后进行分流配送的物流作业
集中形		适用于因储存特性将订单分割在不同区域拣取后做集货的物流作业

6.5.4　作业区域相关性分析

作业区域相关性分析是指对节点的物流路线和物流量进行分析，用物流强度和物流相关表来表示各功能区域之间的物理关系强弱，包括物流相关性分析、非物流相关性分析和综合物流相关性分析。

1. 物流相关性分析

物流相关性分析是指对物流节点各区域间的物流量进行分析，通过划分物流强度等级来研究物流状况，绘制物流相关性图，如图 6-8 所示。相关性密切程度划分如下：A 表示绝对密切，E 表示特别密切，I 表示密切，O 表示一般，U 表示不密切。

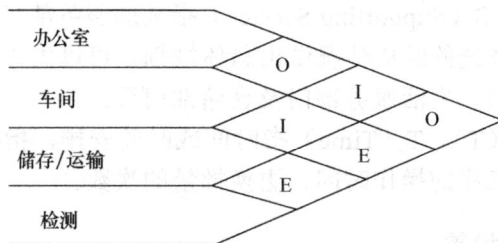

图 6-8　物流相关性

2. 非物流相关性分析

非物流相关性分析即活动相关性分析，用来考虑除物流外的其他因素对配送中心各区域间相互关系的影响，包括管理关系、流程关系、作业相关程度、环境关系及其他特殊原因的分析。可以使用非物流相关性图来表示。SLP 法将非物流相关性根据其作业流程的持续性、物料搬运和管理方便、作业性质相似、安全卫生、使用相同的设施等划分为 A、E、I、O、U 五个等级，依次表示相关性逐渐减弱。

3. 综合物流相关性分析

作业单元之间物流相关性与非物流相关性往往并不一致，为了确定各作业单元之间综合相关性的密切程度，需将前面两张图合并，求出综合物流相关性，然后从各作业单元之间的综合相关性出发，实现各作业单元的合理布局。

综合相关性的确定有以下四步。

（1）确定各级关系级别的级值，即量化物流强度等级和非物流的密切程度等级，A=4，E=3，I=2，O=1，U=0，X=−1。

（2）确定物流关系（m）与非物流关系（n）的相对重要性。一般来说，物流与非物流关系之间的比重应该在 1∶3～3∶1。当比值大于 3∶1 时，说明物流关系占主导地位；当比值小于 1∶3 时，说明物流关系影响很小。

（3）确定综合关系级别。当作业单元数量为 N 时，总的作业单元对数为 $P=N(N−1)/2$，计算量化的所有作业单元之间的综合相关性。设任意两个作业单元分别为 A_i 和 A_j（$i≠j$），其量化的物流相关性等级为 MR_{ij}，量化的非物流关系等级为 NR_{ij}，则作业单元 A_i 和 A_j 之间的相关性密切程度计算公式为：$TR_{ij}=m×MR_{ij}+n×NR_{ij}$，以此计算出两个作业单元间的关系级别。

（4）综合相关性的等级划分。第三步计算得到的是量值，需要进行等级划分，才能建立起与物流相关性图类似的符号化的作业单元综合相关性表。综合相关性划分为 A、E、I、O、U 五个等级，其中不能相邻的两个区域的相关性标记为"X"。划分等级的比例如表 6-16 所示。

表 6-16 作业单元综合相关性等级划分

符号	含义	所占比例/%
A	绝对密切	2～5
E	特别密切	3～10
I	密切	5～15
O	一般	10～25
U	不密切	45～80
X	禁止	待定

6.5.5 总体平面布局

1. 定性关联图法

定性关联图法主要对节点内部的各种活动之间的相关性进行定性分析，确定两两活动区域间的关联程度，以此为节点的空间布局规划提供基本依据。其具体步骤如下。

（1）根据各区域的相关性等级分析，绘制各区域的定性关联图。关联图左边是各作业区域，如图 6-9 所示。两个区域的交叉位置标记这两个区域的相关性等级。

（2）根据定性的关联图制作关联线底稿表。将上述关联图转换成表示两两区域联系的关联线底稿表，如表 6-17 所示。

关联线底稿表的横向表示各个作业区域，纵向表示相关性等级。关联线底稿表将每个区域与其他区域的综合相关性表示出来。

（3）根据关联线底稿表构建空间关联线图。首先选定与其他作业区域关系最紧密的区域为第一布局区域。在表 6-17 中，与其他作业区域联系最密切的是区域 2，所以首先选择区域 2 为第一布局区域。然后在剩余区域内选取与区域 2 联系最密切的区域作为第二布局区域，表6-17中，与区域2联系最密切的区域为区域4。因此，区域4作为第二布局区域，紧邻区域2进行布局。按照此原则依次选取第三、第四……区域进行布局。最终可得到如图6-10所示的空间关联线图。

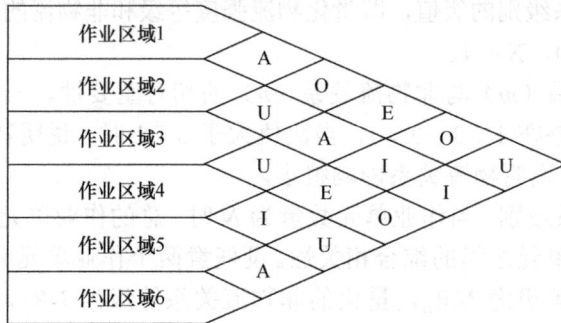

图6-9 物流节点各区域的定性关联图

表6-17 关联线底稿表

相关性等级	作业区域					
	1	2	3	4	5	6
A	2	1，4		2	6	5
E	4		5	1	3	
I		5，6		5	2，4	2
O	3，5		1，6		1	3
U	6	3	2，4	3，6		4，1
X						

（4）根据空间关联线图，结合整个节点的面积、形状，以及每个作业区域的面积、形状等特性，完成最终布局，如图6-11所示。

图6-10 各区域的空间关联线图

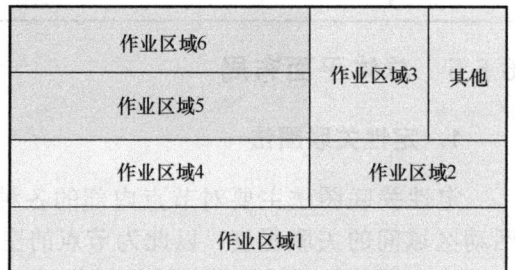

图6-11 物流节点的最终布局

2. 定量图形构建法

定量图形构建法是利用在共同平面上发展最大权数的邻接图以完成布局的方法。根据已知的资料分析，以得出的定量单据为基础，做出两两区域之间的定量从至表，目的是分析各作业区域之间的物料流动规模，使设计者在进行区域布局时，避免搬运流量大的作业经过太长的搬运距离，以减少人力、物力的浪费，并以此为原则进行空间布局。具体步骤如下。

（1）根据主要作业流程，获得两两区域间的货物流程，并将流量值填入定量从至表中，如表 6-18 所示。

表 6-18　定量从至表

作业区域		到达区域					
		1	2	3	4	5	合计
起始出发区	1		9	8	10	0	27
	2			12	13	7	32
	3				20	0	20
	4					2	2
	5						
	合计	0	9	20	43	9	

（2）根据定量从至表，选定具有最大流量的成对作业区域进入布局图。表 6-18 中，3、4 两个区域之间的流量最大，因此将 3、4 两个区域作为第一布局区域进行布局。

（3）将 3、4 两个区域作为一个区域对待，做出新的定量从至表，如表 6-19 所示。

表 6-19　新的定量从至表

作业区域	3	4	合计
1	8	10	18
2	12	13	25
5	0	2	2

然后从 1、2、5 三个区域中找到至 3、4 区域总流量最大的区域作为第二布局区域，表 6-19 中，第二布局区域为区域 2。对第一布局区域和第二布局区域进行布局，构成三角形，如图 6-12 所示。

（4）根据上述原则，依次选取到达已布局区域总流量最大的区域插入三角形内部，最终布局如图 6-13 所示。

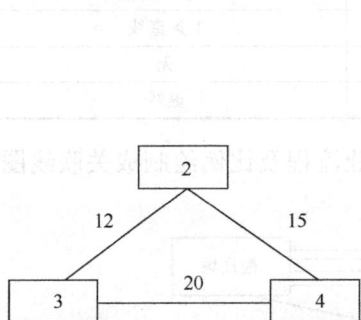

图 6-12　定量从至表法的初始布局

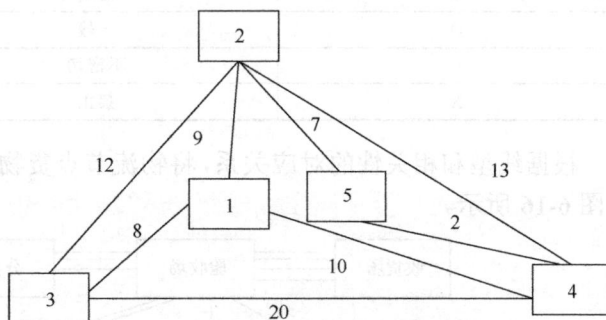

图 6-13　定量从至表法的最终布局

（5）结合整个节点的面积、形状，以及每个作业区域的面积、形状等特性，完成最终布局，如图 6-14 所示。

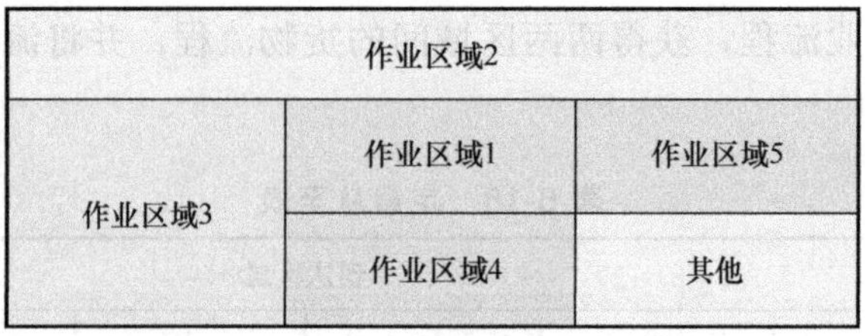

作业区域2		
作业区域3	作业区域1	作业区域5
	作业区域4	其他

图 6-14 物流节点最终空间布局

3. 根据关联度构制邻接图法

首先根据货物在物流节点处理的业务流程进行作业区域的相关性分析。图 6-15 是物流节点内货物作业流程及比例。

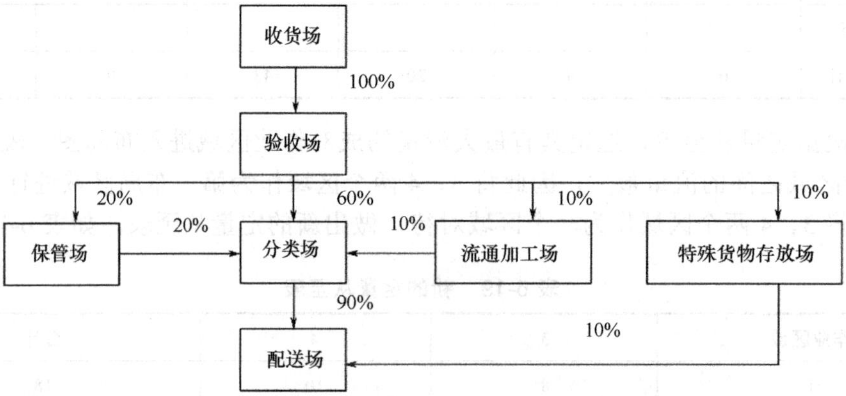

图 6-15 物流节点内货物作业流程及比例

然后用关联线图表示各作业区域的相关性，使用不同线型表示各区域相关性的大小，具体对应关系如表 6-20 所示。

表 6-20 线型与相关性的对应关系

符　号	含　义	线　型
A	绝对密切	4 条平行线
E	特别密切	3 条平行线
I	密切	2 条平行线
O	一般	1 条直线
U	不密切	无
X	禁止	虚线

根据线型和相关性的对应关系，将物流节点货物的作业流程及比例绘制成关联线图，如图 6-16 所示。

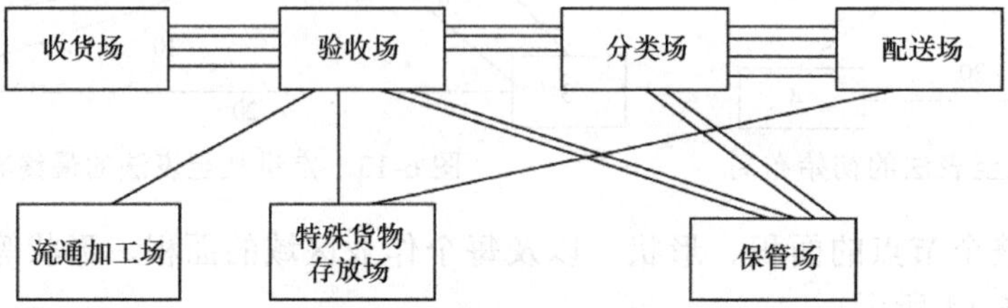

图 6-16 各区域的关联线图

根据关联线图，两区域间线的数量越多，说明这两个区域作业量越大，联系越紧密，因此在进行布局的时候应该让这两个区域相邻。根据此原则可以绘制各区域的邻接图，如图 6-17 所示。

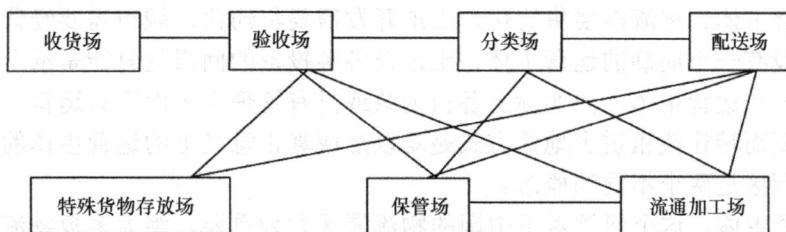

图 6-17　各区域的邻接图

根据物流节点总面积及形状，以及各作业区域的面积，完成物流节点的最终布局，如图 6-18 所示。

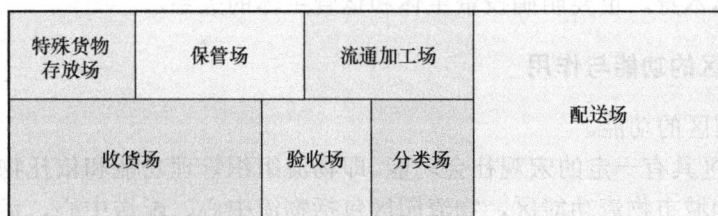

图 6-18　物流节点最终空间布局

6.6　物流园区增值服务的规划与设计

6.6.1　物流园区概述

物流园区（Logistics Park）是指在物流作业集中的地区，在几种运输方式衔接地，将多种物流设施和不同类型的物流企业在空间上集中布局的场所，也是一个有一定规模、具有多种服务功能的物流企业的集结点。

1. 物流园区的构成要素

（1）土地规模。物流园区是大概念，而一般意义上的物流配送中心是小概念，因此，物流园区要有一定的规模，因为规模大小将决定物流园区能够承载的设施、功能与服务。例如，深圳龙岗平湖物流基地（物流园区）是一个综合性物流园区，始建于 1998 年 12 月，是我国第一个物流园区，建设面积 16 平方公里。

（2）物流设施。物流园区必须具备比较完备的设施，这些设施包括基础设施（用于仓储运输服务的设施）、公共设施（用于工商、税务、海关、商检、银行、保险等服务的设施）及相关设施（用于办公、住宿、饮食等服务的设施）。

（3）进入企业及标准（或规则）。物流园区必须制定明确的进入企业标准，并以市场竞争的规则决定企业进出或去留。那种没有标准或在标准问题上先松后紧的做法是不科学的。

（4）物流服务。物流服务包括基本服务和附加服务（或增值服务），既包括对进入企业的服务，也包括对终端客户的服务。物流园区在规划与设计中不能只停留在功能上，必须定义所提供的服务，依据"链"条（需求链、供应链、价值链、产业链、服务链等）设计物流园区的服务（建议在物流园区规划与设计中引进业务模式）。

（5）运营主体。物流需要集约化，土地开发需要集约化，城市需要经营，等等。如果物流园区没有一个明确的运营主体，土地及各种投资的回报就只能是纸上谈兵。要避免表面上有一个运营主体，而实际上各自为政或只有管理主体而没有运营主体的局面。单一通过招商而转让或租赁土地的方式是难以形成真正意义上的运营主体的，经营土地和经营物流园区是两个不同的概念。

（6）投资主体。这个问题对于中国的物流园区尤为重要。绝大多数物流园区都是从生地开始的，物流园区由政府主管部门或直属企业以土地形式投资控股，并在此基础上衍生出"两个牌子，一班人马"的机构，这必然造成政企不分。国外很多物流园区都是从熟地开始的，即便政府投资，也不存在政府干预经营的情况。关于投资主体问题，既要明确投资主体本身，也要明确投资主体和运营主体的关系。

2. 物流园区的功能与作用

（1）物流园区的功能。

① 物流园区具有一定的宏观社会功能，即物流组织管理功能和依托物流服务的经济开发功能。作为城市物流功能区，物流园区包括物流中心、配送中心、运输枢纽设施、运输组织及管理中心和物流信息中心，以及适应城市物流管理与运作需要的物流基础设施。作为经济功能区，其主要作用是开展满足城市居民消费、就近生产、区域生产组织所需要的企业生产和经营活动。

② 物流园区具有实现物流操作的内部功能，包括八个方面，即综合功能、集约功能、信息交易功能、集中仓储功能、配送加工功能、多式联运功能、辅助服务功能、停车场功能。其中，综合功能具有综合各种物流方式和物流形态的作用，可以全面处理储存、包装、装卸、流通加工、配送等作业方式，以及不同作业方式之间的相互转换。辅助服务功能主要是信息服务功能。物流园区作为一种现代化的物流节点，高科技和高效率是其基本特征。它可以通过信息技术高效率地向各需求方提供信息服务，包括交易信息、仓储信息、运输信息、市场信息及相关物流方案的咨询信息。辅助服务功能还包括配套的办公、金融、生活、工商、税务等配套服务功能。另外，物流园区还具有一定的延伸服务功能，主要包括货物调剂服务功能、物流技术开发与系统设计咨询功能，以及物流咨询培训服务功能。

（2）物流园区的作用。

① 发挥集聚作用。物流园区的建立将过去分散各处的货站、货场及货物集聚一处，以信息化方式对物流活动进行组织和管理，发挥集聚功能，提高运作效率，降低运营成本。

② 改善城市环境。物流园区通过空间的重新布局和功能的重新组合，减少了交通线路、货站及相关物流设施在城市市区的占地；通过联合运输，减少了车辆出行次数，提高了装载率，并集中进行车辆清洁、维修和处理，从而减少了噪声、尾气等对城市环境的污染，改善了城市环境；缓解了城市交通压力，调整了功能结构。

③ 促进区域经济发展。物流园区通过一体化的管理和规模化运作，保证满足区域物流需求。同时，作业效率的提高和运营成本的降低也缓解了企业的成本压力，从而促进

了区域经济发展，提高了区域经济的竞争力。

④ 实现多种运输方式的有效衔接和多式联运。通常，物流园区依托城市交通枢纽或港口，可以实现公路、铁路、港口等不同交通方式的有效衔接，从而实现多种运输形式的联运。同时，不同物流节点的运输形式不同，通过物流园区进行联合运输和有效衔接，可以将以往分散形式的货物纳入联合运输模式。

⑤ 提升物流服务水平。物流园区缩短了物流服务时间，加快了物流服务速度，减少了搬运、装卸、储存等作业环节，提升了准时服务水平，减少了货物损毁，降低了物流成本，极大提升了物流服务水平，有利于实现规模化、综合化和现代化的物流服务。

3. 物流园区的类型

（1）区域物流组织型园区。区域物流组织型园区的功能是满足所在区域的物流组织与管理，如深圳港口物流园区、成都龙泉公路口岸物流园区等。其中，深圳港口物流园区主体功能区由港口中、西作业区，盐田综合保税区，多式联运示范区构成，功能拓展区由东作业区、高端航运综合服务区、多式联运示范区构成。主营业务包括壮大集装箱运输业务，加强海铁联运、水水中转，搭建物流枢纽信息平台，发展供应链集成业务，以及布局综合保税物流、高端冷链、高端航运综合服务等新动能业务。它的设立进一步辐射、带动华南和泛珠三角地区经济、社会发展，成为华南地区支线箱源的集散地。

（2）商贸型物流园区。商贸型物流园区的功能是为所在区域或特定商品的贸易活动创造集中交易和区域运输、城市配送服务条件。商贸型物流园区基本位于传统、优势商品集散地，对扩大交易规模和降低交易成本具有重要作用，如佛山城北商贸物流园区、浙江传化物流基地等。其中，浙江传化物流基地定位于"物流平台整合运营商"，致力于整合物流服务、物流载体和物流需求三大资源，为众多物流企业提供信息交易、商务配套和物业等系统服务。

（3）运输枢纽型物流园区。运输枢纽型物流园区作为物流相对集中的区域，从运输组织与服务的角度，可以实现规模化运输；反过来，规模化进行运输组织也就为物流组织与管理活动的集中创造了基础条件。因此，建设专门的运输枢纽型物流园区，实现区域运输组织功能也是物流园区的重要规划。运输枢纽型物流园区一般依托空运、海运、陆运枢纽，至少有两种不同的运输形式衔接；提供大批量货物转换的配套设施，实现不同运输形式的有效衔接；主要服务于国际性或区域性物流运输及转换。如双流空港物流园区、上海洋山深水港物流园区等均为运输枢纽型物流园区。

（4）生产服务型物流园区。生产服务型物流园区一般依托经济开发区、高新技术园区等制造产业园区，为制造型企业提供一体化物流服务，主要服务于制造业物料供应与产品销售。

6.6.2　物流园区规划与设计的内容

1. 物流园区的类型选择与功能定位

物流园区具有建设投资大、资金回收期长、风险高的特点。物流园区首先是物流业的园区，同交通运输设施一样是区域吸引投资的条件之一，也是拉动区域经济增长的内部因素。因此，在物流园区规划与设计中，应首先分析外部环境及内在服务需求，以深入分析物流业对物流园区的功能要求，确定其类型及功能定位，发挥物流园区作为物流节点提高竞争力、有效配置物流资源、提高物流服务效率的作用。

物流园区的类型选择依据如下。

（1）对园区建设的各类条件和要素进行分析评价。这部分主要对物流园区的建设与运作基础条件进行分析，包括土地和水电等基础能源的获得、交通运输、仓储、信息、包装及流通加工、外贸通关条件等。具体分析包括建设及运行基础能源的获得、综合运输体系的布局、仓储管理的市郊性及现有信息系统的通畅性、可靠性和易用性等。

（2）对园区乃至整个物流业发展大势的预测。这部分主要分析物流园区所在区域的经济发展条件。以中心城市为核心构建的区域物流体系与区域经济发展相互依存，因此，要对园区所在区域及其中心城市的综合经济实力、产业结构与规模进行深入分析，主要包括市场环境、商务环境、政策环境、科技环境等一系列区域社会发展条件。

（3）政府对区域物流园区的发展目标定位。政府对区域物流园区的定位是该区域经济发展方向的体现，因此在进行物流园区规划时，需要参照政府对其设定的发展目标，包括管理体制、市场培育、物流基础设施规划建设等。

（4）根据客户的物流需求与预测分析及物流服务功能互补的原则，确定入驻物流园区的各类物流企业，如仓储企业、货代企业、运输企业、第三方物流企业等的数量与规模。根据统一规划、远近结合、经济合理、方便客户、货畅其流等布局原则，考虑货物品种、数量及储存特性，同时考虑与园区配套的附属设施，设计物流园区内各类企业的空间布局及相关的公共服务设施和货运通道的布局，提出几个功能布局方案。

物流园区的功能定位及布局方案的经济评价分析主要评价物流园区提高物流运作效率、促进园区物流企业之间的合作、公共物流设施利用的便利性、客户进区后的方便程度、园区空间利用率等方面。

2. 物流园区的选址

物流园区的选址问题是一个宏观战略的问题。物流园区作为物流企业集聚的空间，是物流系统的重要节点，其选址的合理性直接影响其物流功能及系统最优化功能的实现。

（1）物流园区选址的影响因素。物流园区需要有建筑物及运行所必需的水、电、燃气等资源，因此在进行选址时，首先，应考虑该区域的自然因素。自然因素包括温度、风力、降水、无霜期、冻土深度、年平均蒸发量等气象条件，以及能够达到支撑建筑材料及储存物品要求的土地结构等地质条件。物流园区选址需要远离容易泛滥的河川流域与地下水上溢的区域，因此应调取近年的水文资料，对该区域的水文条件进行考察。地形条件也是考虑的因素之一，物流园区应该选择地势高且平坦的地带，同时要保证有足够面积，尽量避开山区陡坡地区。在形状上可以选择长方形，不宜选择狭长或不规则形状。

其次，物流园区在选址时要考虑该区域的社会环境，包括该区域的交通管理情况、城市规划情况，物流园区的规划应与城市发展规划相一致，符合城市规划用地要求；还要考虑周边居民的生活状况，物流园区的建设与运行不能为周边居民的生活带来过多负面影响。

再次，物流园区的选址应考虑该区域的经营环境因素，主要包括政策环境；在商品特性方面，应考虑与该区域的产业结构、产品结构、工业布局紧密结合起来；在物流费用方面，应考虑运输费用及运营费用；还要考虑客户分布、供应商分布、人力资源条件等。

最后，物流园区选址规划时还要考虑生态环境因素，包括国土资源的利用、环境的污染情况及生态景观等。

（2）物流园区选址的原则。

① 经济合理原则。物流园区能否吸引物流企业入驻是决定其规划成败的关键。在进行园区选址时，必须以物流数据分析和预测为依据，按照服务空间范围大小综合考虑影响选址的各项因素，包括地价、面积、劳动力成本及可获得性，以及当地的政策扶持等，选择最佳地点，确保入园企业的效益。

② 可扩展原则。物流园区是大规模建设用地，要选址在地势平坦开阔的地区，便于货物疏散。未来物流进一步发展，商品物流量增加，势必扩大园区规模，增加更多功能，所以要预留出足够的规划用地，因此在选址时一般选择城郊地区。

③ 区位交通便捷原则。物流园区必须具备快捷、方便的交通条件，最好有交通枢纽。所以选址时要考虑靠近城市进出口要道、铁路或机场，最好有两种以上运输方式衔接，方便货物进出城市；考虑到公路运输的高比例，物流园区必须具备多个公路出入口，避免造成交通堵塞。

④ 与当地发展规划相一致原则。物流园区选址要考虑当地的经济发展状况、商业密集程度、人员密集程度及工资状况。要了解当地的产业规划与物流园区的联系、当地的货运量。要以当地城市的总体规划和布局为蓝本，符合政府的政策，顺应城市产业结构调整和空间布局变化的需要，与城市功能定位和远景发展目标相协调。

⑤ 周边配套功能齐全原则。物流园区周边要有相关的城市配套设施。要有居民生活区，因为物流产业目前为人员密集型产业，有大量员工需要生活；公路交通发达；有与园区发展相适应的电力、通信、消防设施。

3. 物流园区的布局规划

物流园区包含多种基本业务功能，各种功能的组合形成多种功能分区，如仓储中心、加工中心、包装中心、公路集散中心等。这些功能的工作流程始终伴随搬运活动。搬运活动会增加成本，因此要对各功能区的相对位置进行规划，改进各功能区之间的搬运路线，减少搬运次数，进而优化物流园区的作业流程，提高物流园区的作业效率，降低成本。各功能区在进行布局时，要确保园区内物料流动合理、便捷，物流园区的场地分配、设施布局易于管理，对作业量的变化和货物形状变化能灵活适应等。

（1）物流园区的功能区设置。

① 仓储区。仓储区主要用于货物的暂时存放。提供仓储服务是物流园区的重要功能之一。

② 转运区。转运区将分散的、小批量的货物集中，以便大批量运输，或将大批量到达货物分散处理，以满足小批量需求。因此，转运区多位于运输线交叉点上，以转运为主，货物在转运区停留时间较短。

③ 配送中心。配送中心作为物流中转枢纽，主要从供应商处接受多品种、大批量的货物，进行倒装、分装、保管、流通加工等作业，然后按照众多客户的订货要求备齐货物，以令人满意的服务水平进行配送。

④ 行政区。行政区是行政管理服务区，为园区企业提供各项服务，包括政策推行、招商引资、信息发布、税收、海关、项目审批、后勤等一系列政府管理服务。

⑤ 综合服务区。综合服务区提供货物中转、货物配载、货物分拨配送、货物装卸、车辆维修、停车场、加油站、商业、餐饮、银行、保险等综合服务。

（2）物流园区布局规划的步骤。

① 分析功能区需求。根据物流园区的功能，确定各功能区设施布局及其完成的物流活动。

② 确定物流活动线路图。根据物流活动特点及相关增值服务要求等，确定物流活动线路图，响应作业流程。

③ 确定货物流动和设施配置图。根据物流园区的总体占地面积、前期的功能和运输线路分析等，确定货物流动和设施配置图。根据物流活动要求确定设施的配置数量、类别、位置等。

④ 评价方案。采用一定的定性或定量评价方法对规划与设计方案进行评价和修改，确定最终设计方案。

⑤ 实施方案。具体实施修改完成的设计方案。

（3）物流园区总体布局类型。

① 平行式园区。平行式园区各功能区及园区外干道与港区或铁路站场平行布局。这种布局形式使园区与区外道路和港区或铁路站场充分贴近，有利于充分利用交通运输、消防及工程技术管线，便于组织货流、人流。但是该类型的园区布局占用道路面积多，平面形式呈窄条形，因而道路设施比例过大，投资较大，不利于节约用地。该类型一般适用于物流量较大的物流园区。例如，南京龙潭物流园区即平行式园区。

② 双面式园区。双面式园区内的交通主轴与区外交通相接，园区内各功能区分别在交通主轴两边排列。这种形式充分利用园区内交通主轴，交通设施相对占地面积较小，有利于管理和安保。该类型一般适用于物流量较小，货物较轻巧的园区。

③ 分离式园区。分离式园区将区内的综合管理区、展示展销区、配套服务区及休息场所与其他功能区分离，中间有绿化带或其他隔离设施相对分隔。该类型可以获得相对安静的办公和休憩环境，是一种较为灵活的布局形式，但不太便于管理和监督。

4. 物流园区的信息平台规划

物流信息平台是指运用先进的信息技术和现代通信技术构建的具有虚拟开放性的物流网络平台。物流信息平台的内涵可以理解为：将信息技术、计算机处理技术、网络技术、数据通信技术等先进技术应用于物流信息系统中，按照既定的规则从不同的子系统提取信息，在平台内部对共用物流数据进行融合、处理和挖掘，为平台不同的用户提供不同层次的基于全系统的信息服务、辅助决策及相关业务服务等，满足平台用户对共用物流信息的需求，实现物流信息的采集、处理、组织、存储、发布和共享，以达到整合整体物流信息资源、降低整体物流成本和提高整体物流效率的目标。

物流园区作为服务于物流企业的平台运营商，就是通过系统地提供"资源整合、规范管理、服务提升"创造价值，与客户共同成就事业的软硬一体化物流服务平台，服务于并培育专业第三方物流企业。物流园区的信息平台使用信息软件对园区内涉及物流的运输、仓储、包装、流通加工、配送等各个环节产生的信息进行集中处理、发布和交易，实现物流信息的共享和交换，以及物流交易的信息化和自动化，以最低的费用实现物流资源的最佳配置，完善物流系统的运行。其功能具体如下。

（1）信息发布功能。主要包括行业信息发布、查询，车源、货源信息发布、查询功能。行业信息包括物流行业发展动态、道路实时变化、行业技能知识、各线路企业等。车源信息发布、查询功能包括发布车辆的车型、载重吨位、线路等基本信息，方便用车单位及个人获取车辆信息，更有效地找到需要的车辆。货源信息发布、查询功能包括发布及查询物流企业的货源需求及生产、商贸企业的物流服务需求，有利于建立起供需双方的直接联系。

（2）在线结算功能。主要对销售管理系统和采购系统传送来的应付、应收账款进行会计操作，同时对配送中心的整个业务与资金进行平衡、测算和分析，编制各业务经营财务报表，并与银行金融系统联网进行转账。

（3）货物跟踪功能。包括基于 GPS，辅以短信查询的货物跟踪查询系统。

（4）业务管理功能。业务信息发布由专人审核，确保信息的专业性、准确性和权威性。而信息查询则划分查询权限，分级查询。同时，对会员车辆进行认证，审核车辆营运资质、车况、车辆运营记录等信息，重点推荐，便于需求方与供应方有效结合。

另外，物流园区信息平台还具有广告推广、制订物流解决方案等更多商务信息功能。

物流园区信息平台的规划应遵循适度超前、分步实施、实用性强的原则。在对物流园区信息平台进行规划时，除了考虑与当地政府共用信息平台的链接，还应充分考虑园区内企业对时效性、零库存及将物流功能外包的要求。物流园区信息平台的总体规划需要确定各功能模块的具体功能及开发次序，还要研究信息平台开发策略、开发方式、开发周期等，并制订分期实施计划。

随着信息技术的发展及客户对物流服务水平要求的提高，信息平台势必成为物流园区的一项基本和必选功能，一方面提供物流园区基本物流业务所需信息，另一方面为物流园区向智慧化园区发展提供必要的数据支撑。

相关链接

首个数字仓库平台在中国（山东）自由贸易试验区青岛片区正式上线

2022 年 4 月，业内首个数字仓库平台在中国（山东）自由贸易试验区青岛片区正式上线。数字仓库平台以片区范围内仓储企业为试点，打造了数字仓储、数字贸易、数字金融三位一体的新型大宗商品贸易生态体系，这在国际大宗贸易及仓储流通领域属业内首创。青岛片区数字仓库平台可实现全数字化业务运营、高度智慧化调度感知、数字存货标准、穿透式业务监管、远程实时盘点看货、智能安防预警等功能，从而支撑贸易制度性成本降低、贸易融资便利化、仓储安全数智化和政府监管智慧化。

5．物流园区的管理模式

（1）经济开发区模式。将物流园区作为类似于工业开发区、经济开发区或高新技术开发区的项目，进行有组织的开发和建设。这种模式有一个最大的特点，就是需要政府在特定的规划和政策下设立专门的开发部门，从而吸引优秀的物流企业，优化城市物流环境，打造城市发展支撑点。但是由于园区会吸引众多物流企业，而企业之间难免存在利益冲突，协调和处理好各个物流企业之间的利益关系就成为这种模式成功的关键。

（2）主体企业引导模式。物流优势企业率先进行园区的开发和发展，并在宏观政策的合理引导下，逐步实现物流产业的聚集，达到物流园区开发和建设的目的，这就是主体企业引导下的物流园区开发模式。这种模式的优势在于园区的定位、开发、建设、管理等都由主导企业决定，而主导企业则从市场需求出发进行各项决策，这将降低园区定位不清、需求不足等导致的风险。

（3）工业地产商模式。将物流园区作为工业地产项目，通过给予开发者适合工业项目开发的土地政策、税收政策和优惠的市政配套等相关政策，由工业地产商主持进行物流园区的建设和投资，然后进行园区经营和管理。该模式的优势在于将物流用地归属为工业用地，土地价格便宜，同时园区作为工业地产项目进行开发，可以采取分期开发的方式，为园区预留足够的配套设施用地，实现市场化建设和运营。

（4）综合运作模式。综合运作模式是指对上述经济开发区模式、主体企业引导模式和工业地产商模式混合运用的物流园区开发模式。因为物流园区的开发建设规模较大，而且涉及的范围也较为广泛，如土地、投资、税收等，而这些都是采用一种运营模式无法开展的，所以综合运作模式应运而生。

中国共产党第十九次全国代表大会提出加强物流基础设施网络建设，第一次把物流基础设施上升到国家基础设施的地位。有关部门大力支持物流园区建设，国家发展和改革委员会制定了《全国物流园区发展规划》，开展示范物流园区工作；交通运输部开展货运枢纽补助，商务部鼓励城乡配送设施建设，国家邮政局鼓励快递货运枢纽建设。物流园区在政策推动、市场拉动和技术驱动下，呈现出一些新趋势。

物流园区将向智慧化转型，未来一段时期，正是新一代科技革命和产业变革从蓄势待发到群体迸发的关键时期，也是新旧动能转换、赢取未来竞争新优势的重要时期。新技术、新模式、新业态将深刻影响物流园区发展，助力物流园区智慧化转型，智慧物流园区建设将迎来新机遇。

本章小结

➢ 物流节点是指物流网络中连接物流线路的结节处，又称物流接点。物流节点以一定的设施形态存在，在物流系统中发挥着不同的作用。物流线路与物流节点相互交织、连接，构成了物流网络。物流节点的功能主要包括连接功能、信息处理功能、管理功能、配套功能和延伸功能。

➢ 物流节点可以分为转运型节点、储存型节点、集散型节点、配送型节点、综合型节点及物流园区。这种划分并不是绝对的，在实际物流活动中，各类物流节点的功能往往是交叉并存的。现代物流的发展对物流节点的要求不断提高，传统的单一型物流节点出现向多功能、综合型、物流园区转变的趋势。

➢ 物流节点规划与设计的内容包括物流节点的功能定位、是否自建物流节点、物流节点选址决策、物流节点布局及物流节点的作业流程设计五部分。

➢ 物流节点的功能定位受物流需求、环境因素、区域及交通因素、技术因素等方面的影响。

➢ 是否自建物流节点，应根据自建物流节点、租用公共物流节点的优缺点，分析储存需求量、需求的稳定性、对控制权的需求，从而得出结论。

➢ 物流系统节点选址规划是指在具有若干供应点和需求点的经济区域内选择一个地址设置物流节点的规划过程。物流节点选址方法有直角选址模型、精确重心法和加权因素分析法等。

➢ 物流节点布局的步骤为规划资料收集与分析、流程分析与区域设置、各区域相关性分析、总体平面布局、评价最终方案并选择最优方案。

➢ 规划资料的分析方法主要有物品特性分析、EIQ 分析、PCB 分析三种。

➢ 进行流程分析时，要对物流对象（P）、物流量（Q）、物流作业路线（R）、辅助部门（S）和作业时间安排（T）五项基础资料进行分析。

➢ 物流节点的典型布局模式有直线形、双直线形、锯齿形、U 形、分流形和集中形六种。

➢ 作业区域相关性分析主要包括物流相关性分析、非物流相关性分析及综合物流相关性分析，划分为 A、E、I、O、U 五个等级，其中不能相邻的两个区域的相关性标记为"X"。

➢ 物流节点的总体平面布局是物流节点建设必不可少的一项内容。本章介绍了定性关联图法、定量图形构建法及根据关联度构制邻接图法三种方法。

案例分析

传化物流打造"高配版"公路港城市物流中心

传化智联公司旗下传化物流集团于 2000 年开始探索公路港模式，并于 2003 年在杭州建成并运营了全国首个公路港。该公路港一期占地 364 亩，二期占地 170 亩，功能布局包括智慧物流创新中心、零担运力中心、仓储配送中心、司机之家、车后服务区等，致力于打造集智能制造、多式联运、供应链集成中心为一体的浙江大湾区物流枢纽中心。

传化物流定位于"物流平台整合运营商"，在"与您共同成就事业，推动区域经济发展"的经营理念指导下，致力于整合物流服务、物流载体和物流需求三大资源，为众多物流企业提供信息交易、商务配套和物业等系统服务。传化物流专注于打造服务产业端的智能物流平台——传化货运网，为制造企业提供数字化运输服务和港仓解决方案，以端到端全链条的供应链解决方案持续帮助企业降本增效，助力中国制造数字化转型升级。

公路运输作为承担我国大部分物流任务的板块，长期以来表现出松散、低效、高资源浪费率的状态，严重制约中国物流整体效率的提升，妨碍现代物流对经济发展推动作用的发挥。针对这一行业现状，浙江传化物流基地创造性地实践"物流平台整合运营商"角色，搭建高效的物流运营平台，建立物流企业资源聚集区，赋予公路运输板块高效低耗、集成化、信息化管理的时代特征，从而在海港、航空港之后，以全新的"公路港"物流模式，补齐了公路物流短板，助推中国物流业完成现代物流集海、陆、空于一体的完整体系构建。

传化物流的发展愿景是大力推进以长三角地区为中心、覆盖全国重点城市的公路港物流平台连锁复制战略，构建高效的物流平台网络、现代化的库存物流管理系统及回收物流管理系统、生产物流管理系统，在更大范围内整合物流资源，培育物流企业，推动行业发展，促进和谐社会和节约型社会建设。传化物流园区的功能主要有以下几种。

1. 传化货运网

传化物流专注于打造服务产业端的智能物流平台——传化货运网，为制造企业提供数字化运输服务和港仓解决方案，以端到端全链条的供应链解决方案持续帮助企业降本增效，助力中国制造数字化转型升级。传化货运网面向客户需求，整合港内外物流资源，结合数字技术能力，打造数字化运输服务和港仓解决方案两大类产品。同时通过平台的数字化交付，更好地服务于制造企业。

2. 地面物流服务

传化物流以遍布全国的智能公路港作为城市的物流中心，补足城市物流基础设施短板，为制造企业、商贸企业、物流企业、卡车司机等提供一站式、综合性的智能物流园区服务，形成全国化的地面物流服务网。

3. 仓、运、配产品

提供全国仓网的选址布局规划、仓储运营服务、仓配一体服务，以及集约化运作和标准化管理的共享仓服务，帮助制造业客户实现全渠道库存可视，持续提升库存周转率。仓、运、配产品已储备 227 万方仓储网络资源，并整合连接平台内 400 万+的运力资源，构建全国化的"仓储网络、运输和配送网络"及"干线+配送"运输能力，提供"端到端"物流服务，可以提供化工行业、车后行业、快消行业、科技行业等多行业的供应链物流解决方案。园区智能化服务全覆盖，连接物流企业 20 多万家，信息协同成本降低 5%～8%。

4. 网络货运平台

通过智能网络承（货）运，形成立体式的线上物流服务网，提供运力派单、可视化运输管理、支付结算等全链路物流服务，连接供应链业务、车后增值、金融保险等产品，服务于货主企业，实现企业物流业务在线化、数字化、标准化、智能化。

5. 供应链金融业务

将消费端互联网支付手段应用到物流场景，以物流为抓手，连接上下游商贸制造业，实现了物流行业从发货到收货的全程支付在线化。同时，根据交易数据的分析，构建产业端信用体系，基于客户需求，逐步衍生出系列供应链金融服务。

6. 延伸服务

传化物流基地主要为服务组织、中小物流企业、社会车辆提供以下延伸服务：生活后勤保障服务（联运中心、便利店、洗浴洗衣区域、餐饮区）；行政配套服务（办公区、司机旅馆）；商务配套服务（物流信息港、展示销售中心）；综合服务（停车场、汽车维修区、加油站）。这些区域与物流功能区分属不同的区域，能够做到彼此独立，互不影响。

从公路港到全国网，平台一端是传化物流覆盖全国的智能公路港网络和"仓、运、配"网络，另一端连接企业上下游及内外部各类信息系统，帮助企业实现一键发货、自动派单、运力调度、全程跟踪和一单到底的智能化管理，进而为企业提供定制化的行业供应链解决方案，以及货物"门到门"的标准化物流服务。通过传化智能物流平台的连接，实现生产生活物资高效流转。

传化物流以遍布全国的智能公路港及智能化技术形成线上线下融合的网络系统，为货主企业和物流企业提供智能公路港服务、网络货运平台服务、物流服务、支付金融服务等各类服务，累计服务40多个行业、上百万家企业，降低综合物流成本30%～40%，为制造业转型升级注入新动能。

思考题：

1. 传化物流园区是哪种类型的物流节点？其管理模式属于哪种类型？
2. 传化物流园区的功能有哪些？其布局规划属于哪种类型？

复习思考题 →

1. 简述物流节点的概念及类型。
2. 物流节点规划与设计的内容有哪些？
3. 自建物流节点与公共物流节点的优缺点有哪些？
4. 自建物流节点决策的主要考虑因素有哪些？
5. 物流节点选址规划的原则有哪些？
6. 物流节点规划资料的分析方法有哪些？简述其分析过程。
7. 简述物流园区的功能与作用。
8. 物流园区的类型有哪些？
9. 某配送中心的五个客户的坐标分别为（2, 4）、（5, 2）、（8, 3）、（6, 5）、（4, 6），这五个客户的物流需求量分别为35、50、25、30、60，现需要对该配送中心的选址进行决策。假定物流移动按直角距离进行，请使用直角选址模型确定该配送中心的最佳选址坐标。
10. 某钢材配送中心的货物主要包括建筑钢材、工业用材等。建筑钢材包括线材、螺纹钢等，工业用材包括薄板、中厚板、型材、棒材等。建筑钢材主要在钢材堆场储存，工业用材主要在钢材库区和钢材堆场储存。

拟建的钢材配送中心总吞吐量为200万吨/年，流动量为100万吨/年，钢材配送中心的设计能力如表6-21所示。

表6-21 钢材配送中心的设计能力

类别	钢种	储存区域	流动量/万吨
建筑钢材	线材	钢材堆场	49
	螺纹钢		14
	其他		7
	总计		70

（续表）

类别	钢种	储存区域	流动量/万吨
工业用材	薄板	钢材库区	18
	中厚板		1.5
	型材	钢材堆场	7.5
	棒材		1.5
	其他		1.5
	总计		30
总量			100

根据客户需求和配送中心物流作业过程（见图 6-19），该配送中心主要功能区包括接货区、检验区、钢材库区、露天堆场、材料加工区、发货区、管理交易区。

该配送中心流动量均值为 100 万吨/年，按工作天数为 300 天计算，日出库量为 3333 吨。

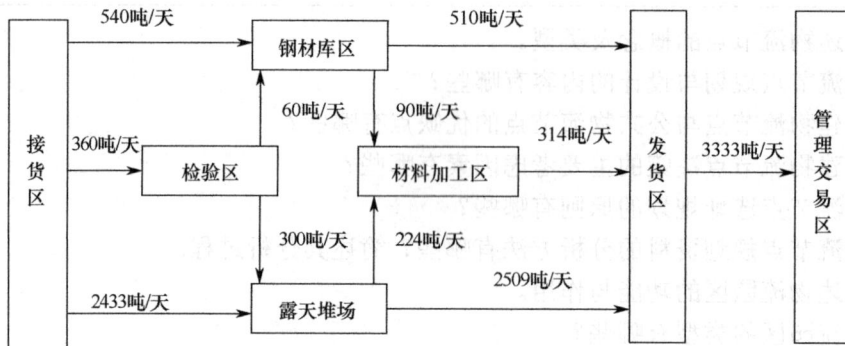

图 6-19　配送中心物流作业过程

请思考：

（1）根据图 6-19 绘制该配送中心的定量从至表及物流定性关联线图。

（2）选择一种内部布局的方法完成该配送中心各区域的内部布局。

第 7 章

库存系统的规划与设计

1. 了解库存存在的原因及库存的种类。
2. 理解库存管理成本的构成。
3. 掌握库存水平确定的方法。
4. 掌握存货可得性确定的方法。
5. 掌握平均份额分配法的原理。
6. 掌握配送需求计划方法的原理。
7. 掌握库存控制的方法。

开篇案例 →

安科公司的库存管理

安科公司是一家专门经营进口医疗用品的公司，该公司经营26种产品，有69个客户购买其产品，年营业额为5800万元人民币。对于安科公司这样的贸易公司，因为进口产品交货期较长，库存占用资金多，所以库存管理显得尤为重要。

安科公司按销售额的多少，将其经营的26种产品排序，划分为A、B、C 3类。第1～3位的产品占总销售额的97%，因此归为A类产品；第4～7位的产品，每种产品的销售额在0.1%～0.5%，因此归为B类；其余19种产品（占销售额的1%）归为C类。

对于A类产品，安科公司实行了连续检查策略，每天检查库存情况，随时掌握准确的库存信息，进行严格的控制，在满足客户需要的前提下维持尽可能低的经常量和安全库存量。通过与国外供应商协商，并且认真分析运输时间，安科公司算出了该类产品的订货前置期为2个月（也就是从下订单到货物从安科公司的仓库发运出去，需要2个月的时间）。例如，预测在6月销售的产品，应该在4月1日下订单给供货商，才能保证6月1日可以出库。

安科公司的产品每个月的销售量不稳定，因此每次订货的数量不同。为了抵消预测的不准确和工厂交货的不准确，还要保持一定的安全库存，安全库存是下个月预测销售量的1/3。该公司对该类产品实行连续检查的库存管理，即每天对库存进行检查，一旦实际的存货数量加上在途的产品数量等于下两个月的销售预测数量加上安全库存，就下订单订货，订货数量为第三个月的销售预测数量。因其实际销售量可能大于或小于预测值，所以每次订货的间隔时间也不相同。这样进行管理后，这3种A类产品的库存状况基本达到了预期目标。由此可见，对于货值高的A类产品，应采用连续检查的库存管理策略。

对于B类产品的库存管理，该公司采用定期检查策略。每个月检查库存并订货一次，目标是每月检查时应有以后两个月的销售量在库里（其中一个月的销售量视为安全库存），另外途中还有一个月的预测量。每月订货时，再根据当时剩余的实际库存数量决定需订货的数量。这样就会使B类产品的库存周转率低于A类产品。

对于C类产品，该公司采用了定量订货的方式。根据历史销售数据，将产品的半年销售量作为该产品的最高库存量，并将其两个月的销售量作为最低库存量。一旦库存达到最低库存量，就订货，将其补充到最高库存量。这种方法比前两种更省时间，但库存周转率更低。

该公司实行了产品库存的ABC管理后，虽然A类产品占用了最多的时间、精力进行管理，但得到了满意的库存周转率，而B类和C类产品，虽然库存周转率较低，但其资金占用和人力支出很少。该公司实行产品库存的ABC管理后达到了库存成本与缺货成本之和最低的库存管理目标。

思考题：

1. 请总结安科公司对其产品分类的结果。
2. 安科公司对A、B、C三类产品进行库存管理的策略是什么？

7.1　库存系统规划与设计概述

7.1.1　库存的概念及种类

1. 库存的概念

库存（Inventory）有时被译为"储存"或"储备"，是为了满足未来需要而暂时闲置的资源，人、财、物、信息各方面的资源都存在库存问题。

由于库存不能马上为企业带来经济效益，同时企业需为库存物资承担资金、场地、人员占用而产生的库存成本，因而库存存在需要控制的一面；另外，由于运作中存在不可避免的不确定因素，库存也是企业经营中必备的，因而又具有积极的一面。由此可见，控制库存是企业管理中的一项经常性工作。

库存管理是指优化物资的储备，以使企业在恰当的时间，以最低的成本满足其客户对特定数量和质量的产品的需求。

2. 库存存在的原因

（1）规模经济的需要。企业在运输和仓储管理过程中，可以通过规模经济提高设备利用率，进而降低单位货物的成本，因此企业需要设立库存。这样，当企业采购时，可以通过大量采购获得价格折扣或运输费率的折扣；当企业生产时，可以在制造地点、仓库地点或客户附近设置库存，从而实现生产、运输、仓储的规模效益。产成品的库存也能实现制造的规模效益，而这些活动必须通过设立库存才能实现。

（2）平衡供应与需求。季节性的供应或需求使企业必须持有库存。一种情况是原材料的供应是季节性的，但需求却是连续的。例如，用水果加工而成的罐头食品，为了平衡连续的需求，在水果收获的季节，企业就要大量购买并形成库存，以保证全年生产的需要。另一种情况是供应是连续的，而需求却是季节性的。例如，圣诞节物品的需求，如果企业在需求时配备生产线和劳动力大量生产，那么节日过后大量生产能力和劳动力就会受到限制。因此，为平衡供应和需求的季节性矛盾，企业需要设置库存。

（3）企业专业化的需要。客户订单需要的产品品种很多，这些产品来自不同的工厂并运往企业的混合型仓库，进而运送到客户手中。这样就使企业的生产部门和销售部门可以分散在不同的地理区域。通过在不同地点和创造价值的不同阶段分别维持相应的库存，可以实现地理意义上的专业化，更好地满足客户需求。

（4）应对不确定性给企业带来的影响。在企业运营过程中，供应商有时可能不能准时送货，客户的需求也不是一成不变的。如果企业只保存正常生产所需的库存，那么客户需求的变化就会导致企业供货延迟或缺货，致使企业出现销售损失。

3. 库存的种类

（1）经常库存。经常库存是指补货过程中产生的库存，是为了满足企业正常的运营需要而进行的周期性的订货、生产等活动产生的库存。

（2）在途库存。在途库存是指从一个地方到另一个地方，正处于运输线路中的物品。虽然在途库存在没有到达目的地之前还不能用于销售或发货，但是可以将在途库存看成周期库存的一部分。

（3）安全库存。安全库存是指由于生产需求存在不确定性，企业需要持有周期库存以外的库存。需求的不确定性会导致安全库存，或者导致缺货。尽管消除需求或提前期的变动是不可能的，但是可以更好地预测需求，以减少安全库存。

（4）投机库存。持有投机库存不是为了满足企业生产或经营的需要，而是预测到价格上涨或物料短缺，或者为了预防设备停修的可能情况，在物料采购时，为了获得数量折扣，企业购买大于需求数量的物料。企业进行投机库存主要针对需要经常、大量使用的、价格易波动的物料，在价格低时大量购进，实现可观的成本节约；或者对预计将涨价的物料进行额外数量的采购，给企业带来意外的盈利。维持投机库存的战略称为"预先购买"。但如果价格掉头向下，也会给企业带来很大的损失。

（5）闲置库存。闲置库存是指在某些具体的时期内不存在需求，这种库存在企业或仓库中已经不再使用了。

7.1.2 库存系统规划与设计的目标

1. 库存管理的目标

库存管理的目标服从企业乃至整条供应链的目标，通过对企业乃至整条供应链上的库存进行计划、组织、控制和协调，可以将各阶段的库存控制在最低水平，从而削减库存管理成本，减少资源闲置与浪费，使整体库存成本降至最低；即在满足客户服务要求的同时降低库存管理的成本。

2. 库存管理成本的构成

（1）库存持有成本。库存持有成本是指和库存数量相关的成本，由许多不同的部分组成，通常在物流成本中占有较大比例。库存持有成本主要由库存控制、包装、废弃物处理等物流活动引起。它是与库存水平有关的那部分成本，其组成包括库存商品占用的资金成本，库存服务成本（相关保险和税收），仓储空间成本及库存风险成本（废弃成本、损坏成本、损耗成本和移仓成本）。

（2）库存获得成本。库存获得成本是指企业为了得到库存而需要承担的费用。抛开库存的本身价值，如果库存是企业通过直接购买获得的，则库存获得成本体现为订货成本，包括与供应商的联系费用、货物的运输费用等，订购或运输次数越多，订货成本相对来说就越高；如果库存是企业自己生产的，则库存获得成本体现为生产准备成本，即企业为生产一批货物而进行的生产线改线的费用。

（3）预期的缺货成本。预期的缺货成本是指库存供应中断而造成的损失，包括原材料供应中断造成的停工损失、产成品库存缺货造成的延迟发货损失及销售机会丧失带来的损失、企业通过紧急采购解决库存的中断而承担的紧急额外采购成本等。

（4）在途库存持有成本。与前面三种成本相比，在途库存持有成本比重最小。然而在一定的环境下，这也是企业不能忽视的一笔开支。例如，如果企业购买库存时签订的合同为 FOB，则在途库存即企业的库存，这部分成本也应计入库存成本中。

7.1.3　库存系统规划与设计的内容

1. 库存水平的确定

在物流管理中保持多高的库存水平是合理的，是一个重要的决策内容。库存水平太低，发生缺货的概率就大，可能影响正常的生产或销售，造成停工或待产；库存水平太高，不仅企业的流动资金会被大量占用，还增加了企业经营风险，造成库存持有成本居高不下。因此，企业要根据实际情况分别确定各类库存的库存水平，在保证客户服务水平的基础上，使物流总成本最低。

2. 存货可得性的确定

存货可得性是指当客户需要存货时物流企业拥有的库存能力，意味着拥有存货，能保证始终如一地满足客户对所需货物的需求。为了满足供应或需求等外界环境的不确定性带来的需求变化，需要设置安全库存。外界环境的不确定性越高，需求变化的程度就越大，需要准备的安全库存就越多。但是，如果要满足所有外界环境的不确定性带来的需求变化，安全库存水平就会高得惊人，虽然不会带来缺货成本，但是库存持有成本将大幅增加。为了追求物流系统总成本最低，即库存持有成本与缺货成本之和最小，物流企业会将存货可得性控制在一定的范围内，也就是确定一定的存货可得性。库存系统的规划与设计内容之一便是确定存货可得性，以达到物流系统总成本最低的目标。

3. 库存分配的确定

企业的库存存储一般涉及多个物流节点，在同一级别的物流节点中如何分配企业的库存，即库存分配的确定。

4. 库存控制策略的确定

在库存系统的运营过程中，如何对库存水平进行监督和控制，确保其持续不断地为生产或客户需求服务，便是库存控制策略。库存控制策略一般要确定三个问题：第一，多长时间检查一次库存量？第二，什么时候下达订货指令？第三，每次的订货批量是多少？

7.2　库存水平的确定

7.2.1　经常库存水平的确定

对匀速消耗的库存来说，因为经常库存的平均库存等于订货批量的一半，所以经常库存水平的确定就转换为订货批量的确定，订货批量的大小对库存持有成本和订货成本起到平衡的作用。一般情况下，订货批量越大，库存持有成本就越高，而订货次数越少，库存获得成本中的订货成本就越少。年总成本的构成如图 7-1 所示。订货批量的确定应寻找二者成本之和的最低值。

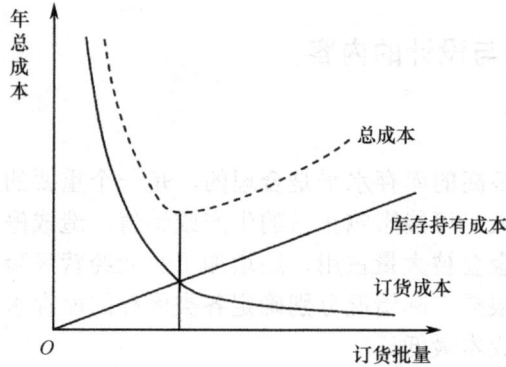

图 7-1　年总成本的构成

1. EOQ 模型

EOQ（Economic Order Quantity，经济订货批量）通过平衡订货成本和库存持有成本的成本核算，计算库存管理总成本最低的最佳订货批量。EOQ 是固定订货批量模型的一种，可以用来确定企业一次订货（外购或自制）的数量。当企业按照 EOQ 订货时，可实现订货成本和库存持有成本之和最低。

为了计算方便，EOQ 模型有以下假设。

（1）该物品是成批的，通过采购或制造得到补充，不是连续生产出来的。

（2）销售或使用的速率是均匀的。

（3）没有在途存货。

（4）没有价格折扣或运输折扣，即不随着订货批量的变化而变化。

（5）不存在缺货成本。

（6）不存在可用资本的限制。

在上述假设条件下，库存管理总成本只与订货成本与库存持有成本有关。那么库存管理总成本的函数就可以表示为式（7-1）。

$$TC = 库存持有成本 + 订货成本 = C_P \times V \times \frac{Q}{2} + C_D \times \frac{D}{Q} \tag{7-1}$$

式中，C_P 为库存持有成本率；V 为库存物品的价值；Q 为订货批量；C_D 为一次订货的成本；D 为年需求量。

要得到总成本的最小值，就要对式（7-1）中的 Q 求偏导，并使偏导数等于零，即可得到 Q 的值，如式（7-2）所示。此时的 Q 就是总成本最小的订货批量，即 EOQ。

$$EOQ = \sqrt{\frac{2C_D D}{C_P V}} \tag{7-2}$$

2. 对 EOQ 的调整

（1）折扣对 EOQ 的影响。在某些情况下，供应商对不同批量的订货实行不同的价格，往往随着订货批量的增加而给予更高的折扣。折扣表现在产品价格或运输费率的折扣上。在有折扣时，有必要确定各种折扣条件下的总成本，总成本最小的批量即最优订货批量。

① 价格折扣。在存在价格折扣的情况下，总成本与采购成本、订货成本和库存持有成本相关。首先应该计算出没有折扣情况下的 EOQ，判断该批量与价格折扣临界点的关

系。如果小于临界点，则将临界点作为订货批量计算总成本，将二者成本进行比较，成本小的为最优批量。如果大于临界点，则用折扣后的价格重新计算批量，再计算总成本。

② 运输费率折扣。如果运输费率存在折扣，则总成本与订货成本、库存持有成本和运输费用相关。计算方法同价格折扣一样。最终，总成本最小的订货批量为最优订货批量。

（2）连续补货。通常情况下，所订的货物并不是在某个特定时间一次到货的，而是在一定时期内分批到货的。此时，库存的补充是通过多次到货而不是一次到货实现的。例如，在杂货和服装零售行业中，经常以连续补货的方式保持库存。

连续补货系统直接将供应商与买方的持续需求联系起来，进而排除了中间库存。这加快了库存补充速度和周转速度，并减少了库存及相应成本。

假设库存的供应速率为 R_1，需求速率为 R_2，供应速率大于需求速率，这时库存随着补货的进行逐渐增加。当供应停止时，库存便会连续下降，直至下一次订货，如图 7-2 所示。

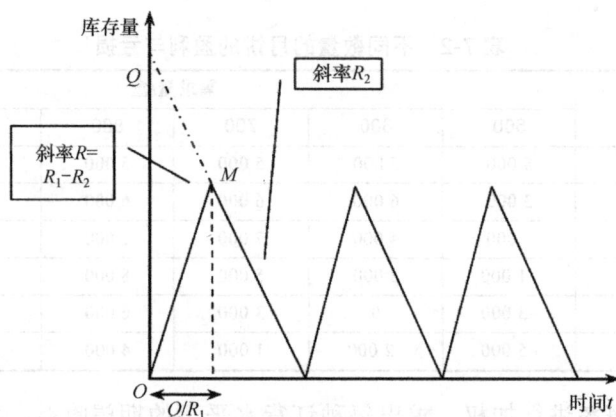

图 7-2　连续补货系统库存

此种情况下，同样是需求总成本（库存持有成本与订货成本之和）最小的批量为最优订货批量。在连续补货系统中，推导得出 EOQ 的计算公式如式（7-3）所示。

$$\text{EOQ} = \sqrt{\frac{2C_D D}{C_P V\left(1-\dfrac{R_2}{R_1}\right)}} \tag{7-3}$$

在制造企业中，生产批量的计算与连续补货系统类似。其中，生产速度相当于连续补货系统中的供应速度，为更换生产的产品而产生的准备成本相当于连续补货系统中的订货成本，而库存持有成本中的库存为制成品的库存。因此，最经济的生产批量（EBQ）也可以通过式（7-3）计算得出。

（3）节日采购。订货批量决策中的另一种情况是，所订货物仅仅为了某个特定日期销售。该日期过后，货物便成为过时品而不能够再次销售。例如，报纸销售商的报纸如果当日卖不出去，报纸的价值就几乎为零。在这种情况下，要决定订货批量，就必须对缺货和库存两种情况带来的风险及最后的收益进行比较与权衡。这是所有生产或销售的产品快速过时的企业都会遇到的问题，包括时装、电子产品、书籍等。此时可以利用决策矩阵对收益情况进行比较，选取收益最大的批量作为最优订货批量。

例如，一家甜点店的主营业务是制作新鲜的蛋糕。在中秋节来临之时，该甜点店开始采购月饼以供销售。每销售1盒月饼，该店盈利10元，月饼的采购成本为每盒20元。该店必须提前采购月饼以在中秋节期间销售。中秋节过后，该店只能将剩余的月饼销毁，即1盒月饼卖不出去，该店损失20元。对月饼的需求是不确定的，但是估计在500～1 000盒。基于以往的经验，该店得出月饼需求的概率如表7-1所示，请确定该店应该采购多少盒月饼。

表7-1　甜点店每年的月饼需求盒数统计

需求量/盒	500	600	700	800	900	1 000
概率	0.05	0.1	0.2	0.3	0.3	0.05

该店每卖出1盒月饼收益10元，而未卖出的月饼每盒则损失20元。表7-2给出了不同订货批量和不同需求水平情况下甜点店的盈利和亏损情况。

表7-2　不同数量的月饼的盈利与亏损　　　　　　　　　单位：元

订货批量/盒	需求量/盒					
	500	600	700	800	900	1 000
500	5 000	5 000	5 000	5 000	5 000	5 000
600	3 000	6 000	6 000	6 000	6 000	6 000
700	1 000	4 000	7 000	7 000	7 000	7 000
800	−1 000	2 000	5 000	8 000	8 000	8 000
900	−3 000	0	3 000	6 000	9 000	10 000
1 000	−5 000	−2 000	1 000	4 000	7 000	10 000

然后将不同的概率进行加权，求出每种订货水平下的期望收益，如表7-3所示。

表7-3　需求概率加权得出盈利与亏损　　　　　　　　　单位：元

订货批量/盒	需求量/盒						期望利润
	500（概率为0.05）	600（概率为0.1）	700（概率为0.2）	800（概率为0.3）	900（概率为0.3）	1 000（概率为0.5）	
500	5 000	5 000	5 000	5 000	5 000	5 000	5 000
600	3 000	6 000	6 000	6 000	6 000	6 000	5 850
700	1 000	4 000	7 000	7 000	7 000	7 000	6 400
800	−1 000	2 000	5 000	8 000	8 000	8 000	6 350
900	−3 000	0	3 000	6 000	9 000	10 000	540
1 000	−5 000	−2 000	1 000	4 000	7 000	10 000	355

通过矩阵可以得知，最大的期望利润为6 400元。因此，经济订货批量应为700盒。

7.2.2　安全库存的确定

事实上，客户的需求及供应商的提前期都是不确定的。库存管理的一个主要功能就是通过合理的计划储备安全库存，从而防止缺货。库存管理的不确定情况一般分为需求的不确定和库存补货周期（提前期）的不确定两种情况。

1. 需求的不确定

销售预测能够对库存补货周期内的单位产品的需求情况做出估计。但是预测再准确，实际需求也围绕预测值上下波动。为了防止实际需求高于预测值而造成缺货，企业应在库存中加入安全库存。在需求不确定的情况下，库存水平等于订货批量的一半与安全库存之和。假设订货提前期为 10 天，平均日销售量为 20 个单位，但是在 15～25 波动，经济订货批量为 200 个单位。那么，如果日销售量总是维持在 25 个单位的水平上，则 10 天的订货提前期内将销售 250 个单位的产品，这样就会造成 50 个单位产品的缺货。为了预防此类缺货发生，企业需要储备 50 个单位产品的安全库存，如图 7-3 所示。

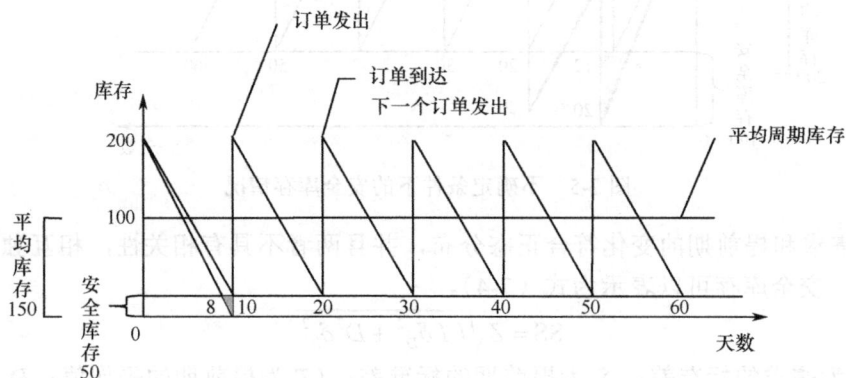

图 7-3　需求不确定情况下的安全库存情况

2. 提前期的不确定

提前期的不确定意味着库存政策无法保证送货运作始终如一。在实际的库存管理中，送货周期也会围绕预测的平均值上下波动。在实际提前期长于预测的提前期时，就会发生缺货。上例中，假设需求量是稳定不变的，而订货提前期在 8～12 天波动。如果订货提前期为 12 天，则此周期内的总需求量为 240 个单位，这样就会出现 40 个单位的缺货。因此，需要储备 40 个单位的安全库存来防止此类缺货发生，如图 7-4 所示。

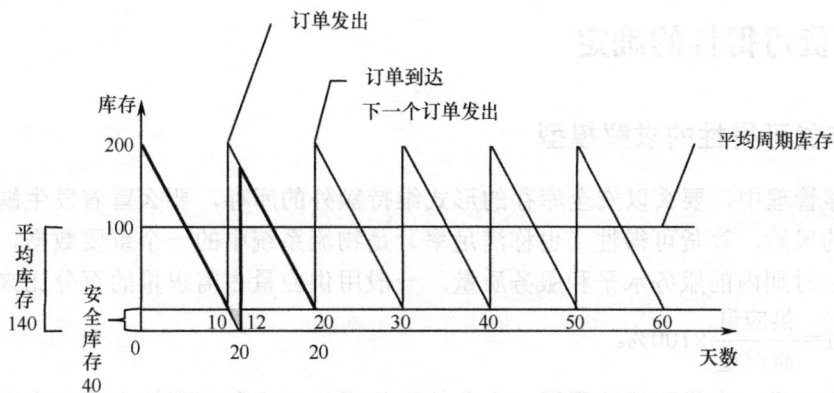

图 7-4　提前期不确定情况下的安全库存情况

3. 不确定条件下的安全库存

实际的库存管理决策常面临需求和提前期都不确定的情况，如图 7-5 所示。

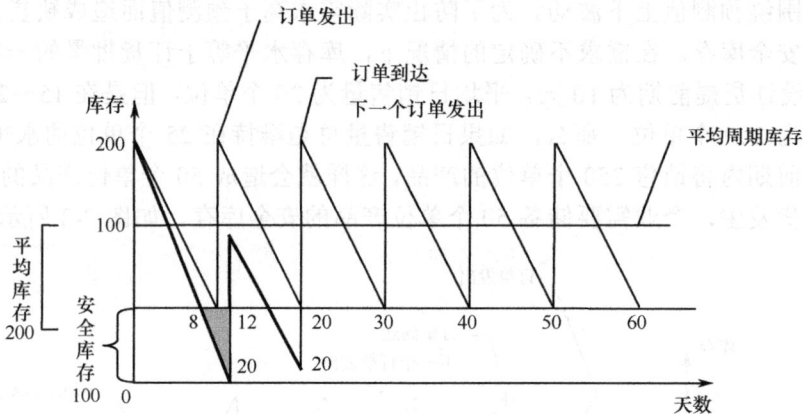

图 7-5　不确定条件下的安全库存情况

假设需求和提前期的变化符合正态分布，并且两者不具有相关性，相互独立。在这种情况下，安全库存可以表示为式（7-4）。

$$SS = Z\sqrt{LT\delta_D^2 + D^2\delta_{lt}^2} \tag{7-4}$$

式中，δ_D 为需求的标准差；δ_{lt} 为提前期的标准差；LT 为提前期的平均值；D 为需求的平均值；Z 为安全系数。

相关链接 →

小提示

安全库存主要是由客户需求与供应商的不确定性导致的，所以要降低安全库存水平，就要降低环境的不确定性。现在的库存管理，很多企业采用集中库存的方式，尤其是价值高的物品。采用集中库存的方式，可以取得原来独立库存风险共担的效果，进而降低不确定性，减少企业的整体安全库存。

7.3　存货可得性的确定

7.3.1　存货可得性的求解模型

在库存管理中，要么以安全库存的形式维持额外的库存，要么冒着发生缺货而造成销售损失的风险。存货可得性（也称满足率）是物流系统中的一个重要数据，反映物流库存在一定时期内的服务水平和服务质量。一般用供应量占需求量的百分比来表示，即

$$存货可得性 = \frac{供应量}{需求量} \times 100\%。$$

对企业来说，存货可得性不同，企业的销售损失成本和库存持有成本也有所不同。因此，一般企业通过建立库存和存货可得性变化对销售损失成本和库存持有成本影响的

模型来确定最优的存货可得性。其中，销售损失成本会随着存货可得性的增大而降低，但库存持有成本则会随着存货可得性的增大而增加，如图 7-6 所示。存货可得性的规划目标为使销售损失成本与库存持有成本之和最小。

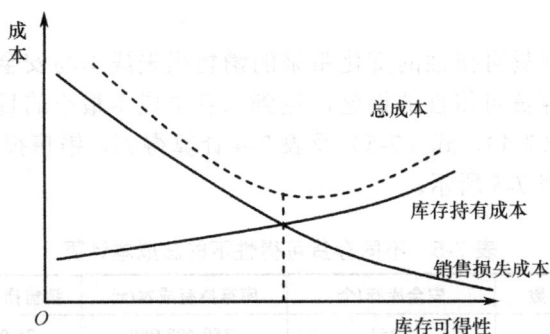

图 7-6　存货可得性与成本的关系

其中，库存持有成本的函数可以表示为式（7-5）。

库存持有成本=单位库存价值×（订货批量/2+安全库存量）　　　　　（7-5）

安全库存是与存货可得性相关的函数，可以表示为式（7-4），式中的安全系数与存货可得性的关系可以通过表 7-4 得到。

表 7-4　部分存货可得性与安全系数的对应关系

存货可得性/%	50	60	70	80	84.1	90	90.3	94.5	95	97.7	98	98.9	99.5	99.9	100
安全系数	0	0.26	0.52	0.84	1	1.28	1.3	1.6	1.64	2.0	2.05	2.3	2.6	3.0	3.9

销售损失成本的计算公式如式（7-6）所示。

销售损失成本=单位产品销售价格×年预测需求量×（1–存货可得性）×缺货因子　（7-6）

缺货因子是当没有库存时（缺货时）单位产品销售价格损失的比例。产品越重要，竞争越激烈，缺货因子就越大，缺货因子取值≥1。这是这个分析中的一个主观因素。对缺货因子的估值通常影响库存决策的水平。

存货可得性的规划就是使式（7-5）和式（7-6）的总成本之和最低。这样就可以得到企业最优的存货可得性。

7.3.2　存货可得性的求解过程

在以上模型中，库存持有成本与存货可得性的函数并不是一个连续函数，因此以上模型并不能直接求得最优解。在实际的求解过程中，一般采用试算法求解。第一，取一个比较低的存货可得性代入模型进行计算，得到首次试算的总成本；第二，逐步提高存货可得性的取值，代入模型进行计算，如果总成本减小，则重复这个步骤，直到某次计算得到的总成本比上次计算得到的总成本小，且再次提高存货可得性后，计算得到的总成本比本次计算的总成本大。这说明本次计算的取值为总成本函数的拐点，即最小值，则本次存货可得性的取值为最优的存货可得性。具体计算方法通过例题 7-1 进行说明。

例题 7-1　某公司对 A 产品的平均需求量为 300 个/天，需求的标准差为 80，供应商对该产品的供货提前期为 20 天，提前期的标准差为 16。该产品的成本为 8 000 元，销售价格为 1 000 元。该公司对 A 产品的库存持有成本率为 35%，假设该产品的缺货因子为 1。请分析该公司对 A 产品的存货可得性应保持在什么水平（每年按照 300 天计算）。

解：

本例题主要衡量存货可得性的变化带来的销售损失成本与安全库存带来的库存持有成本的变化。通过对存货可得性的调整，达到二者总成本最小的目的。其中，安全库存的库存持有成本用式（7-4）、式（7-5）及表 7-4 计算得到，销售损失成本用式（7-6）计算得到，计算结果如表 7-5 所示。

表 7-5 不同存货可得性下的总成本计算

存货可得性	安全系数	安全库存/个	库存持有成本/元	销售损失成本/元	总成本/元
60%	0.26	1 251	350 408.968	36 000 000	36 350 409
70%	0.52	2 503	700 817.936	27 000 000	27 700 818
80%	0.84	4 043	1 132 090.512	18 000 000	19 132 091
84.10%	1	4 813	1 347 726.8	14 310 000	15 657 727
90%	1.28	6 161	1 725 090.304	9 000 000	10 725 090
95%	1.94	9 338	2 614 589.992	4 500 000	7 114 590
98%	2.05	9 867	2 762 839.94	1 800 000	4 562 839.9
100%	3.9	18 772	5 256 134.52	0	5 256 134.5

通过计算可以看出，当存货可得性为 98% 的时候，销售损失成本与库存持有成本之和最小，所以该企业的存货可得性应设置为 98%。

7.4 库存分配决策的制定方法

7.4.1 平均份额分配法

平均份额分配法是一种简单的库存管理计划法，它为每个分拨设施公平地分配来自上一节点的可用库存。图 7-7 是平均份额分配法的一个例子，说明了此方法的运作结构、计算方法、目前的库存水平和 3 个节点的日需求量，且这 3 个节点从工厂仓库进货。

图 7-7 平均份额分配法的运作

利用平均份额分配法，库存管理人员可以把工厂的库存平均分配到每个节点的库存，分配原则是使这 3 个节点的库存水平满足的使用天数相等。因此，首先应该确定所有库存的运作天数，如式（7-7）所示。

$$DS = \frac{AQ + \sum_{j=1}^{n} I_j}{\sum_{j=1}^{n} D_j} \qquad (7\text{-}7)$$

式中，DS 为仓库现有存货天数；AQ 为来自工厂仓库的待分配库存单位；I_j 为仓库 j 的库存；D_j 为仓库 j 的日需求。

在本例中，DS 为 11 天，则分配给 3 个节点的库存加上剩余库存应能够满足 3 个节点 11 天的需求，即第一个节点分配 60 个单位，第二个节点分配 450 个单位，第三个节点分配 90 个单位。

这种计算方法并没有考虑订货提前期、经济订货批量等其他方面的因素。

7.4.2　配送需求计划法

1. 配送需求计划法的原理

配送需求计划法（Distribution Requirements Planning，DRP）是一种既保证能够有效地满足市场需要，又使物流资源配置费用最少的计划方法。

DRP 主要应用于两类企业。一类是流通企业，如储运公司、配送中心、物流中心、流通中心等，另一类是由流通部门承担分销业务的企业。这两类企业的共同之处在于都以满足社会需求为企业宗旨，依靠一定的物流能力（储、运、包装、搬运能力等），从制造企业或物资资源市场组织物资资源。

DRP 这种新的模式借助互联网的延伸性及便利性，使整个商务过程不再受时间、地点和人员的限制，企业的工作效率得到了有效提高，业务范围不断扩大。企业也可以在兼容互联网时代现有业务模式和现有基础设施的情况下，迅速构建 B2B 电子商务平台，扩展现有业务和销售能力，实现零风险库存，从而降低分销成本，提高周转效率，确保获得领先一步的竞争优势。

DRP 是一种极为复杂的计划方法，要考虑多个配送阶段及各阶段的特点。DRP 在逻辑上是制造需求计划的扩展。DRP 在一种独立的环境下运作，由不确定的客户需求确定存货需求，由客户需求引导，企业无法控制。

图 7-8 描述了 DRP 的运作原理。它整合了产成品、在制品和计划使用的原材料资源等。

图 7-8 的下半部分是物料需求计划，上半部分是配送需求计划。它把产成品库存从生产地转移到配送中心，最终再转移到客户手中。配送需求计划负责安排周转时间以协调库存的到达，满足客户的需求。当产成品库存定位在生产地点时，物料需求计划和配送需求计划就出现了"界面"。两个系统的密切配合可以使需要的安全库存达到最小。配送需求计划主要协调库存的水平和进度，必要时还可以在不同的库存水平之间对库存的移动重新安排。

2. 配送需求计划法的缺陷

（1）配送需求计划法需要每个配送中心提供精确的、经过协调的预测数。该预测数对于指导货物在整个配送渠道的流动是必需的。在任何情况下，使用预测数指导配送需求计划系统时，预测误差有可能成为一个重大问题。

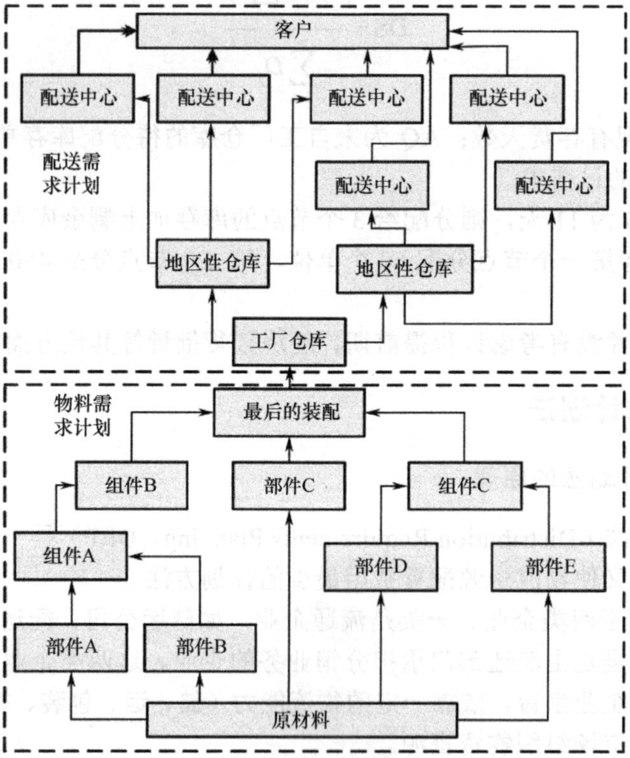

图 7-8 DRP 的运作原理

（2）配送需求计划要求配送设施之间的运输具有固定且可靠的完成周期，而完成周期的不确定因素则会降低系统的效力。

（3）由于生产故障或递送延迟，配送需求计划易受系统紧张的影响或频繁改动时间表的影响。

3. 配送需求计划法的实施要点

（1）高层领导的支持。高层领导一般是销售副总、营销副总或总经理。高层领导是实施项目的支持者，其主要作用体现在三个方面。首先，高层领导为 DRP 项目设定明确的目标；其次，高层领导是一个推动者，向 DRP 项目提供为达到设定目标所需的时间、财力和其他资源；最后，高层领导确保企业上下认识到项目对企业的重要性。当项目过程中出现重大分歧和阻力时，方向性的决策能力是项目成功的必要条件。实际情况往往是这样的：新系统上马，短时间内，各级人员都很难适应。轻者，会有很多抱怨摆在项目组面前；重者，新系统不仅短时间内没有起到提升管理水平的作用，反而由于不适应、不熟悉等原因降低了管理效率。这时，如果没有高层领导的高瞻远瞩，从大局和长久发展出发，项目就将面临被搁浅的命运。高层领导激励员工解决这些问题，而不是任其打退堂鼓。

（2）专注于流程。成功的项目小组应该把注意力集中在流程上，而非过分关注技术。要认识到，技术只是促进因素，本身不是解决方案。因此，好的项目小组开展工作的第一件事就是花费时间去研究现有的营销、销售和服务策略，并找出改进的方法。

（3）技术的灵活运用。在一些取得成功的 DRP 项目中，技术的选择总是与要改善的特定问题紧密相关。如果销售管理部门想减少新销售员熟悉业务所需的时间，那么选择的标准应该是根据业务流程中存在的问题来选择合适的技术，而不是调整流程来适应技术要求。

（4）组织良好的团队。DRP 项目的实施队伍通常在以下四个方面有较强的能力。①业务流程重组的能力；②对系统进行客户化和集成化的能力，那些打算支持移动用户的企业更是如此；③对 IT 部门的要求，如网络大小的合理设计、对用户桌面工具的支持、数据同步化策略等；④项目小组具有改变管理方式的技能，并提供桌面帮助。这两点对于帮助用户适应和接受新的业务流程是很重要的。

（5）极大地重视人的因素。在很多情况下，企业并不是没有认识到人的重要性，而是对如何做不甚明了。可以尝试以下几个简单易行的方法。①请企业未来的 DRP 用户参观实实在在的分销管理系统，了解这个系统到底能为 DRP 用户带来什么；②在 DRP 项目的各个阶段（需求调查、解决方案的选择、目标流程的设计等），都争取最终用户的参与，使这个项目成为用户负责的项目；③在实施的过程中，应千方百计从用户角度出发，为用户创造便利。

（6）分步实现。通过流程分析，识别业务流程重组的一些可以着手的领域，但要确定实施优先级，每次只解决几个最重要的问题。

（7）系统整合。系统各个部分的集成对 DRP 项目的成功十分重要。DRP 项目的效率和有效性的获得有一个过程，即终端用户效率的提高、终端用户有效性的提高、团队有效性的提高、企业有效性的提高、企业间有效性的提高。

7.5　库存管理和控制的策略

库存管理和控制需要解决的问题有确定库存检查周期、确定订货批量及确定订货点。如果所订货物可以马上送到，或者提前期稳定且可以预见，而且需求也稳定且可以预见，库存的管理和控制就会很容易，预见库存为零时所订货物送到即可。但实际上，提前期和需求并不确定，因此，库存管理和控制就要以最低的成本来满足需求。

库存管理和控制的责任是测定特定地点现有库存的单位数量和跟踪基本库存数量的增减。这种测量和跟踪可以手工完成，也可以通过计算机技术完成。其主要的区别是速度、精确性和成本。

为了实施期望的库存管理和控制策略，必须对控制程序进行设计。这些程序用于明确经常性检查库存水平的要求，并与有关库存参数进行对照，以确定何时订货及订多少货。

库存管理和控制的策略可以分为连续检查库存策略和定期检查库存策略两种。

7.5.1　连续检查库存策略

连续检查库存策略用于检查日常的存货状态，以确定补给需要量。采用连续检查控制策略的库存系统，每次货物出库时都要盘点剩余库存，检查库存量是否低于预先设定的订货警戒线。如果低于订货警戒线，则应该发出订货指令。由于从订货指令发出到所购货物入库通常需要一段时间，在此期间库存储备不断减少，货物仍不断地投入消费环节，直到库存储备降到最低点。当订货货物入库后，库存储备又得到补充，直至达到最大值。上述库存储备的变化周而复始。常用的连续检查库存策略有基于经济订货批量的订货点策略和基于补货水平的订货点策略两种。

1. 基于经济订货批量的订货点策略

此策略的基本思想是对库存进行连续性的检查，当库存降低到订货点水平 R 时，即发出一个订货指令，每次的订货量保持不变，都是固定值 Q，如图 7-9 所示。Q 为经济订货批量，R 为周期库存与安全库存之和，即 $LT \times D/2 + SS$，其中 D 为日需求量，

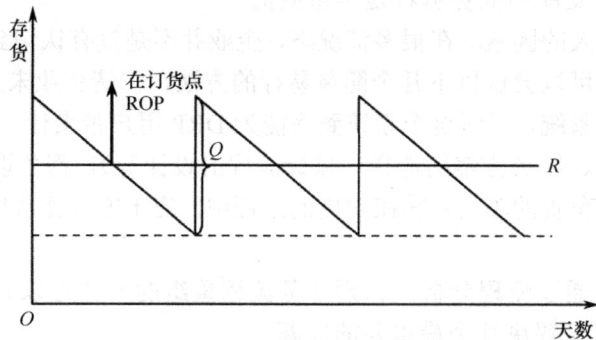

图 7-9　基于经济订货批量的订货点策略

此策略适合缺货费用较高、需求波动性很大且易于采购的情形。

2. 基于补货水平的订货点策略

此策略的基本思想是随时检查库存状态，当发现库存降低到订货点水平时，即开始订货，订货后使最大库存保持不变，即常量 S。若发出订单时库存量为 I_{min}，则其订货量为（$S-I_{min}$），如图 7-10 所示。

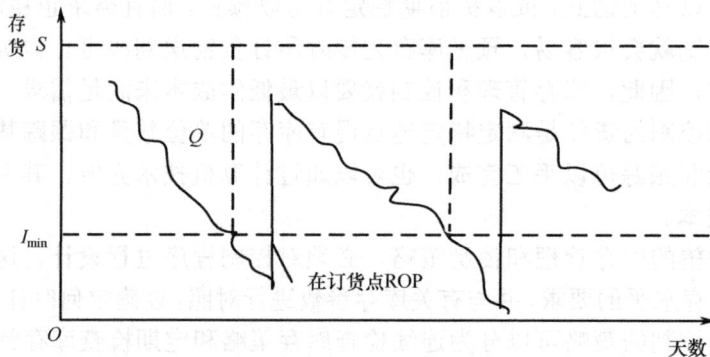

图 7-10　基于补货水平的订货点策略

3. 连续库存控制程序的常用方法

（1）双堆（三堆）系统。双堆系统又称双厢系统，是一种货物有两个相邻的存货点，当一个存货点的库存用完时，发出订单，采购货物。采用该方法的企业，在每次进货时，均将货物分成两部分储备，一部分作为订货点的库存储备（包括再订货水平库存和安全库存）单独存放，另一部分作为经常性储备，供日常发料之用，如图 7-11 所示。当在发

料过程中发现经常性储备使用殆尽时，则动用订货点的库存储备，同时立即发出订货指令。三堆（三厢）系统，则是将库存储备再分为两堆存放，将安全库存单独放在一堆。这样便可以更清楚地看出需求是否超过了预期水平。

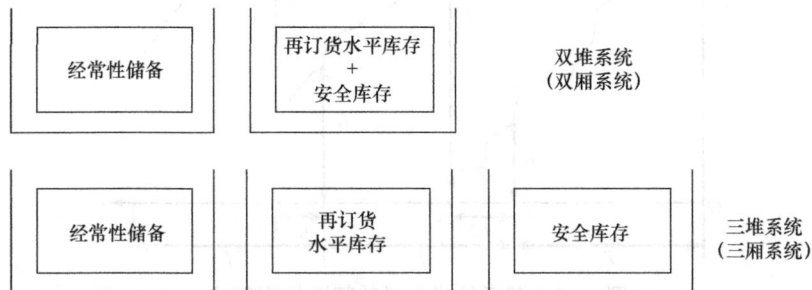

图 7-11　双堆（三堆）系统

（2）收发卡片法。收发卡片法是指用特别设计的收发卡片控制订货时间的方法。收发卡片上通常标有货物代号、名称、规格、货位、最低库存储备量及货物进出库的时间、数量、领料单位等信息。管理者可以通过察看收发卡片上现有库存量与最低库存储备量等基本信息，决定是否订货或何时订货。

这种库存控制的方法一般适合低价值货物，不需要对其进行出库记录，但每次订货后都必须通过关注货物被用完的时间而重新估计使用速度。相对来说，双堆法比收发卡片法更加直观、清楚。

7.5.2　定期检查库存策略

定期检查库存策略又称周期检查控制方式，定期盘点库存，结合下一计划期预计的需求情况确定每次订货批量，是一种在限定时间点检查库存水平，做出相应决策的库存决策方法。如果目前库存储备较少，或者预计需求将增加，则可以适当地增加订货批量，反之，则可以减少订货批量。因此，订货批量随时间变化，并根据需求率的变化改变。定期检查按有规律的时间间隔，如每月或每周，对货物项目的存货状态进行检查。定期检查必须将基本的再订货点调整到两次检查的间隔时间内。

1. 基于补货水平的间隔检查策略

此策略是每经过一个固定的时间间隔 T，就发出一次订单，订货批量为能够将现有库存补充到最高水平 S，即 $Q=S-I$。I 为检查时的库存水平。如图 7-12 所示，经过固定检查周期 T 发出订单，这时库存量为 I_1，订货批量为 $S-I_1$。经过一定的时间（LT），库存补充 $S-I_1$，库存达到 A 点。再经过一个固定检查周期 T，又发出一次订单，订货批量为 $S-I_2$，经过一定的时间（LT，此值不确定，可以是随机值），库存达到新的高度 B 点。如此周期性检查库存，并不断补充库存。

此策略不设订货点，只设固定检查周期和最大库存量。而且此策略在检查库存时，不管剩余库存还有多少，都会发出订单，所以容易造成库存积压，而且当 I_1 很高时，订货批量是很少的。如果某时期需求量突然增大，就有可能发生缺货。此策略通常适用于一些不太重要或使用量不大的货物的库存管理。

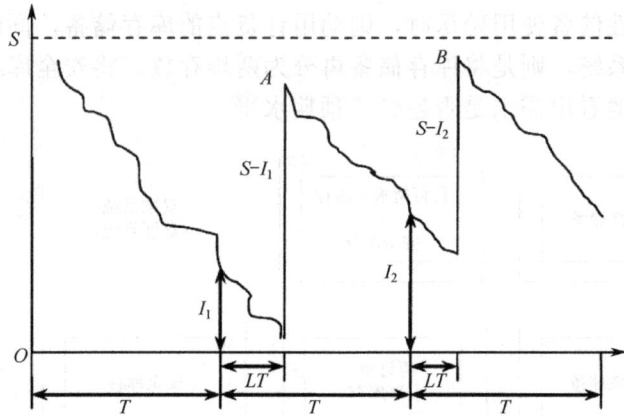

图 7-12　基于补货水平的间隔检查策略

2. 基于订货点和补货水平的间隔检查策略

此策略是基于补货水平的间隔检查策略和基于补货水平的订货点法的综合。这种库存控制策略有一个固定的检查周期 T，最大库存量为 S，最小库存量为 I_{min}。当经过固定的检查周期 T 后，若库存低于最小库存量，则发出订单，否则不订货。订货批量等于最大库存减订货时的库存量。如图 7-13 所示，当经过固定的检查周期时，库存已降低到最小库存量之下，因而发出一次订单，订货批量等于最大库存量 S 与当时的库存 I_1 之差，即 $S-I_1$。经过一定的订货提前期后，在 A 点订货到达，此时库存补充到 B 点。在第二个检查周期到来时，库存点在 E，没有达到最小库存量，则此时不发出订单。在第三个检查周期到来时，库存点在 F，低于最小库存量，则此时又发出一次订单，订货批量为 $S-I_2$。如此规律地进行下去，从而实现周期性的库存补充。

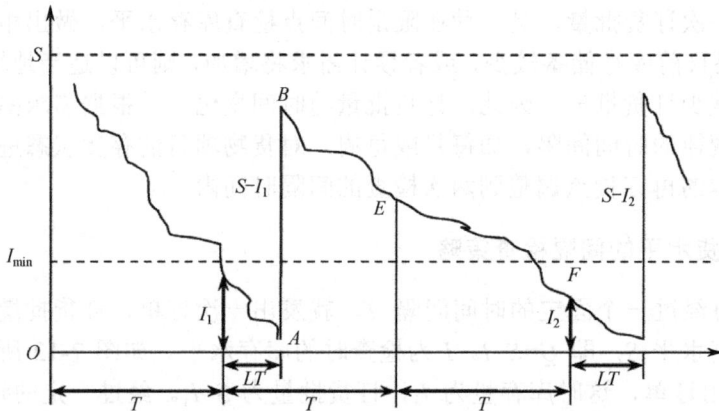

图 7-13　基于订货点和补货水平的间隔检查策略

由于此策略不一定在每次检查时都订货，故订货次数较少，从而可节省订货费用。但若检查周期很长，则与基于补货水平的间隔检查策略几乎没有区别。此策略可能需要相当大的安全库存，若检查时的库存水平稍高于订货点，则安全库存期就需要两个订货间隔期再加上前置时间。可按类似于定期系统的方法确定检查周期，订货点则由安全库存量加上整个前置时间与检查周期内的期望需求量确定，通过分析包括前置时间和检查周期的时期内发生的需求量的偏差来确定安全库存。

7.5.3　基于协同的库存控制策略

1．联合协同补货

出于对订货成本的权衡，联合协同补货的适用对象为具有经济订货批量的货物。由于这种货物订货周期是确定的，企业就能够建立每个供应商的固定补货周期计划。为了满足搬运和运输的经济性，订货批量应当取整箱、层、托盘和集装箱。

图 7-14 展示了一个联合协同补货计划实例。一家大型食品批发商采用了联合协同补货策略，图中显示了每周销售量占一整车量的百分比，以及经济补货时间相同的 30 种 SKU 的运输周期占收货周数的比例（单位是周）。联合协同补货策略合并 SKU 进行整车运输，从而减少了运输的车次数。

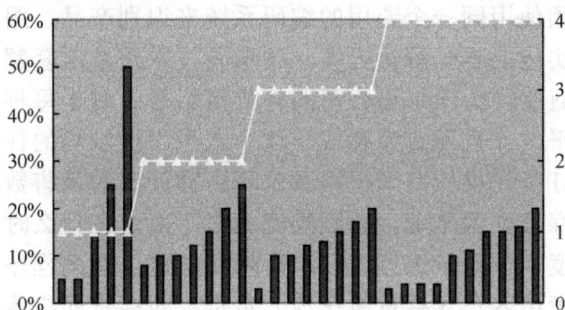

图 7-14　联合协同补货计划实例

2．连续补货

连续补货又称自动补货，是利用及时、准确的销售时点信息确定已销售的产品数量，根据零售商或批发商的库存信息和预先规定的库存补充程序，确定发货补充数量和配送时间的一种计划方法，其基本流程如图 7-15 所示。ECP、JIT、VMI 都属于这种补货策略。

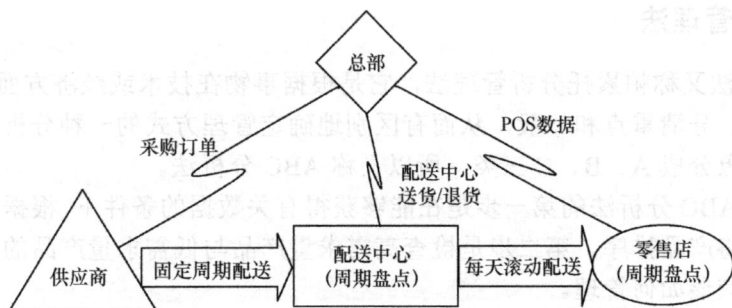

图 7-15　连续补货的基本流程

通常情况下，一种产品一旦被大量采购，就会促使该产品的制造商大量生产该产品，也会使该产品在供应链中快速流动起来。随着供应链管理的进一步完善，补货到零售店的责任，现在已从零售商转到了批发商或制造商的身上。对制造商或供应商来说，掌握了零售店的销售量和库存，就可以更好地安排生产计划、采购计划和供货计划，这是一个互助的商业生态系统。

从库存管理角度看，在库存系统中，订货点与最低库存之差主要取决于从订货到交货的时间、产品周转时间、产品价格、供销变化及其他变量。订货点与最低库存之间保持一定的距离，是为了防止产品脱销等不确定性情况出现。为了能够快速反应客户"降低库存"的要求，供应商通过与零售商缔结伙伴关系，主动向零售商频繁交货，并缩短从订货到交货的时间间隔。这样就可以缩短整个货物的补充过程（从工厂到门店），尽力切合客户的要求，同时降低存货和生产波动。

自动补货系统成功的关键在于，在信息系统开放的环境中，供应商和零售商之间可以通过库存报告、销售预测报告和订购单等实时交换有关商业信息的最新数据，使供应商从过去单纯执行零售商订购任务转而主动为零售商分担补充库存的责任，以最高效率补充销售点或仓库的货物库存。

为了确保数据能够通过 EDI 在供应链中畅通无阻地流动，所有参与方（供应链中的所有节点企业）都必须使用同一个通用的编码系统来识别产品、服务及位置，这些编码是确保自动补货系统实施的唯一解决方案。条形码技术正是这套解决方案的中心基础。

例如，全球知名商业巨头沃尔玛公司的补货策略是：对于每种产品，沃尔玛店铺都制定一个安全库存水平，一旦现有库存低于这个水平，沃尔玛的计算机系统便通过计算机网络自动向供应商订货。供应商则根据沃尔玛店铺近期的销售数据，分析出产品的销售动向，再以产品库存数据为基础，兼顾物流成本，决定在什么时候、以什么方式向沃尔玛店铺发货，多频度、少数量进行连续库存补充，这一系列程序正是自动补货模式的写照。自动补货的决策由客户（存货所在地）负责，即存货的决策权及所有权与存货的物理位置一致。

自动补货主要适合没有 IT 系统或没有基础设施来有效管理其库存的下游企业，以及实力雄厚、市场信息量大、有较高的直接存储交货水平的上游企业。

7.6　库存管理的改善

7.6.1　ABC 管理法

ABC 管理法又称帕累托分析管理法，它是根据事物在技术或经济方面的主要特征，将其分类排队，分清重点和一般，从而有区别地确定管理方式的一种分析方法。由于它把被分析的对象分成 A、B、C 三类，所以又称 ABC 分析法。

库存管理 ABC 分析法的第一步是在能够获得有关数据的条件下，根据销售额或对公司利润的贡献将产品排序。第二步是检查高需求量产品与低需求量产品的区别，这一区别决定了产品应该如何管理。

库存水平随着库存节点数量的增多而提升。如果将低需求量产品即 C 类产品储存在物流中心，将这些产品的全区域需求按照节点数进行划分，那么每个节点都要维持安全库存；如果只采用一个中心仓库，而销售预测以全区域为基础，则需求的不确定性将降低，需要的安全库存也会降低很多。而 A 类产品服务水平要求较高，响应速度要快，因此适合放在最靠近客户的配送中心分别储存。

采用库存控制策略，对于 A 类产品，每天检查或连续检查库存情况比较合适。B 类产品可以每周进行库存检查，而 C 类产品的检查周期则可以是一个月甚至更长时间。

7.6.2 SKU 管理法

最小存货单位（Stock Keeping Unit，SKU）又称单品，是库存控制的最小可用单位。例如，纺织品中一个 SKU 通常表示规格、颜色、款式。当然，单品与传统意义上"品种"的概念是不同的，用单品这一概念可以区分不同产品的不同属性，从而为产品采购、销售、物流管理、财务管理及 POS 系统与 MIS 系统的开发提供极大的便利。

季节性变化或某些周期性因素都会影响特定产品组中不同储存单元的需求。在这种场合，用 ABC 分析法进行分类不足以保持服务水平和降低库存成本。如果只采用 ABC 分析法，为保持所有储存单元的供给，就需要持有过多的库存。因此，需要有一种能够反映 ABC 类别产品中各储存单元行为模式的系统。图 7-16 给出了某公司在生产过程中使用的两种不同颜色的部件的需求量。

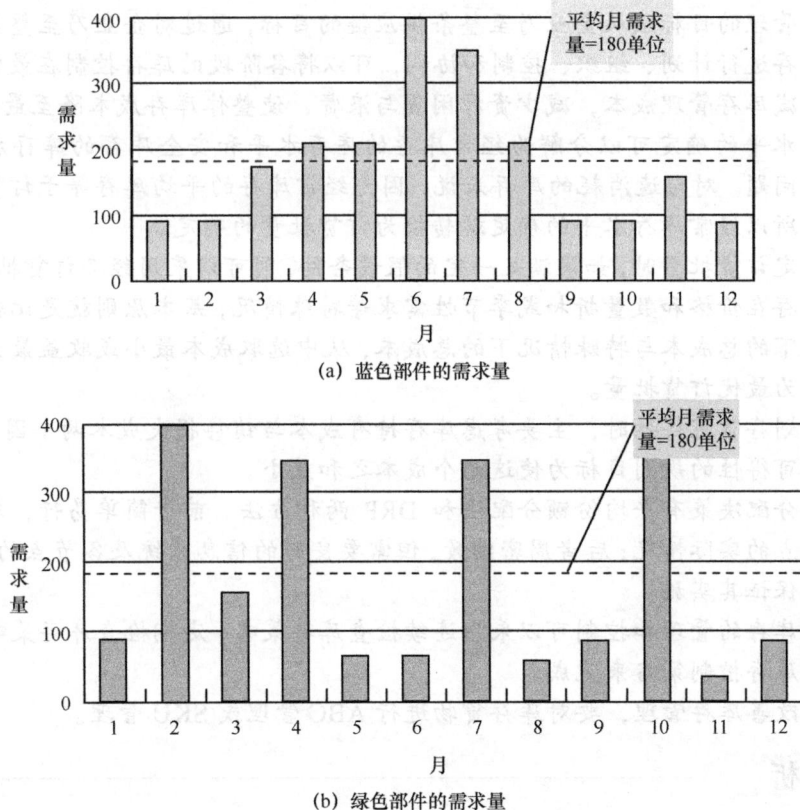

(a) 蓝色部件的需求量

(b) 绿色部件的需求量

图 7-16　不同颜色的部件的需求量

尽管两种颜色的部件在一年中的平均需求量相同，但蓝色部件的需求量比绿色部件的需求量更容易预测。蓝色部件需求量的变化只是月平均需求量的 2 倍，而绿色部件需求量的变化则高达月平均需求量的 4 倍。因此，这两种颜色部件的安全库存应该分别计算，以便更好地管理控制和降低成本。在这种情况下，应采用 SKU 管理法，分别从颜色、规格、款式等方面对产品进行细致的分析，分别制定不同的库存管理策略。

SKU 管理在前置仓的应用

对于即时零售或配送的前置仓的库存管理，采用 SKU 管理尤为重要。首先，前置仓的数量多，如果每种 SKU 都备有安全库存，则将使企业的库存成本大幅增加；其次，前置仓的配置是为了满足客户即时配送的需求，但每个区域对不同 SKU 的需求不同，如果不针对 SKU 进行库存水平的确定，就很容易造成缺货，无法满足客户时效性要求。

本章小结 →

➤ 库存（Inventory）有时被译为"储存"或"储备"，是为了满足未来需要而暂时闲置的资源，人、财、物、信息各方面的资源都存在库存问题。

➤ 库存的种类包括经常库存、在途库存、安全库存、投机库存和闲置库存。

➤ 库存管理的目标服从企业乃至整条供应链的目标，通过对企业乃至整条供应链上的库存进行计划、组织、控制和协调，可以将各阶段的库存控制在最低水平，从而削减库存管理成本，减少资源闲置与浪费，使整体库存成本降至最低。

➤ 库存水平的确定可以分解为经常库存的库存水平和安全库存的库存水平的确定两个问题。对匀速消耗的库存来说，因为经常库存的平均库存等于订货批量的一半，所以经常库存水平的确定就转换为订货批量的确定。

➤ 在确定订货批量时，如果满足一定的假设条件，则可以采用经济订货批量的方法。如果存在价格和数量折扣或季节性需求等特殊情况，基本原则就是比较经济订货批量下的总成本与特殊情况下的总成本，从中选取成本最小或收益最大的订货批量作为最优订货批量。

➤ 在规划存货可得性时，主要考虑库存持有成本与销售损失成本两个因素的影响。存货可得性的规划目标为使这两个成本之和最小。

➤ 库存分配决策有平均份额分配法和 DRP 两种方法。前者简单易行，却未考虑各个节点的实际情况；后者周密细致，但需要良好的信息系统及各节点的紧密合作，才能保证其实施。

➤ 对于库存的管理和控制可以采用连续检查库存策略、定期检查库存策略及基于协同的库存控制策略来完成。

➤ 为了改善库存管理，要对库存货物进行 ABC 管理或 SKU 管理。

案例分析 →

云南汇昱园林景观工程有限公司库存管理

1. 公司及业务背景

云南汇昱园林景观工程有限公司（以下简称云南汇昱）是一家具有设计施工能力，技术力量雄厚，机械化施工程度较高的园林景观工程公司。该公司以园林绿化及景观工程的设计与施工为主，拥有百余亩基地进行花卉苗木的生产经营及技术咨询，承接大中型园林绿化景观工程的设计、施工，兼营园林工程机械设备。该公司在昆明和东川等地拥有苗圃百余亩，生产小叶榕、大叶榕、桂花、球花石楠、南天竹等各类绿化工程用乔木、灌木、地被、球形苗木及市内观赏苗木，还具有科研与销售功能，开展各类室内盆栽植物的租赁、销售业务。

2. 苗圃基地库存成本的构成

1）苗圃基地库存的作用

（1）保持工程项目运营的柔性。云南汇昱的主要业务是园林绿化及景观工程的设计和实施，每个项目对乔灌木的需求量都较大。公司通过在苗圃基地内储存一部分库存，减少原材料准备的时间，降低原材料供应的风险，进而支持项目的正常运营。

（2）适应市场苗木需求的变化。市场对苗木的需求情况可以通过库存量的变化反映出来，公司可以通过调整库存情况，适应市场的需求。

（3）有效应对市场不确定情况。在项目实际运营的过程中，会出现供应商交货延迟，或者客户需求改变等各种不确定情况，苗圃基地的库存可以在一定程度上应对这些不确定情况，保障公司工程项目的顺利进行。

（4）获得苗圃订购的规模经济效益。通过大批量的订购，可以获得一定的数量折扣或价格折扣，并利用经济效益降低运输成本等，而且订购批量大，对于与供应商建立良好的供需关系有积极作用。

（5）销售展示功能。苗圃基地的库存乔灌木还有销售展示的功能，一方面反映公司的整体经济实力，一方面也是公司的品牌象征和一种广告宣传。

2）苗圃基地库存成本的构成

（1）储存成本。包括苗圃基地的租赁费用、人工成本、园林机械设备成本、化肥、农药等运营成本，还有苗木死亡的损耗成本、苗木贬值的风险成本、占用资金的机会成本等。

（2）准备成本。云南汇昱为了运作园林工程项目或生产销售，会从苗圃调用一批现有的库存苗木。期间的盘点时间、安排挖机和吊车费用、苗木运输的费用等共同构成准备成本。

（3）缺货成本。当某种苗木库存使用完后，如再有需求，只能推后补货或取消业务，对公司的生产经营乃至品牌形象产生不良影响。

3. 苗圃基地库存管理的问题

1）订货品种与数量的确定缺少科学依据

当前，云南汇昱的苗木订货品种及数量主要依据主观经验来确定，这需要管理者对市场需求的敏感度很高，太依赖个体管理者的历史经验。订货批量主要依据苗圃现有空闲用地的大小、市场上近期热门的苗木价格来确定。

2）库存管理缺少必要的考核

对于现有苗圃，由苗圃仓管员建立苗木台账，按月更新苗木库存。通过此台账，管理人员可以基本了解苗圃现有苗木的种类、规格和成本状况。但是，管理人员没有进一步对苗圃的库存数据进行分析，如库存周转率，只是了解了库存量。

3）所有苗木库存管理控制方法相同

对所有品种的苗木采用的库存管理方法是一样的，都是按月盘点库存，记录库存台账。最终造成有的苗木经常缺货，有的苗木一直留存在苗圃里，不断增加成本。

4. 苗圃基地库存管理改进措施

1）引入 EOQ 模型

某些乔木需求相对稳定，但是价格昂贵，库存持有成本较高，因此公司管理层引入 EOQ 模型，确定苗木的经济订货批量。

2）对库存周转率进行考核控制

对现有种类的苗木库存数据进一步分析，计算每种苗木的库存周转率。对于库存周转率低的苗木，淘汰或低价处理，减少其库存量及库存空间的占用，并指导后续苗木种类的采购量。

3）对苗木进行 ABC 分类

因为苗圃配备的人员和设备有限，公司没有精力和足够的资源对所有苗木都进行精细化管理，故根据苗木的资金占用情况，对苗木进行 ABC 分类。对于 A 类品种的苗木，执行连续检查的库存策略，计算其再订货点，当库存小于等于再订货点时，按照 EOQ 计算得到的订货批量进行订货，其安全库存按照其订货批量的 3/4 来储备。对于 B 类品种的苗木，执行定期检查的库存策略，检查周期为 1 个月，并在此时订购一定批量的苗木，使其库存达到最高水平。对于 C 类品种的苗木，也执行定期检查的库存策略，检查周期为 1 个月，但是只有当检查时的库存水平低于最低库存水平时才订购一定批量的苗木，使其库存达到最高水平。

思考题：

1. 云南汇昱保持一定量的苗木库存的作用有哪些？

2. 以三角枫为例，计算 EOQ 及库存周转率。三角枫的年需求量为 1050 株，产品单位成本为 800 元，产品订货成本为 6000 元/次，单位库存持有成本率为 45%。库存周转率计算公式为：

$$库存周转率 = \frac{售出产品的成本}{平均库存总值}（三角枫属于 A 类产品）$$

3. 以下是部分苗木的年库存情况，请根据表 7-6 的数据，按照其资金占用情况完成苗木的 ABC 分类。

表 7-6　各种苗木的采购数量及单价

编号	苗木名称	单位	数量	单价/元
1	黄葛树（大）	株	65	1060
2	黄葛树（小）	株	80	850
3	核桃树	株	10	500
4	红花银木荷	株	200	900
5	梨树	株	50	520
6	三角枫	株	520	800
7	红花木兰	株	50	1050
8	尖叶杜英	株	6	660
9	海枣	株	2	860
10	红叶李树	株	17	480
11	蓝花楹	株	5	620

4. 请根据案例总结库存管理包括哪些内容。

复习思考题 →

1．库存存在的原因有哪些？
2．库存管理的目标是什么？
3．简述 DRP 的实施要点。
4．库存管理和控制的策略有哪些？
5．使用平均份额分配法计算分配给以下四个分拨中心的产品数量（见图 7-17）。

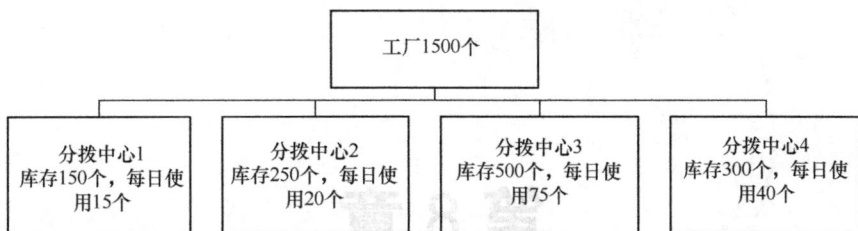

图 7-17　分拨中心情况

6．某公司生产和销售全系列工业空调产品，产品通过独立的分销商在全国销售。公司从一家制造商处采购用于生产空调产品的继电器，每次大约订购 300 箱，每箱 24 个单位，一年订购 54 次，年采购量大约 16 000 箱。采购价格为每箱 8 元，订货成本为每箱 10 元，库存持有成本为 25%。继电器每箱的重量为 25 公斤，该公司支付运输费用。当运输量小于 15 000 公斤时，每 100 公斤的运输费用为 4 元；当运输量在 15 000～39 000 公斤时，每 100 公斤的运输费用为 3.9 元；当运输量大于 39 000 公斤时，每 100 公斤的运输费用为 3.64 元。继电器以 20 箱为一托盘进行运输，求该公司在这种情况下的最佳订货批量。

7．某公司经营一款摄像机，该产品的进价为 4000 元，销售价格为 5000 元。该产品具有代表性的 10 天销售数据如表 7-7 所示，有关供货提前期的数据如表 7-8 所示。

表 7-7　10 天销售数据

销售量/天	1	2	6	10	16
天数	2	2	2	2	2

表 7-8　供货提前期数据

订货周期	1	2	3	4	5	6	7	8	9	10
提前期	9	9	42	13	22	33	11	18	36	27

目前，该公司的订货批量为平均提前期内的平均需求量；存货可得性为 99%。该公司的库存持有成本率为 45%。请分析以下问题。

（1）存货可得性为 99%、95%、91%、87% 中的哪个时，年利润最高？

（2）该公司的供应商提议，如果进货价格额外增加 1.5%，他们就能够雇用更可靠的承运商，可以将提前期的标准差减少一半。该公司是否应接受这个提议？

（3）该公司有 5 家分店，其需求和提前期的规律相同，现在的状况是安全库存储存在每家分店。该公司库存管理者提出，将 5 家分店的安全库存集中储存在配送中心，必要的时候由配送中心将安全库存快速发送到各家分店，每周的费用为 1200 元。该方案是否可行？

第 8 章

物流组织的规划与设计

1. 理解物流组织的概念。
2. 理解物流组织的发展过程。
3. 掌握物流组织规划与设计的原则与内容。
4. 掌握物流组织结构的类型及特征。
5. 掌握物流组织类型设计的要求，以及选择物流组织结构类型时应考虑的因素。
6. 了解物流组织的新发展。

长久物流的组织结构设计

1992 年，在"中国汽车之都"长春，北京长久物流股份有限公司（以下简称长久物流）将汽车物流作为事业启航点，成为汽车物流领域最早的践行者和引领者。长久物流致力于为中国汽车行业提供全方位、全产业链的物流服务，是国内领先的汽车物流供应链解决方案服务提供商，被评为我国首批 5A 级综合物流企业，并成为 2008 年奥林匹克运动会火炬传递全程物流服务唯一承运商，用实际行动履行了对百年奥运的庄严承诺。长久物流注重国际化发展，在"一带一路"倡议的助力下，相继开通了哈欧班列、哈俄班列、黑龙江至比利时沃尔沃专列等一系列国际铁路货物运输班列。2016 年 8 月，长久物流正式在上海证券交易所主板挂牌上市，成为国内首家 A 股上市的第三方汽车物流企业。长久物流坚持为客户创造价值、为股东创造财富，并时刻肩负企业的社会责任，在实现公司伟大愿景的征途中"行天下，长久远"。

长久物流拥有公、铁、水多式联运能力，2020 年发运量逾 300 万台，其中商用车发运量逾 23 万台，滚装船发运量 62 万台。自营中置轴 2400 余辆，运营中欧、中俄 2 条国际铁路线，可控船舶合计 10 艘，并开展了国际航空包机业务。

长久物流在全国设有多家全资、控股子公司，形成以东北、华北、华东、华中、华南、西北、西南地区为基地的全国大循环汽车物流网络布局。通过 OTM 系统（乘用车物流运输系统）、CMS 系统（商用车物流运输系统）、WMS 系统（仓储系统）、Call-Center 系统（客服呼叫系统）、GPS 系统（卫星定位系统）及 3G 视频监控系统，实现全程运输、仓储、监控主动服务的一体化信息网络。长久物流依托网络优势、运力管理能力、仓储网点覆盖及智能管理体系，为国际、国内客户的新车、二手车、社会车辆等提供整车运输、仓储、零部件物流、多式联运、国际物流、智慧物流、社会车辆物流、供应链金融等综合一体化供应链服务。为了更好地完成其业务，长久物流的组织结构如图 8-1 所示。

长久物流获得了"中国物流优秀服务商""中国物流企业 50 强奖""中国物流最具投资价值企业奖"等众多荣誉。长久物流不断提升汽车物流综合服务品质，凭借从产品到解决方案的专业化，以科技驱动的信息化、数字化、智能化，整合全球优势资源，为全球客户提供优质、高效的汽车物流供应链服务。

思考题：

1. 长久物流的组织结构属于哪种类型？
2. 长久物流选择这种组织结构类型的原因是什么？

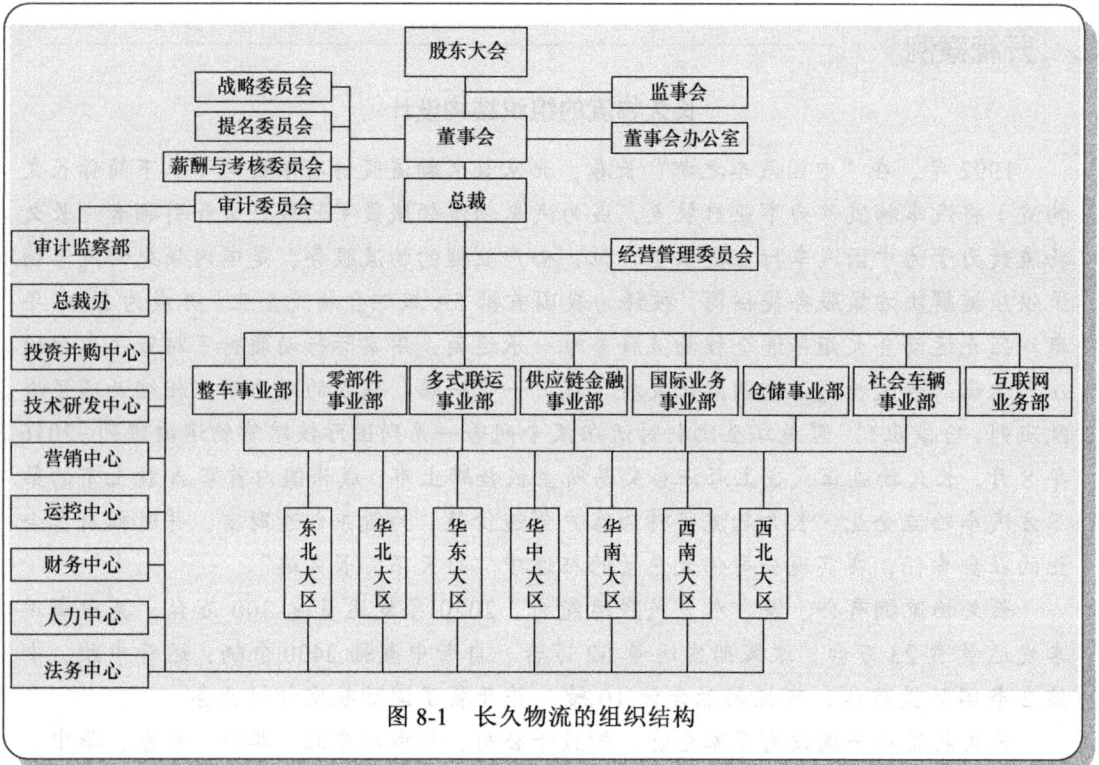

图 8-1　长久物流的组织结构

物流组织的规划与设计是物流组织的建立过程或改善过程。它不仅包括社会物流高层次决策组织体系、生产（企业）物流组织体系、专业物流职能管理组织体系的设计，还要根据设定的物流组织体系的目标和企业物流业务分工，规定物流部门的职位、职权和职责，以及其与其他部门的关系、协调原则和方法，建立责任制度及指示和反馈信息的渠道与程序。

由于物流工作在地理上十分分散，运作过程横跨多个部门或多个行业，可以说，没有绝对正确或错误的组织结构。但一项研究表明，物流系统的质量缺陷受到公司文化、公司愿景、员工权利、授权、改变管理过程、培训和教育员工六个方面的影响，由此可见，物流组织在物流系统中占据重要地位。物流组织在实践中发生的巨大变化已使其成为最难精确规划的课题之一。信息时代和供应链整合的需要促使物流企业对传统的物流组织进行变革，对其组织结构进行重新设计。

8.1　物流组织概述

8.1.1　物流组织的概念

物流组织一般是指以物流经营和管理活动为核心内容的实体性组织。从广义上讲，物流组织可以是企业内部的物流管理和运作部门、企业间的物流联盟组织，也可以是从事物流及其中介服务的部门、企业，以及政府物流管理机构。

物流组织是针对与物流环节相关的一系列业务进行计划、实施、管理和绩效评价的机构，本质上是促进企业达成经营目标的一种机制。物流组织既可以以正式的机构体现，也可以以流程或非正式的控制关系体现。

企业组织实质上是管理者之间权力与责任的分配及管理形式的确定，它体现着企业的管理思想。物流企业的组织也不例外，每次组织变革都体现了某种管理思想的变革，每次管理思想的变革又会带来组织的变革。

8.1.2 物流组织的发展过程

即使在欧美国家，20 世纪 50 年代以前，物流也通常被视作一种促进或支持性的工作。物流组织常被分散到整个公司。随着物流重要性的体现，物流职能开始整合，即将物流职能聚合成一个单独的组织，以提高整合的可能性。但是，物流管理的重点很快就从对职能的管理转换为对过程的控制，企业开始检验物流能力在创造客户价值的整个过程中发挥的作用。尤其是信息时代和供应链概念的出现，使企业有能力对物流系统进行整合，同时对物流职能与企业其他职能进行整合。因此，物流组织的发展经历了物流功能集成化阶段、物流功能一体化阶段、物流过程一体化阶段、虚拟与网络化物流阶段，如图 8-2 所示。

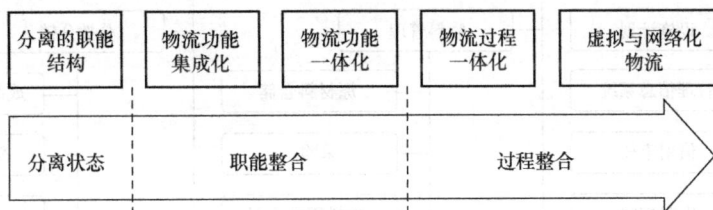

图 8-2 物流组织的发展阶段

1. 物流功能集成化阶段

在此阶段之前，物流职能一直分散于企业内的各个部门，通常没有专门的物流经理和物流部门来管理整个物流过程，如图 8-3 所示。

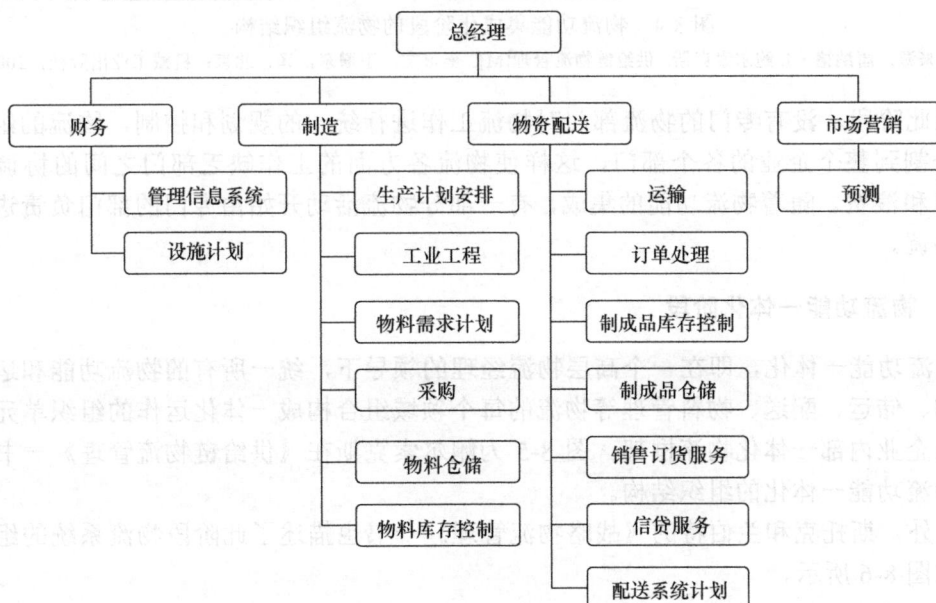

图 8-3 传统的物流组织结构

传统结构的特征是物流活动分散，物流活动没有明确的目标，也不做统一的规划、设计和优化，物流活动只被看作各部门的必要活动，用来配合各部门目标的实现。

物流功能的集成是一个渐进发展的过程。20 世纪 60 年代初期开始出现的集成很少能真正改变企业传统的部门和组织层次，往往只发生在同一大的职能部门和组织的直线管理层，如围绕着客户集中销售物流分离出物资配送部门，围绕着采购集中供应或生产物流分离出原料管理部门，但物流管理仍然分散于传统的制造、销售和财务管理部门。

20 世纪 70 年代后，随着企业集成运作物流的成本降低和物流经验的逐步丰富，围绕着客户的物资配送组织地位上升，于是，在企业的组织结构中开始并行于制造、销售和财务管理部门，并且物资配送和生产组织下的物料管理各自一体化也得到了发展，如图 8-4 所示。在制造业中，直到目前，这种各自一体化的物流组织结构仍普遍存在。

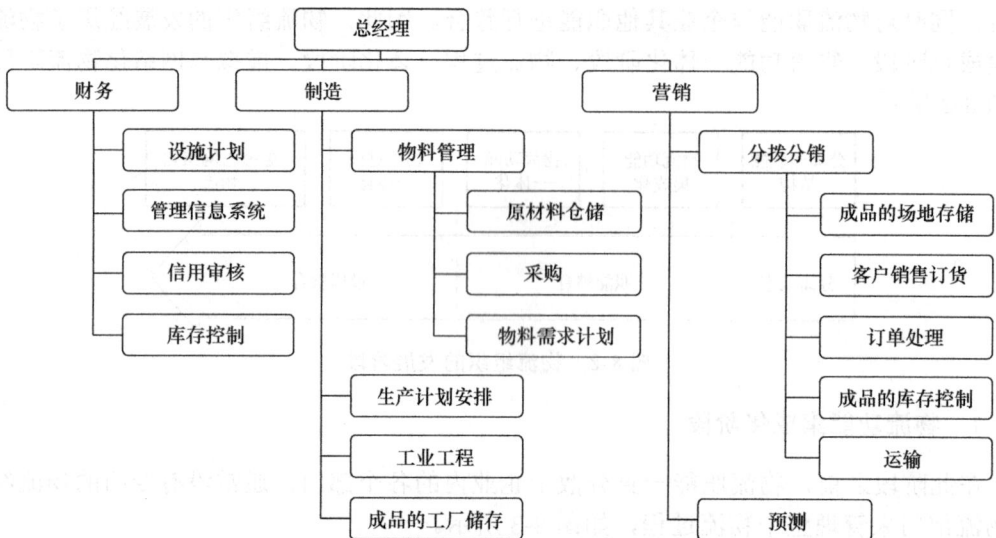

图 8-4　物流功能集成化阶段的物流组织结构

（资料来源：唐纳德·J. 鲍尔索克斯. 供给链物流管理[M]. 李习文，王增东，译. 北京：机械工业出版社，2004.）

在此阶段，没有专门的物流部门对物流工作进行统一的规划和控制，物流的组织职能被分割到整个企业的各个部门，这样使物流各方面的工作缺乏部门之间的协调，造成重复和浪费。随着物流功能的集成，有一部分物流活动开始由专门的部门负责进行平衡和协调。

2. 物流功能一体化阶段

物流功能一体化，即在一个高层物流经理的领导下，统一所有的物流功能和运作，将采购、储运、配送、物料管理等物流的每个领域组合构成一体化运作的组织单元，形成总的企业内部一体化物流框架。图 8-5 为鲍尔索克斯在《供给链物流管理》一书中提出的物流功能一体化的组织结构。

另外，斯托克和兰伯特的《战略物流管理》一书也描述了此阶段物流系统的组织结构，如图 8-6 所示。

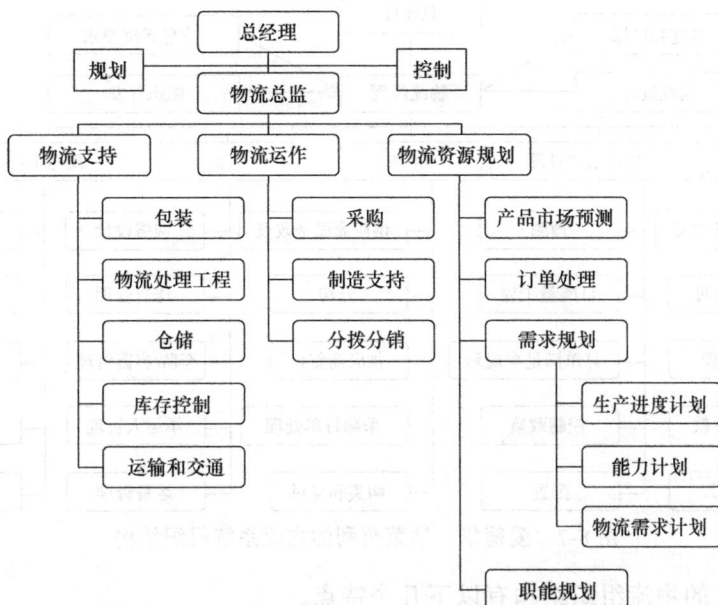

图 8-5 鲍尔索克斯的物流功能一体化组织结构

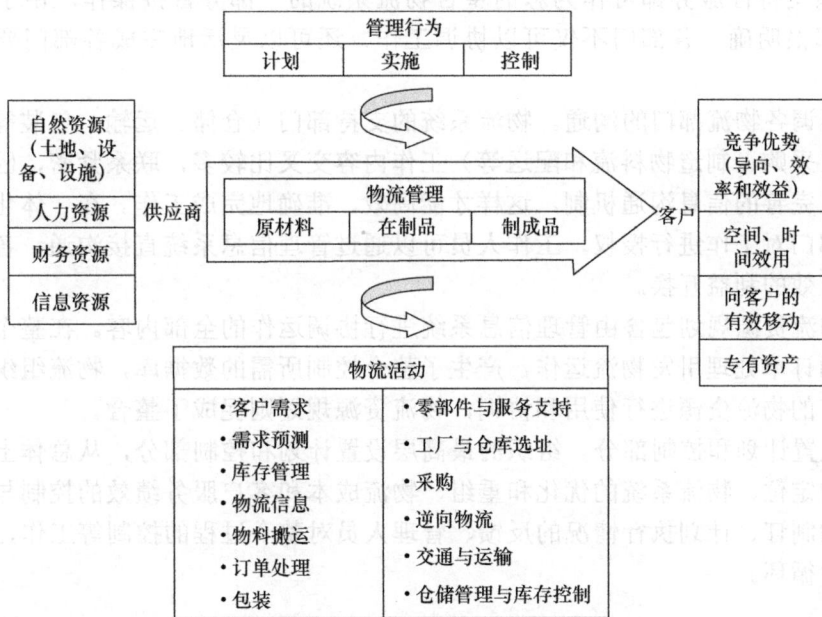

图 8-6 斯托克和兰伯特的物流系统组织结构

这个框架的物流系统的边界相对来说比较宽泛,从功能上讲,不仅包括传统物流的七大经典功能(运输、储存、包装、装卸搬运、流通加工、物流信息、增值服务),而且包括商流范畴的采购、需求预测等功能。这些物流职能集成在一起,共同完成物流系统的任务。

另外,爱德华·佛莱哲利的《物流战略咨询》一书同样给出了功能一体化的物流系统组织结构,如图 8-7 所示。

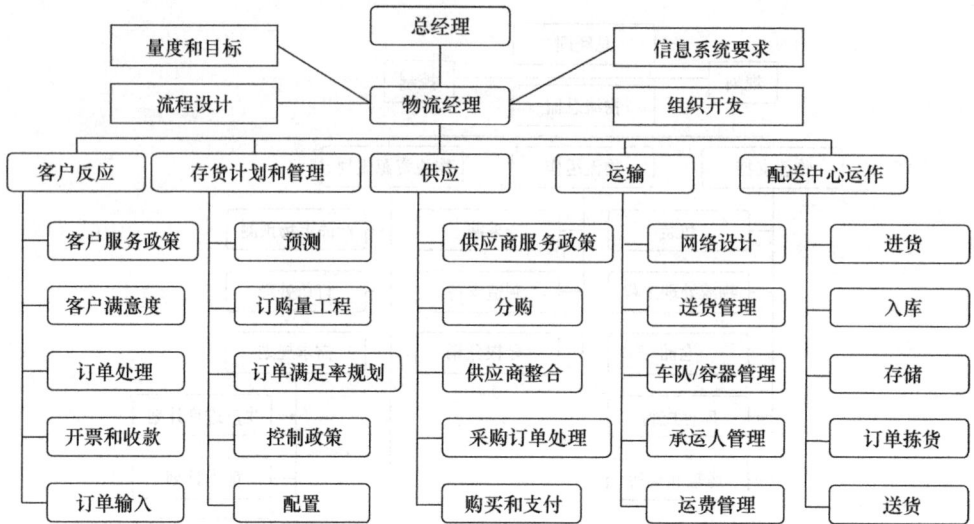

图 8-7　爱德华·佛莱哲利的物流系统组织结构

上述一体化的物流组织结构有以下几个特点。

（1）强调物流资源计划对企业内部物流一体化的重要作用。此组织结构中的权利和责任使每项支持性服务都可作为总的整合物流系统的一部分直接操作。由于运作的责任和权利都很明确，各部门不仅可以协调工作，还可以灵活地完成各部门要求的关键服务。

（2）强调各物流部门的沟通。物流系统的支持部门（仓储、运输、包装等）与物流运作部门（采购、制造物料流和配送等）工作内容交叉比较多，联系紧密，因此需要各部门之间有完善的信息沟通机制，这样才能高效、准确地完成工作。在一体化的组织结构中，各部门对工作进行授权，工作人员可以通过管理信息系统直接沟通，各部门之间能够进行有效的利益互换。

（3）物流资源规划包含由管理信息系统进行协调运作的全部内容。在整个物流系统中，客户的订单处理引发物流运作，产生了整合控制所需的数据库，物流组织可以根据需求对所有的物流资源进行使用和协调，物流资源规划则促成了整合。

（4）设置计划和控制部分。组织的最高层设置计划和控制部分，从总体上负责物流发展战略的定位、物流系统的优化和重组、物流成本和客户服务绩效的控制与衡量等，通过计划的制订、计划执行情况的反馈、管理人员对整个过程的控制等工作，促进整个组织的良性循环。

3. 物流过程一体化阶段

20 世纪 90 年代以来，在彼得·圣吉的学习型组织理论，以及迈克·哈默和詹姆士·钱皮的企业流程再造理论的影响与指导下，扁平化、授权、再造和团队的思想已被越来越多的企业所理解并接受，企业的组织开始进入重构时代。物流管理也由重视功能转变为重视过程，通过管理过程而非功能来提高物流效率已成为整合物流的核心。物流组织不再局限于功能集合或分隔的影响，开始由功能一体化的垂直层次结构向以过程为导向的水平结构转变，由纵向一体化向横向一体化转变，由内部一体化向内外部一体化转变，如图 8-8 所示。从某种意义上说，矩阵型、团队型、联盟型等物流组织形式就是在以物流过程及其一体化为导向的前提下发展起来的，尤其是团队组织。由于现代企业存在大量跨职能、跨领域的任务需要完成，团队组织尤其适合这种企业，并且已经成为企业物流组织的发展趋势。

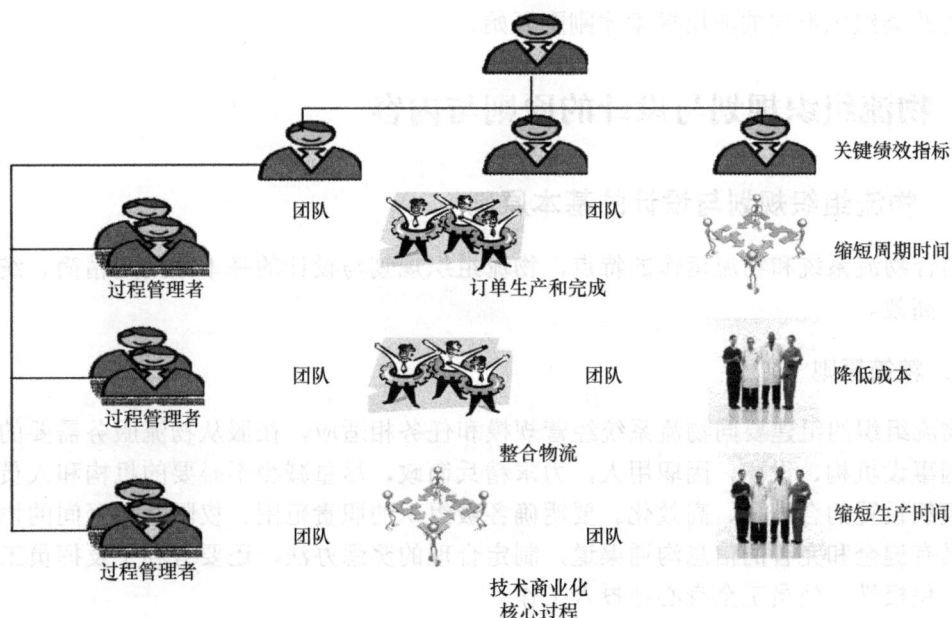

图 8-8　过程一体化的物流组织结构

这种组织结构一般具有以下三个特点。

（1）体现全员参与。创建一个全员参与的工作环境，在这个环境中，员工能够参与各项管理活动，这样不仅能够充分发挥员工的才能，以自我指导的方式激励员工，使其发挥最大潜能，还可以形成一种良好的人际关系和组织文化，能最大限度地鼓舞员工士气，从而使组织的各项工作顺利完成。

（2）注重流程管理。设计组织部门时，以工作流程为中心，而不是以部门职能为中心来构建组织结构，企业通过流程管理而非职能管理提高生产力。企业的结构是围绕有明确目标的几项"核心流程"建立起来的，而不再是围绕职能部门，职能部门的职责也随之逐渐淡化。

（3）信息准确沟通。这种组织结构的特点之一便是快速响应，要做到这一点就需要信息准确、快速地传递、共享。因此，企业内部甚至企业之间可以通过管理信息系统等网络化信息工具进行沟通，这样有利于整合组织各方面的信息和资源，提高管理效率。信息技术已代替组织层次成为新企业的承载结构。

4. 虚拟与网络化物流阶段

虚拟物流组织实际上是一种非正式的、非固定的、松散的、暂时性的组织形式，它突破了原有物流组织的有形边界，通过整合各成员的资源、技术、客户、市场机会等，依靠统一、协调的物流运作，以最小的组织实现最大的物流功能。网络化物流组织将单个实体或虚拟物流组织以网络的形式紧密联合在一起，是以联合物流专业化资产，共享物流过程控制和达成共同物流目的为基本特征的组织管理形式。20 世纪 90 年代中期以后，信息和网络技术的快速发展为虚拟与网络化物流组织的产生和发展提供了有利的外部环境。特别是企业引入了供应链管理的理念后，物流从单个企业扩展到供应链上的所有企业，虚拟与网络化物流组织将可能成为一种更加有效的物流组织运作形式。目前，企业对此类组织形式的应用探索才刚刚开始。

8.2 物流组织规划与设计的原则与内容

8.2.1 物流组织规划与设计的基本原则

结合物流系统和物流运作的特点，物流组织规划与设计的基本原则是精简、统一、自主、高效。

1. 精简原则

物流组织的组建要同物流系统经营规模和任务相适应，在服从物流服务需要的前提下，因事设机构、设职，因职用人，力求精兵简政，尽量减少不必要的机构和人员，以达到组织设置的合理化、高效化。要明确各级组织的职责范围、权限及相互间的协作关系，具有健全和完善的信息沟通渠道，制定合理的奖惩办法，还要有利于发挥员工的主动性、积极性，使员工全身心地投入工作。

2. 统一原则

组织内各部门、各环节必须是一个有机结合的组织体系。各层次的组织形成一条职责、权限分明的等级链，不得越级指挥与管理，谁命令、谁执行要分工明确，自上而下逐级层层负责，以保证物流任务顺利完成。

3. 自主原则

各等级链上的各组织都在各自的职责和权限范围内独立自主地履行职能，充分发挥各级组织的主动性、积极性，提高管理工作效率。上级对下级在其职责范围内的决定不得随意否定。

4. 高效原则

效率是各级组织的根本目标，是验证组织合理与否的准绳。因此，必须科学分工，明确职责，责任、权利统一，从而提高管理效率和全员劳动效率。

8.2.2 物流组织规划与设计的内容

任何组织都以使其有效运行的一套互相关联的任务为特征。组织中的人员和任务相互联系和依赖的相对稳定的网络结构就是组织结构。对管理人员来说，进行组织设计，最主要的就是确定组织结构，也就是确定在组织的人员和任务之间建立什么样的关联，即确定工作任务的分工、分组和相互关系。主要从专门化、部门化、管理幅度和层次、协调机制、集权与分权、正规化六个方面进行设计。

1. 专门化

专门化也称分工，是指组织中把工作任务划分成若干步骤来完成的细化程度。20 世纪初，亨利·福特通过建立汽车生产线而富甲天下，享誉全球。他的做法是，给公司每位员工分配特定的、重复性的工作，如有的员工只负责装配汽车的右前轮，有的则只负责安装右前门。通过把工作划分成较小的、标准化的任务，员工能够反复进行同一种操作。福特利用技能相对有限的员工，每 10 秒就能生产出一辆汽车。其实质是一个人不是完成工作的全部，而是完成其中的一部分。管理人员将一份复杂的工作分解为可以独立完成的若干步骤，每个步骤由一个人独立去做。工作分解后，每份工作的难度降低，而且员工的工作重复性增加，因此每个员工可以迅速掌握独立工作的技能，而且该技能水平提高较快，进而有助于提高工作效率及生产率。

例如，物流系统中，仓库的入库工作可以划分为入库审核订单、入库质检、录入入库单、入库上架等若干个步骤，由不同的员工完成。因为每个员工只完成了某项小任务，所以很快就能掌握该项工作技能，并且工作效率会迅速提高。

但是随着工作专门化程度的提高，在某些工作领域，其缺陷也暴露出来。由于重复度太高，工作技能相对简单，人的非经济性因素带来的负面影响（厌烦情绪、疲劳感、压力感、低生产率、缺勤率和人员流动率上升）显现出来，工作效率和生产率反而会下降，如图 8-9 所示。为了避免这种情况发生，很多组织在工作专门化的同时，通过轮岗、团队合作等方式丰富员工的工作内容，允许他们做完整的工作，让他们加入需要相互交换工作技能的团队。这样，他们的产出会大大提高，工作满意度也会增强。

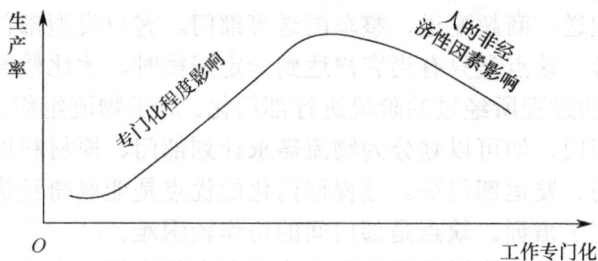

图 8-9　工作专门化程度与生产率的关系

2. 部门化

部门是指组织中管理人员为完成规定的任务而有权管辖的一个特定领域。部门化是将若干职位组合在一起的依据和方式，是为协调共同完成工作而按关键要素决定和划分组织的各个部门。它将组织中的活动按照一定的逻辑安排划分为若干个管理位。部门划分的目的是确定组织中各项任务的分配及责任的归属，以求分工合理、职责分明，达到组织的目标。

（1）部门化的主要依据。

① 按职能进行部门化。这是最普遍采用的一种划分方法，即按专业化的原则，以工作或任务的性质为基础来划分部门。企业的一般职能部门有生产、工程、质量、销售、财务等，而物流组织的一般职能部门有运输、仓储、采购等。职能部门化的优点是有利于从业人员的归口管理，实现规模经济，易于监督和指导，进而有利于提高工作效率。

缺点是容易出现部门的本位主义，决策缓慢，管理较弱，较难检查责任与组织绩效。

② 按产品类型进行部门化。这是指按组织向社会提供的产品划分部门，如家电企业可以依据其产品类型划分出彩电、空调、冰箱、洗衣机等部门，物流企业可以根据其产品类型划分为零担、整担、空运、海运等部门。产品部门化的优点是可以提高决策效率，便于本部门内更好地协作，易于保证产品的质量和进行核算。缺点是容易出现部门化倾向，行政管理人员过多，管理费用增加。

相关链接 →

中远海控拟优化公司组织架构

2022 年 8 月，中远海控发布公告称拟优化公司组织架构，如通过设立供应链物流事业部、资本运营部进一步增强自身拓链补链、服务客户、创造价值的能力。中远海控这次组织结构的调整是根据产品类型进行部门化，将其提供的产品——供应链物流、资本运营的工作人员划分到同一部门，便于实现规模化效益，产品服务的针对性更强。

③ 按地理位置进行部门化。这是指按业务所在的地理位置划分部门。地理位置不同，经济发展规律、客户需求规律等都不尽相同，因此可以将具有相似规律的地理位置划分为一个部门，如物流组织可以将其部门划分为华东、华南、华北等部门。地理位置部门化的优点是对本地区环境的变化反应迅速、灵敏，便于区域性协调，有利于管理人员的培养。缺点是与总部之间的管理职责划分较困难。

④ 按客户类型进行部门化。这是指按组织服务的对象类型划分部门。例如，物流组织可以划分为零售配送、商超配送、整车配送等部门。客户类型部门化的优点是可有针对性地按需定制服务。缺点是只有当客户达到一定规模时，才比较经济。

⑤ 按完成任务的过程所经过的阶段进行部门化。对于物流组织，可以按物流在组织中的完成过程划分部门，如可以划分为物流需求计划部门、原材料库存部门、生产物流部门、产品库存部门、发运部门等。过程部门化的优点是能取得经济优势；充分利用专业技术和技能，简化了培训。缺点是部门间的协作较困难。

上述对部门划分方式的分析只是为了理论研究上的方便。在实际工作中，组织很少根据唯一的标准来划分部门，经常同时利用两个或两个以上的部门化方式，形成复合式的组织结构。究竟采用何种部门化或若干种部门化的组合，往往取决于各种部门化方式优劣的权衡。进行部门化时要遵循的原则有：力求部门最少；组织结构应具有灵活性；确保目标实现；各部门任务的分配应平衡，避免忙闲不均；检查职务和业务部门分设，即检查人不应隶属于受检查的业务部门。

（2）部门化的发展趋势。现阶段部门化的发展趋势主要有两个：一是按客户类型进行部门化的方式应用越来越广，目的是更好地掌握客户需求，并有效地针对客户需求做出响应。二是按职能进行部门化的形式被跨职能的团队合作取代，这种形式更适合技术要求多样化、较复杂的工作内容。

3. 管理幅度和层次

管理幅度指一个人或组织直接管理的下属人员或机构的数量，又称控制幅度。管理层次指组织纵向划分的管理层级的数量。在被管理对象数量确定的条件下，两者成反比关系；管理幅度越宽，需要设置的管理层次就越少；反之，管理幅度越窄，需要设置的管理层次就越多。

管理幅度过宽，会导致领导者负担过重或出现管理混乱。管理幅度过窄，会增加管理层次，降低工作效率。管理幅度受领导者素质和时间、下属成员的素质和成熟程度、工作的性质和环境条件、上下级的权责关系及其明确的程度、组织内部的工作和人际关系是否协调、下属成员或组织在地域上的集中和分散程度、沟通联络技术是否先进、计划和控制指标是否明确具体、组织领导体制等条件的限制，不可能脱离具体条件而确定一个适合各种不同组织及不同情况的统一的管理幅度。

加宽管理幅度，与各个组织努力降低成本、削减企业一般管理费用、加速决策过程、增强灵活性、缩短与客户的距离、授权给下属等的趋势是一致的。但是，为了避免因管理跨度加宽而使员工绩效降低，各公司都大大加强了员工培训的力度和投入。

早期的组织中，管理幅度通常较窄而管理层次较多。其优点是分工明确，便于实施严格控制，上下级关系容易协调；缺点是管理费用较高，信息沟通较困难，不利于发挥下级人员的积极性。

随着生产的发展、科技的进步和经济的增长，组织的规模越来越大，管理者与被管理者的关系随之复杂化。为处理这些错综复杂的关系，管理者需要花费大量的时间与精力，而每个管理者的能力、精力与时间都是有限的，主管人员为有效地领导下属，必须考虑能有效管理的直接下属的人数问题。现在的组织一般采用管理幅度较宽、层次较少的结构，其优点是管理费用较低，信息沟通方便，有利于发挥下级的积极性；缺点是不易实施严格控制，对下级组织人员的相互协调较为困难。

4. 协调机制

要达到组织的整体要求，在进行了人员分工和工作组合以后，还要确定组织中这些相互影响和依赖的人员和群体如何相互协调。协调机制的设计就是研究分工的各个层次，各个部门之间如何进行合理的协调、联系、配合，以保证其高效率配合，发挥管理系统的整体效应。常见的协调机制有相互协调、直接督导和标准化三种。

（1）相互协调。相互协调是通过非正式的简单沟通实现对工作的协调，就像独木舟上的两个划桨人彼此之间的沟通配合。在相互协调中，对工作的控制掌握在直接工作者本人手中，这是非常简单的一种协调机制，适合在最简单的组织中使用。它适用于解决非结构的问题，工作人员边工作，边根据实际情况进行沟通协调，确定后续工作如何进行。

（2）直接督导。直接督导是靠一个人对他人工作负责，向他人发布指令，从而实现协调，就像手术台上的医生彼此之间的配合和协调。当企业的发展超越了最初的简单阶段，组织规模增大，这时往往开始采用直接督导的协调机制，以缩短工作中的相互协调时间，提高工作效率。

（3）标准化。标准化是指通过向员工提出固定的工作标准和程序，使他们明确自己的职责和任务，包括工作流程标准化、工作输出标准化和员工技能标准化，如表 8-1 所示。

表 8-1　标准化协调机制包括的内容

标准化协调机制	含　义	举　例
工作流程标准化	制定标准化的工作内容或程序，相关操作步骤细化、量化、规范化	产品入库流程、货物运输流程等
工作输出标准化	直接明确某项工作完成的标准或方向	订单交期达成率≥98%，配送时间≤48 小时
员工技能标准化	完成某项工作所需要的技能及流程	库管员的工作技能之一为能够熟练操作 WMS，完成入库、出库数据的输入等

当组织或群体人数较少时（12 人以下），往往采用相互协调的协调机制，但随着组织或群体人数的增加，在相互协调的协调机制中，每个人都要花费大量的时间与其他人相互沟通，以保证整体行动的协调，造成真正工作的时间减少，工作效率下降，这时就会由直接督导的协调机制替代相互协调的协调机制。

当组织或群体的人数超过 50 人时，督导者的任务就变得非常庞大，应接不暇，因此这样的组织或群体更多地采用标准化的协调机制。组织将一些结构化工作的工作内容、工作流程或工作输出的结果标准化，以及对员工技能进行标准化的设计，这样每个工作人员就可以各自依照既定的程序或要求工作。

企业管理者应根据实际情况，对某种协调机制的成本和该协调机制带来的收益进行权衡，以选择合适的协调机制。当然，很多企业在实际操作中会把这几种协调机制组合起来。

5．集权与分权

集权与分权是管理者管理决策权限的分配方式。集权是把企业管理决策权限较多集中在企业上层的一种组织形式。其特点是，管理决策权大多集中在高层领导手中；对下级的控制较多。其优点是有利于集中领导，协调各部门的活动；有利于管理工作的专业化，提高管理活动的效率。

分权是把企业的管理决策权适当地分散在企业中下层的一种组织形式。其特点是，中下层有较多的决策权；上级的控制较少。其优点是能够调动下级工作的积极性，缺点是不易控制员工的行为，不利于对资源进行整体协调。企业组织设计既要有必要的权力集中，又要有必要的权力分散，两者不可偏废。

集权与分权选择主要受到组织规模、决策的重要性、管理人员的能力与数量、控制技术与手段和外界环境等因素的影响，如表 8-2 所示。

表 8-2　影响集权和分权的因素

组织规模	决策的重要性	管理人员的能力与数量	控制技术与手段	外界环境	适合情况
规模小，需要决策的问题少	重要性强	下级管理人员数量少，经验欠缺，管理能力弱	不够完善	不稳定	更适合集权
规模大，需要决策的问题多	重要性弱	下级管理人员数量多，经验丰富，管理能力强	完善	稳定	更适合分权

6．正规化

正规化指组织中各项工作标准化及员工行为受规则和程序约束的程度。高度正规化的组织具有定义明确、结构严密的组织结构。在正规化程度较高的组织中，有明确的工作说明书，有繁杂的组织规章制度，对于工作过程有详尽的规定。而正规化程度较低的组织，相对来说，工作执行和日程安排不那么僵硬，员工对自己工作的处理许可权较大。人们总是期望员工以同样的方式投入工作，能够保证稳定一致的产出结果。由于个人许可权与组织对员工行为的规定成反比，因此工作标准化程度越高，员工决定自己工作方式的权力就越小。工作标准化不仅降低了员工选择工作行为的可能性，而且使员工无须考虑其他行为选择。

8.3 物流组织结构的规划与设计

8.3.1 物流组织结构的类型

1. 职能型组织结构

早期的物流管理方式是以职能划分为中心进行管理的。职能型组织将生产、营销、财务、物流等一系列活动划分为企业的单个职能或部门，各职能部门的调整全部由最高经营层决策。

职能型组织结构的优点是，拥有专业化优势，通过将同类专业人员组合在一起，可从劳动分工中获得效率性；可以减少人员和设备的重复配置。其缺点是，组织中各部门常常因为追求职能目标而看不到全局的最佳利益，没有一项职能对最终结果负全部责任；无法按组织整体进行利益管理，无法实现从生产到经营等各职能阶段成本的控制和正常价格的计算，因而根本无法实现物流成本控制。其特征如表 8-3 所示。

表 8-3　职能型组织结构的特征

关联背景	内部系统	优　势	劣　势
外界环境：稳定 技术：结构化，较低的关联性 战略目标：内部效率、技术质量	经营目标：强调职能目标 正式权力：职能经理 计划预算：基于成功的预算、统计报告	部门内规模经济； 促进深层次技能提高； 适用于中小型企业及经营一种或少数几种产品的企业	对外界环境响应速度慢； 高层决策内容多，超负荷； 部门间协作少； 缺少创新； 缺少对组织目标的认知

2. 事业部型组织结构

事业部是一种分权式的管理方式。通常情况下，每个事业部都是自治的，由事业部经理对全面绩效负责，同时拥有充分的战略和运营决策的权力。其中，对物流活动的管理也由各个事业部单独进行。事业部型组织结构的优势十分明显，由事业部经理对一种产品或服务负完全的责任，管理责任明确且易于实施成本控制，同时提高了企业经营的灵活性。但是随着市场变化的加速、消费者需求的多样化，事业部型组织结构也在某些方面显现出不足。事业部型组织结构特征如表 8-4 所示。

表 8-4　事业部型组织结构的特征

关联背景	内部系统	优　势	劣　势
外界环境：中度到高度不稳定 技术：非结构化，较强的关联性 战略目标：外部效益、适应、客户满意	经营目标：强调产品线或服务质量 正式权力：产品或服务经理 计划预算：基于成本和收益的利润中心	环境适应性强，响应速度快； 通过清晰的产品或服务责任实现客户满意； 跨职能的高度协调； 决策分权； 适用于大型企业	失去部门规模经济； 各产品线或服务间缺乏协调； 难以深度竞争和技术专门化

从事业部自身所负责的业务来看，事业部虽能灵活应对市场变化，并有效地进行盈亏管理，但事业部层次的效率化对整个企业来说并不一定是最有效的。例如，新产品开发已不是单个事业部的活动，而是一种跨越事业部界限的整个企业的战略行为，这就使完全的事业部制存在很多制约因素。事业部结构的另一主要缺陷就是活动和资源重复配置。例如，每个分部都有一个物流部门，而在不采用自治分部的场合，组织的所有物流活动都是集中进行的，其成本远比分部化以后的总费用低得多。因此，有必要对原有的组织结构进行改革，将某些管理或创新职能从事业部中分离出来，由企业统一指挥、实施，这样既能保证战略管理的统一性，发挥企业的整体优势，又能使企业灵敏地应对市场变化，发挥事业部机动性、创造性的特点。例如，2000 年，海尔对全集团的物流资源进行重组，成立物流推进本部，对过去分散在各个事业部的采购、仓储、配送业务进行统一规划与管理。仅统一采购彩色显像管一项，全年至少节约 580 万元。通过 JIT 统一配送管理，又使库存占用资金由原来的 15 亿元降为 7 亿元。

事业部改革的一项重要内容就是调整物流管理在企业组织中的地位。在经济高速增长、产品营销阶段，企业经营的核心是产品的生产，物流只是生产的附属职能。但随着市场竞争的加剧和需求的多样化发展，产品营销哲学已不能适应低经济增长期需求创造和市场维系的要求。以客户需求为中心的生产营销体系已成为整个企业管理活动的目标和标准，这种变化从如下几方面影响物流管理。首先，从产业力量对比来看，随着营销理念的变化，零售业正在取代企业成为流通过程的主角，尤其是以高附加值、低价格为主导的仓储商店、折扣店等新型零售业。这就要求降低从企业经批发商到零售商各阶段的企业调达成本，以及削减各企业的内部费用。在这种状况下，原来单纯的事业部制已不能适应零售企业不断降低成本的要求。其次，作为企业，在当今激烈的市场竞争中，为了满足客户的需求生产出高附加值的产品，就必须随时了解市场动态和本企业产品在流通过程中的信息，包括商品在途、库存及周转等信息，这对只从事个别品种生产、经营的事业部来说是难以实现的。因此，物流管理在组织中的调整已成为一种必然，而打破事业部的界限，将物流管理活动统一化和集中管理，成立全企业的物流组织将是一种新型的现代事业部组织形式。

在这种组织形式下，物流总部的设立并不一定将物流现场作业全部集中到总公司进行。一般情况下，物流现场作业仍由各事业部独自展开，物流总部的职能则是从流通的全体出发建立基本的物流体系，决定物流发展战略，并在与现场作业相吻合的条件下，不断完善物流管理体系并推动其发展。

3. 矩阵型组织结构

矩阵型组织结构的设置既可以是临时性的，又可以是永久性的。在临时性矩阵中，一个项目小组只在该项目的生命周期内存在，这个期间可能是几个月或几年。而在永久性矩阵中，产品小组相对来说可存在相当长一段时间。矩阵型组织结构的特征如表 8-5 所示。

表 8-5 矩阵型组织结构的特征

关联背景	内部系统	优 势	劣 势
外界环境：高度不稳定 技术：非结构化，较强的关联性 战略目标：产品创新和技术专门化	经营目标：同时强调职能、产品线或服务质量 正式权力：职能经理、产品或服务（项目）经理 计划预算：基于职能和项目（产品或服务）的双重系统	适应环境双重要求所必需的协作/项目（产品或服务）之间实现人力资源的弹性共享； 适于在不确定环境中进行复杂的决策和经常性的变革； 为职能和生产技能的改进提供了条件； 适合拥有多种产品或服务的中等组织	员工处于双重领导中，精力与时间不好协调； 对员工的人际关系技能要求高； 会议和协调冲突耗费时间较多； 需要维持权力的平衡

在此结构中，物流管理者负责管理物流与其他几个职能部门相交叉的合作项目。物流经理负责整个物流系统，但对其中的活动并没有直接的管辖权。企业传统的组织结构仍没有改变，但物流经理分享职能部门的决策权。各项活动的费用不仅要通过各职能部门的审查，还要通过物流经理的审查，各部门只有协调合作才能完成特定的物流项目。显然，这种新型的组织兼有职能型组织和事业部型组织两者的优势。但在矩阵型组织结构中，人员受双重领导，有时不易分清责任，需要花费很多时间用于协调，从而降低人员的积极性。物流部门的工作人员既需要接受其职能经理的命令，又要服从项目管理者的安排，这样工作人员自己的精力和时间分配会有冲突，对其人际关系技能要求较高。

企业的物流运作与计划往往贯穿于企业组织结构的各种职能。消费者需求的多样化、产品生命周期的缩短、市场竞争的加剧，均对物流运营提出了更高的要求。这就要求物流与营销和制造等功能领域相结合，将运输、库存、新产品开发、柔性制造和客户服务整合起来，一些现代企业由此采用了矩阵型组织结构。

4. 扁平化组织结构

扁平化组织结构是通过减少行政管理层次，裁减冗余人员，建立一种紧凑、干练的组织结构，即从最高的决策层到最低的操作层，之间相隔的管理层级很少，让最下层单位拥有充分的自主权，并对生产的结果负责。其管理层级较少，管理幅度较宽，授权也较大，组织成员易于沟通与指挥，且其工作满足感较高。可见组织结构的扁平化增强了组织快速反应的能力。信息技术的迅速发展是扁平化组织产生的直接原因。面对瞬息万变的市场环境，企业组织必须快速反应和迅速决策，以保持企业的竞争优势。

相关链接 →

扁平化组织结构在海尔的应用

海尔在完成组织扁平化变革后，节约了经营资源，减少了管理费用，大大提高了生产效率和资金使用效率，使企业对市场的反应更加灵敏，实现了与用户零距离。例如，为方便用户取、放物品而特别设计的抽拉式冷柜——迈克冷柜，其产品的出产距海尔美国公司总裁迈克提出生产建议仅用了 17 小时，并且很快推出了系列产品。如此快的反应速度使迈克冷柜一举占领了美国小型冷柜 40% 的市场。扁平化管理在缩短产品交货期方面的效果也是明显的，如冰箱交货时间由原来的 9.5 天减少到 6.5 天，平均缩短了约 32%。扁平化管理模式消除了以往多元化公司的"大企业病"的弊端。

相对于以往的组织类型，扁平化组织主要有以下几点变化。

（1）以工作流程而不是部门职能作为部门化依据。企业的结构是围绕有明确目标的几项"核心流程"建立起来的，而不再是职能部门；职能部门的职责也随之逐渐淡化。

（2）纵向管理层次简化，削减中层管理者。组织扁平化要求企业的管理幅度增宽，简化烦琐的管理层级，取消一些中层管理者的岗位，使企业指挥链条最短，协调机制一般为标准化，基层员工具有一定的权力。

（3）企业资源和权力下放基层，客户需求驱动。基层的员工与客户直接接触，使他们拥有部分决策权能够避免客户反馈信息向上级传达过程中的失真与滞后，大大改善服务质量，快速响应市场变化，真正做到客户满意。

（4）使用现代网络通信手段。企业内部与企业之间使用 E-mail、办公自动化系统、管理信息系统等网络信息化工具进行沟通，提升了信息反馈的速度和准确性，大大增宽了管理幅度，提高了效率。

（5）实行目标管理。在下放决策权给员工的同时实行目标管理，以团队作为基本的工作单位，员工自主做出自己工作中的决策，并为之负责；这样就把每个员工都变成了企业的主人。

由此可见，扁平化组织结构有利于缩短上下级距离，密切上下级关系，信息纵向流通快，管理费用低。而且，由于管理幅度较宽，被管理者有较大的自主性、积极性和满足感。同时，由于管理幅度较宽，权力分散，不易实施严密控制，加重了对下属组织及人员进行协调的负担。扁平化组织结构的特征如表 8-6 所示。

表 8-6　扁平化组织结构的特征

关联背景	内部系统	优　势	劣　势
外界环境：高度不稳定 技术：非结构化，较强的关联性 战略目标：快速响应市场	经营目标：提高决策速度，满足客户需求 正式权力：分权给员工 计划预算：基于成本与收益的利润中心	信息传递速度快、失真少； 便于高层领导了解基层情况； 主管人员与下属能够结成较大的集体，有利于解决较复杂的问题； 下级享有更充分的职权，工作满意度高； 适合外界环境不稳定的大型组织	主管人员的管理幅度宽，负担重，精力分散，难以对下级进行深入、具体的管理； 对主管人员的素质要求高； 主管人员与下属结成较大的集体，随着集体规模的扩大，协调和取得一致意见变得更加困难

8.3.2 物流组织结构规划与设计的要求

1. 物流组织类型设计的要求

（1）以客户需求为导向。随着经济环境的变化，物流行业作为一种服务行业，其战略目标就是要以客户需求为中心，主要追求提高物流效率、降低物流成本。例如，大规模定制物流旨在充分识别客户的物流需求，并根据需求特征进行市场细分，从中寻求差别化的物流战略，从而通过对物流功能的重组和物流操作的重构，提供客户化定制物流服务。

（2）以现代信息技术和物流技术为支撑。要在获得规模经济效益的同时提供客户化定制物流服务，必须依靠现代信息技术和物流技术的支持，包括电子数据交换、条形码、电子自动订货系统、全球卫星定位系统、地理信息系统、射频技术等。这些技术使企业能采用先进的管理方法，如快速反应、有效客户反应、准时制管理等；能提供客户要求的供应商管理库存计划、提前运作商品的预测和计划、上架准备等特定服务；能支持工厂和仓库中新增的物流活动，如越库操作、运输调度及回程安排等。

（3）以物流特征细分为主要部门化依据。在进行部门化设计时，应主要以物流特征为依据，如可以通过对物流需求的细分，划分出客户群，并根据每个客户群的需求特征确定物流服务水平，可明确各客户群的物流需求，并在此基础上实施差别化物流服务战略，提供客户需要的物流服务。针对不同的客户群需求划分部门，从而避免为单个客户定制物流服务的复杂性和低效率。

（4）以物流功能模块化及标准化为基础。物流服务功能主要包括运输、储存、包装、装卸搬运、配送、流通加工、信息处理等，各功能可以作为物流服务的模块，并进行标准化。各模块功能可通过自营或外购的方式获得，以每个组织的核心竞争力为依据确定自营功能模块及外购非核心功能模块。在实现标准化的过程中，可以运用标杆方法，以该功能领域的领先者或竞争对手为标杆，实现物流设施、物流操作等的标准化。最后，根据客户的具体需求组合物流功能模块，以物流服务总效益最大化为指导，实现各功能模块的协调。

2. 物流组织结构类型的选择

选择物流组织结构类型，除了按照一般组织设计的逻辑和规范，还必须结合企业的实际情况综合考虑，主要从以下几个因素来判断。

（1）企业类型。物流组织的重点因企业的类型不同而有所不同。对生产型企业来说，物流组织的管理重点一般侧重于生产物流和运输，因此，可以采用相对传统的组织类型，如职能型、事业部型组织结构；而对销售型企业来说，其业务主要集中在营销活动和销售物流活动，企业的战略目标为满足客户的需求，因此，需要采用更灵活、反应更快的组织结构形式，如矩阵型或扁平化组织结构。

（2）企业经营战略。应充分关注影响服务水平和物流成本的经营活动，通过集中管理采购、生产、库存、运输和订单处理等活动对其进行统一管理。当企业的生产和销售战略发生重大变化时，物流组织也将发生相应的调整。如果企业的经营战略侧重于服务水平的实现，快速响应客户需求，则应该选择扁平化组织结构。如果企业的经营战略侧重于降低物流成本，物流业务的可创新性不高，则可选择职能型或事业部型的组织结构。

（3）企业规模。大规模的企业具有较为复杂的管理组织结构，管理层级相对较多，而且产品或服务类型相对较多，也可能具有一定的差异性，物流组织结构的规划与设计也应体现更高程度的专业化及横向、纵向的管理分化，应根据差异化程度选择部门化的程度及依据，比较适合采用事业部型、矩阵型的组织结构；小企业由于不具备专业化的物流管理机构，倾向于采用定向不明确的集中组织管理机构，如职能型组织结构。

（4）企业环境的动态变化。企业还应充分考虑环境的变化趋势，因为市场环境的变化将直接影响企业未来的生产战略、市场战略、联盟战略等。例如，需求的差异性将导致以客户为导向的企业市场战略，因此，企业必须加强客户服务业务的管理组织的构建；又如，整合更多的下游分销商将导致仓库数量和库存水平增加，这就要求物流组织应具备柔性的特征。在相对稳定的市场环境中，以职能型为主的层级结构的组织形式是效率较高的一种组织形式。但这种组织形式却越来越不能适应市场的发展变化，具体表现为：一是企业组织规模越来越庞大，产生了一大批被称为"恐龙"的超级跨国公司，企业管理层级已经多得难以使其有效运作；二是外部环境迅速变化，需要组织能够应对环境的多变，快速调整自身的业务，满足客户的需求。外部环境的快速变化要求企业快速应变，具备极强的适应性，而管理层级众多、以职能型为主的层级结构缺少的恰恰是对变化的快速感应能力和适应性，所以在这种情况下，采用扁平化的组织结构更加合适。

（5）企业文化建设。企业文化是指组织内各成员共同分享及认同的价值观、规范与信念，用以维系及凝聚所有员工。企业文化的建设需要组织结构配合，方可发挥其效用。例如，企业强调对外应变的"适应文化"，则需要一个宽松且富有弹性的组织结构，如扁平化组织结构，以降低形式化、标准化及集权程度；相反，如果企业拟建设重视内部稳定的"执行文化"，则组织结构应以较高的形式化、标准化及集权化加强内部控制，保持内部的稳定状态。

相关链接 →

韵达快递的组织结构变革

企业的组织结构并不是一成不变的，企业会根据各方面的变化调整组织结构，以确保实现企业战略目标。例如，2016年8月，韵达快递发布企业新标识和新发展战略；同年12月，韵达快递开启多元化发展，总裁办公室成立快运项目组，启动快运业务。2017年初，韵达快递有了新的大动作——组织架构大调整。在其公司重大资产重组事项完成后，韵达快递新增了仓储事业部、国际事业部、终端事业部、商业事业部四大事业部。

8.4 物流组织的新发展

8.4.1 团队结构

团队结构是指团队成员的组成成分，是团队协调、协作、协同工作的基础。团队结构的特点是打破部门界限，并把决策权下放到团队成员，要求成员既全又专，团队负活动的全部责任；团队组织适合组织中具有特定的期限和工作绩效标准的某些重要任务，或者任务是独特的、不常见的，需要跨职能界限的专门技能；团队结构作为对以往层次结构的补充，既提高了标准化效率，又增强了灵活性。

同样，物流组织的主要目标是规划不同的物流活动并保证这些活动协调一致。这种协作可以通过一些非正式的组织达成，即不改变现有的组织结构，而使用合作或建议等方式促使负责这些活动的员工互相协作，良好地协调各种物流活动。这种非正式的物流组织大致分为自我管理型团队和多功能型团队两种。多功能型团队结构可将多人的经验和背景结合起来，跨越职能界限处理一些问题。这种团队可以是临时的，也可以是永久的，它有些类似于矩阵型结构，但它实际上只是组织的一种附加设计。多功能型团队的成员由各主要物流环节的人员组成，团队提供沟通的方式，成员定期或不定期地聚集在一起分析问题、提出建议、协调活动、做出决策或监控项目的进行。

自我管理型团队通常由 10～16 人组成，他们承担着以前自己的上司承担的一些责任。一般来说，他们的责任范围包括控制工作节奏、决定工作任务的分配、安排工间休息。彻底的自我管理型团队甚至可以挑选自己的成员，并让成员相互进行绩效评估。但是团队管理过于松散，这就对团队成员自身的素质及控制力有较高的要求，这种团队形式不一定能带来积极的效果。

8.4.2 网络结构

网络结构泛指组织间为获取、强化资源以增加其竞争优势而形成的各种形式的连接关系，如合作协定、合资、授权、策略联盟等。在信息时代，企业把资源和权力放到许多个分子上，每个分子都是一个经营单位，拥有个别的核心专长，分子间可依不同需求彼此整合成团块合作，以保持一定的竞争能力。单一分子还可以自由地对外寻求合适的对象进行整合。由于是独立运作的，各分子都能保有相当的应变速度和弹性。网络结构适用于各种企业组织。

这种结构的特殊之处在于只保留企业的核心业务，而把其非核心业务外包给专业的合作公司，并和其他同行业公司战略联合，共享订单和资源。

这种结构的优点是：人员配置很少和成本很低；能通过战略联合得到更专业的技能；容易跟随市场的变化扩张或缩小。其缺点是：管理难度大，要求管理者协调各合作企业相互合作和沟通；合作商的不确定性来源于产品或服务的质量和诚信度；依赖性强，如果一方出现问题，将导致整个过程受到影响。

随着信息时代的来临、互联网的应用，国与国之间、企业与企业之间的疆界逐渐消失，经营哲学的典范已由原先讲求"职能间分工、组织部门间整合"的传统组织，转变为"专业价值创造、跨组织整合"的网状组织。因为只有很小的中心组织，所以它是一种依靠其他组织，以合同为基础，从事制造、分销、营销、物流或其他关联业务的经营活动的结构。这种合作关系就形成了供应链联盟。供应链成员之间既相互独立又相互依存，因此彼此间需要开展纵向合作。同时，绝大多数物流服务表现出高度的核心专业化，它们的利益产生于规模经济，并很容易受规模经济的影响。这就促进了企业相互间的横向联盟。实践表明，在供应链之间形成联盟，能普遍提高企业自身的竞争能力和竞争效率。

一般来讲，供应商与客户之间、同行业企业之间、相关行业企业之间、不相关行业企业之间，都可能在物流领域实现战略联盟，特别是生产型企业与专业物流企业之间，通常称为"第三方物流"合作。战略联盟的形式很难归类，但联盟各方的最终目的都是保障彼此的长期业务合作，建立战略性合作伙伴关系。战略联盟可能衍生出合资经营、技术共享、采购与营销协议等多种形式，但企业在组织战略联盟时必须注意保持自身的核心能力。

本章小结 →

➤ 物流组织一般是指以物流经营和管理活动为核心内容的实体性组织。从广义上讲，物流组织可以是企业内部的物流管理和运作部门、企业间的物流联盟组织，也可以是从事物流及其中介服务的部门、企业，以及政府物流管理机构。

➤ 物流组织的发展经历了物流功能集成化阶段、物流功能一体化阶段、物流过程一体化阶段、虚拟与网络化物流阶段四个阶段。

➤ 物流组织规划与设计时应该遵守精简原则、统一原则、自主原则及高效原则。主要的设计内容包括专门化、部门化、管理幅度和层次、协调机制、集权与分权、正规化六个方面。

➤ 物流组织结构有职能型、事业部型、矩阵型、扁平化等类型。在选择物流组织结构类型时，应考虑企业类型、企业经营战略、企业规模、企业环境的动态变化及企业文化建设等因素。

➤ 设计物流组织类型时，应满足以客户需求为导向、以现代信息技术和物流技术为支撑、以物流特征细分为主要部门化依据、以物流功能模块化及标准化为基础的要求。

➤ 物流组织的新发展有团队结构和网络结构两种形式。

案例分析 →

京东物流：组织结构不断升级以适配战略发展需求

京东集团自2007年开始自建物流，2012年正式注册物流公司，2017年4月25日正式成立京东物流集团。截至2021年12月31日，京东物流在全国共运营43座"亚洲一号"大型智能仓库，已经拥有及正在申请的技术专利和计算机软件版权超过5500项，其中与自动化和无人技术相关的专利数量超过3000项。2022年3月10日，京东物流发布上市后首份年度业绩报告，2021年总收入达1047亿元，同比增长42.7%。京东物流从企业物流转型为物流企业，从服务于"京东零售"到如今服务于数十万个商家与社会机构。京东物流以技术驱动，引领全球高效流通和可持续发展为使命，致力于将过去十余年积累的基础设施、管理经验、专业技术向社会全面开放，成为全球供应链基础设施服务商。

随着京东物流战略目标及业务功能的转变，公司组织结构也在不断升级以适应战略变化，从传统部门组织到中台战略，以期充分盘活资源，提升效率。最初，京东物流的组织结构是以运营为核心来设计的，京东物流独立运营后，进行了两次比较大的组织结构调整。2017年（独立的第一年），京东物流正式成立开放业务部，这次调整可以让业务端拥有更加市场化的经营权和决策权。2018年8月，京东物流进行了历史上规模最大的一次组织升级，形成了"1844"体系，确立了从运营、财务和组织 3 方面全方位打造效率至上的竞争体系。这次组织结构调整也被看作把更多的经营目标下放到产品条线，通过强化产品的能力或产品体验去强化经营。整个体系分为前台、中台、后台 3 个单元，引入中台结构概念，推进"小集团，大业务"，这样可以盘活资源，发挥组织活力，形成自由度更高的模块化、积木式的单元，更能激发战斗力。

1. 当京东物流还是一个物流部门时

京东从 2007 年开始逐步建立自己的仓储、配送设施和全自营的队伍；2010—2015 年，京东物流开始追求专业化和规模化的经济效应，将京东物流的客户时效和服务标准打造成为全球标杆之一；2016 年，京东物流全面转向开放化和智能化，2016 年年底，京东物流的供应链产品、数据产品、金融产品、信息系统产品开始社会化，做的东西越来越多。当时，京东物流由运营体系负责人统筹，下设运营管理部、办公室、九大业务部门及华东、华北、华南等 7 大业务区域分公司，如图 8-10 所示。独立前，京东物流整体以部门形式存在，资源和话语权相对有限。作为运营部门，成本中心的考核模式和服务于集团商城业务的发展思维都在一定程度上制约着京东物流的发展。

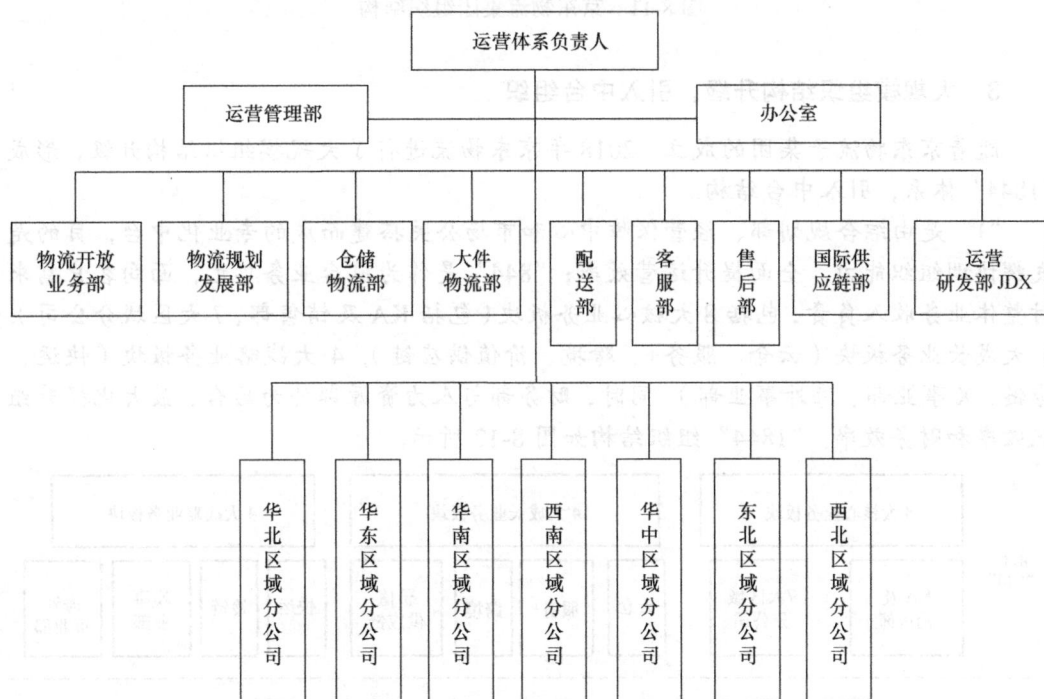

图 8-10　京东物流部门组织结构

2. 京东物流集团成立之后

京东成立物流子集团主要是为了对外输出京东物流的能力，帮助产业链上下游合作伙伴降低供应链成本并提升流通效率。京东希望通过更加灵活的组织结构和管理创新，让京东物流拥有更加市场化的经营权和决策权。其组织结构变更如图 8-11 所示。

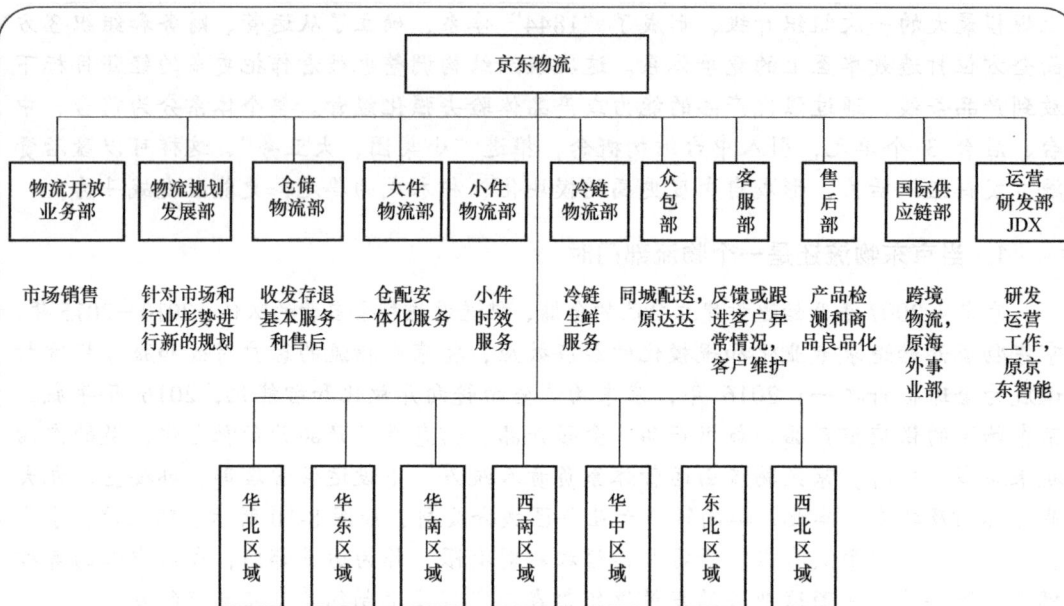

图 8-11　京东物流集团组织结构

3. 大规模组织结构升级，引入中台组织

随着京东物流子集团的成立，2018 年京东物流进行了大规模组织结构升级，形成"1844"体系，引入中台结构。

"1"是由综合规划部、经营保障中心和市场公关搭建而成的专业化中台，目的是发挥协调组织能力，全面提升运营效率；"844"是作为前台业务单元，面向客户需求对整体业务收入负责，包括 8 大核心业务板块（包括 KA 及销售部、7 大区域分公司），4 大成长业务板块（云仓、服务+、跨境、价值供应链），4 大战略业务板块（快运、冷链、X 事业部、海外事业部）。同时，财务部与人力资源部作为后台，最大化提升组织效率和财务效率。"1844"组织结构如图 8-12 所示。

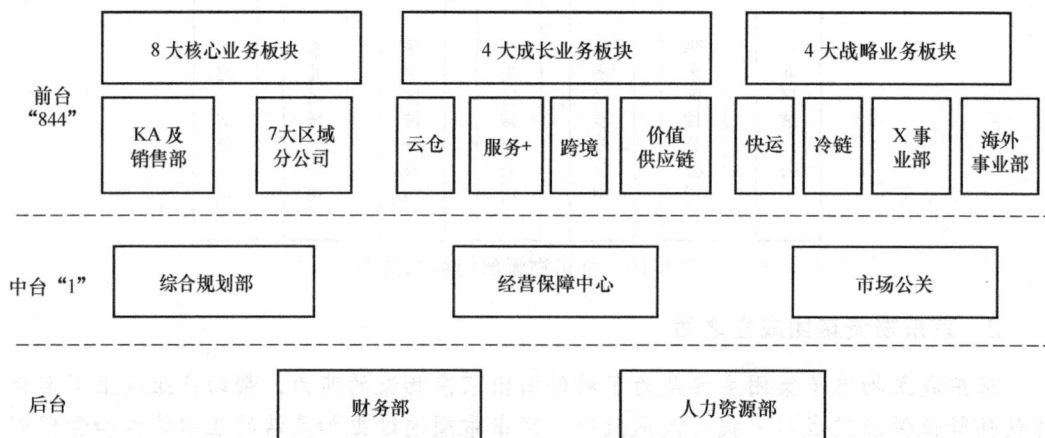

图 8-12　京东物流集团"1844"组织结构

2018 年年底，京东物流在集团中率先试行 Big Boss 机制创新，将权力下放到一线团队，让基层组织能够自主决策。通过组织结构的升级，京东物流积极打造能力积木及灵活敏捷的组件化组织以提升效率，通过考核机制的创新，极大调动了一线人才积极性与创造性，促使员工整体从运营服务思维转变为独立经营决策思维。

4. 由"1844"体系调整为"6118"组织结构

2020 年，京东物流再次升级组织结构，中台结构从"1"升级为"6"，即升级为 B2B 供应链、市场公关、网络规划、运输平台、技术发展、体验保障 6 个细分中台职能，进一步强化中台的服务支持能力。

前台体系从"844"升级到"118"，即 11 个产品化业务前台（包括快递、快运、大件、到仓、冷链、供应链、服务+、J 项目等 8 个产品与产业平台、战略与创新业务、X 事业部 3 大技术业务）；保留 8 个经营前台（KA 及销售部、7 大区域分公司）。通过进一步产品化、模块化和科技化，提升各物流细分赛道和整体供应链服务水平。

京东物流发展思路和业务形态的变化反映出京东集团对于物流业务的定位变化：从服务于京东电商业务的重要竞争壁垒（集团成本中心之一），到独立运营的集团成员企业，再到未来预期能够实现盈利的利润中心。

变化的背后或也与京东集团在国内电商市场中的竞争环境相关。2017—2018 年，国内电商平台竞争加剧，京东商城 GMV 增速一度降至 30%，年度活跃买家数量 3.05 亿个，被拼多多 4.18 亿个反超，同时获客成本居高不下（销售费用/年度活跃买家数量）。在电商新增量的下沉市场，京东并未体现出显著优势。此时，物流业务从财务数据上作为集团利润长期主要的拖累项，在保证服务体验的基础上，需要更加重视拓展三方收入与成本效率。京东通过组织结构的变更，提升网络效率和标准服务能力，健全全面供应链服务能力，强化科技领先和平台化能力，全面推进企业高质量发展。

思考题：

1. 京东物流几次组织结构的变更，分别属于哪种类型的组织结构？
2. 京东物流是如何设计"6118"组织结构中的 6 项内容的？
3. 京东物流的每种组织结构支持的京东物流的战略目标是什么？

复习思考题 →

1. 什么是物流组织？
2. 物流组织的发展经历了哪些阶段？
3. 物流组织规划与设计的内容是什么？
4. 物流组织结构的类型有哪些？
5. 物流组织结构规划与设计的要求有哪些？
6. 在进行物流组织结构选择时，应考虑的主要因素是什么？

第 9 章

物流系统的评价

1. 理解物流系统评价的原则。
2. 了解物流系统评价的步骤。
3. 掌握物流系统评价指标体系建立的原则和内容。
4. 理解关键绩效指标与平衡计分卡的原理。
5. 理解物流系统综合评价方法的原理，包括成本效益法、层次分析法、模糊综合评价法及数据包络分析法。
6. 掌握每种物流系统综合评价方法的求解过程。
7. 掌握每种物流系统综合评价方法的优缺点及使用范围。

满帮推出货主信用等级体系，致力于货运行业有序发展

2022 年 3 月，数字货运平台满帮推出首套货主信用等级体系，旨在引导平台用户形成良好的交易习惯，鼓励货主规范诚信经营，为司机接单提供更多参考，更好地保障司机权益，让平台生态更健康。

从 2021 年开始，满帮开始对平台沉淀的投诉和纠纷进行数据分析，并开展大量用户调研，尝试对货主用户进行分层管理，并引入了针对货主的"正负向标签"机制：运费结算快（慢）、投诉少（多）、取消少（多），通过给货主打上相关经营标签的方式，规范货主行为，帮助众多司机了解、识别货主。

此前，司机也可以对承运订单的货主进行评价，但是司机的评价积极性不高，且单一的评价并不能解决问题。满帮此次推出的货主信用等级是一套完善的体系。根据货主真实交易行为，从货主的交易服务质量、投诉纠纷情况、履约守信度等几个维度综合计算，得出一个信用等级分。通俗来说，对于达到基础发货单数的货主，满帮平台会具体考核其过去 90 天内的完单量、成交率、取消率、好评率、有责客诉率这 5 个指标，依据各指标项在全平台的排名进行评分，加权累计后得到货主的信用分，并展示相对应的信用等级，向所有司机开放。信用等级目前分为 5 级，其中 5 星为最好，向下依次为 4.5 星、4 星、3.5 星、2.5 星。信用分每个月更新一次。

对于达到一定信用等级的货主，满帮会给予荣誉认可及权益激励，信用优秀的货主将获得货源优先展示、专属客服、加赠发货次数等权益。反之，针对信用等级低和有违约行为的货主，满帮也将进行相应的处罚和功能限制。

同时，满帮还将同步展示货主的正负向标签。结合信用分指标情况，信用等级高的货主会展示正向标签，如运费结算快、投诉少等；信用等级低或不达标的货主则会在显著位置展示负面标签，如运费结算慢、取消多等。司机可以通过直观展示的评价标签进行判断，更好地甄别优质货主。

围绕货主信用等级，满帮还配套设计了针对货主群体的完整成长机制。货主可以通过学习信用评分规则、线上支付等方式增加一定的信用分，进而规范经营。同时，满帮也会提供更多工具，简化货主和司机投诉、申诉流程的取证和程序。

据了解，在测试阶段，信用等级体系就受到了货主和司机的欢迎。部分 4.5 星和 5 星的货主反映，发货时效较以往更快。很多司机反映，运货接单前习惯先去看看货主的信用等级和标签："信用等级低的货主直接略过，不管多少钱。""看到运费结算慢标签的货主，一般就不接了。""知道货主以往信用怎么样，可以让司机'少掉好多坑'。"

负责信用体系的满帮平台事业部相关人士透露，接下来，在货主信用体系逐步推广的过程中，满帮也会根据货主和司机的建议和反馈不断改进优化，打磨信用体系本身，真正服务于平台经营环境和司机体验，期望通过一系列举措，不断引导货主与司机养成良好的履约习惯，让货主发货、司机接单更放心，让他们的经营更简单、更有确定性，同时让违约的人增加成本。"满帮愿意和所有司机和货主一起

构建、创造一个健康、可持续、可成长的生态平台，为货运行业有序发展贡献一己之力。"

思考题：
1. 满帮为什么要对货主的信用进行评价？
2. 满帮对货主的信用评价体系包括哪些指标？

系统综合评价是对系统设计提供的各种可行性方案，从社会、政治、经济、技术的角度给予综合考察，全面权衡利弊，从而为系统决策提供科学依据。物流系统评价在物流系统规划和设计工作中占有极其重要的地位，是物流系统规划和设计不可缺少的一环，同时是一件非常困难的工作。物流系统决策是各层次物流管理者重要的工作内容之一，如企业物流战略决策、存储水平决策、运输路线选择等。物流决策正确、合理与否，小则影响能否达到预期目的，大则影响能否实现企业战略目标，甚至决定企业的成败，关系到区域乃至国家的经济发展。因此，掌握科学的决策原理和方法至关重要。

9.1 物流系统评价概述

物流系统评价是系统分析中复杂而又重要的一个环节。它是利用模型和各种数据，从系统的整体观点出发，对系统现状进行评价。一般来说，物流系统评价需要有一定的量化指标，这样才能衡量物流系统的实际运行状况。通常把衡量系统状态的技术经济指标称为特征值，它是系统规划与控制的信息基础。对物流系统的特征值进行研究，建立一套完整的特征值体系，不仅有助于对物流系统进行合理的规划和有效的控制，还有助于准确反映物流系统的合理化状况，评价改善的潜力与效果。

9.1.1 物流系统评价的原则

系统评价是一项十分复杂的工作，必须借助现代化科学和技术发展的成果，采用科学的方法进行客观、公正的评价。评价时应遵循以下几个基本原则。

1. 客观性原则

评价必须客观反映实际情况，使评价结果真实、可靠。评价的目的是决策，因此，评价的质量影响决策的正确性。也就是说，必须保证评价的客观性，必须弄清评价资料是否全面、可靠、正确，防止评价人员带有倾向性，并注意人员的组成应具有代表性。

2. 可比性原则

替代方案在保证实现系统的基本功能上要有可比性和一致性。虽然个别方案功能突出、内容有新意，但也只能说明其相关方面，不能代替其他方面。

3. 系统性原则

评价指标要包括系统目标涉及的一切方面，而且对定性问题要有恰当的评价指标，以保证评价不片面。由于物流系统目标往往是多元化、多层次、多时序的，评价指标体系也应该是一个多元化、多层次和多时序的有机整体。只有这样，才能克服物流系统的效益背反现象，充分发挥物流系统的优势。

9.1.2　物流系统评价的步骤

系统评价和系统决策是密切相关的。为了在众多替代方案中做出正确的选择，就需要有足够的信息支撑。系统评价是物流系统方案决策和行为决定的基础。可以说，没有物流系统决策的物流系统评价是毫无意义的；反之，没有物流系统评价的物流系统决策是缺乏基础的。系统评价是为了系统决策，系统决策则需要系统评价。

从理论上讲，系统评价应该分为两个阶段进行。首先，要搞清楚已有系统的实际性能和质量状况，或者待建系统可达到的性能和质量状况；其次，把这些性能和质量状况与规定相对照（比较），对系统的性能和质量做出判断。对复杂的物流系统进行评价时，虽然概念上很简单，但实施起来常常十分复杂。总结实践中的相关经验，我们认为，物流系统评价一般要遵循如图 9-1 所示的几个步骤。下面主要介绍后面几个步骤。

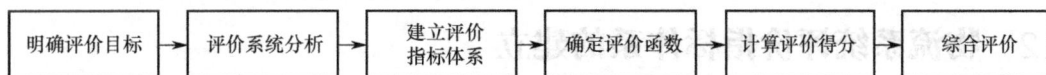

明确评价目标 → 评价系统分析 → 建立评价指标体系 → 确定评价函数 → 计算评价得分 → 综合评价

图 9-1　物流系统评价的一般步骤

1．评价系统分析

具体包括分析系统的目的、界定评价系统的范围、熟悉提出的系统方案及系统要素。总体来说，物流系统评价的目的是更好地决策，但具体来说，可以是使系统结构、技术参数最优，或者是为预测和决策提供参考信息，或者是对复杂问题进行分析与综合。系统的范围主要指评价对象涉及哪些领域、哪些部门，以便在评价中充分考虑各部门的利益，并尽可能吸收各方面人员参与评价。

2．建立评价指标体系

指标是用来评价系统总体目标的具体标志，对于所评价的系统，必须建立能够对照和衡量各个方案的统一尺度，即评价指标体系。评价指标体系由评价目标与实际情况共同确定，在大量资料调查与分析的基础上确定。评价指标体系必须科学、客观，尽可能全面地考虑各种因素，并遵循一定的原则。

3．确定评价函数

评价函数是使评价指标定量化的一种数学模型。不同问题使用的评价函数可能不同，同一个问题也可以使用不同的评价函数。因此，对选用什么样的评价函数本身也必须做出评价。一般应选用能够更好地达到评价目的的评价函数或其他更适宜的评价函数。

由于评价函数本身多属性、多目标，尤其是当评价目标在于形成统一意见进行群体决策时，在确定评价函数时便会产生不同的看法。在物流系统评价之前，应该组织有关人员进行充分、无拘束的讨论，否则，评价工作将难以顺利开展。

4. 计算评价得分

评价函数确定后，评价尺度也随之确定。在评价计算之前，还需要确定各项评价项目的权重。总之，评价尺度和评价项目的权重应保证评价的客观性和有效性。

5. 综合评价

首先，进行单项指标（如经济效益、社会效益）的评价；其次，按照一定的综合共识，将各类单项指标值进行综合，得出更高层次的指标得分；最后，综合大类指标的总价值。评价一个物流系统，一般有经营管理、技术性能、市场反应、时间效率、经济效益、社会效益等很多方面的指标。

当物流系统为单目标时，评价工作比较容易进行。但当系统为多目标（指标）时，评价工作相对来说就困难得多。对于物流这样复杂的系统，一方面，要将它分解为子系统，分别建立模型，然后应用系统分析方法求得各个指标的最优解；另一方面，还要将这些工作综合起来，对于一个完整的系统方案做出正确的评价，对于不同的可行方案做出谁优谁劣的比较，而且要用定量的结果来说明。

9.2　物流系统评价指标体系的建立

评价一个物流系统，就是要评价该物流系统的价值。根据价值的哲学含义，物流系统的价值其实在于评价主体对某个待评价的物流系统方案的主观认识和估计。

物流系统评价需要有一定的量化指标，这样才能衡量物流系统实际的运行状况。一般把衡量系统状态的技术经济指标称为特征值，它是系统规划与控制的信息基础。

对于某个具体的物流系统，由于评价主体的立场、观点、环境不同，对价值的评定也有所不同。即使对于同一评价主体，同一评价对象的价值也会随着时间的推移而发生变化。评价对象的价值并不是系统本身所固有的，而是评价对象及其所处环境的相互关系规定的属性，不应该有价值的绝对尺度。

由于物流系统构成要素既有定性因素，又有定量因素，在物流系统评价的指标体系中，既有定性指标，又有定量指标。因此，应根据评价的目的和物流系统的特点，构建物流系统评价指标体系。

9.2.1　构建物流系统评价指标体系的原则

构建物流系统评价指标体系是一项很困难的工作。一般来说，指标范围越宽，指标数量越多，方案间的差异就越明显，越有利于判断和评价。因此，评价指标体系既要全面反映要评价的系统的各项目标要求，尽可能做到科学、合理，且符合实际情况，还要具有可测、简易、可比的特点。指标总数要尽可能少，以减轻评价负担。具体来说，应遵循以下几个基本原则。

1. 科学性原则

科学性原则主要体现在理论和实践相结合，以及所采用的科学方法等方面。在理论上既要站得住脚，又能反映评价对象的客观实际情况。在设计评价指标体系时，要有科学的理论做指导，使评价指标体系能够在基本概念和逻辑结构上严谨、合理，抓住评价对象的实质，并具有针对性。

同时，评价指标体系是理论与实际相结合的产物，无论采用什么样的定性、定量方法，建立什么样的模型，都必须是客观的抽象描述，都要抓住最重要、最本质和最有代表性的东西。对客观实际抽象描述得越清楚、越简练、越符合实际，科学性就越强。

2. 系统优化原则

评价对象必须用若干指标进行衡量，这些指标是互相联系和互相制约的。有的指标之间有横向联系，反映不同侧面的相互制约关系；有的指标之间有纵向联系，反映不同层次的相互包含关系。同时，同层次指标之间应尽可能界限分明，避免相互有内在联系的若干组、若干层次的指标体系，要体现出很强的系统性。

指标数量的多少及其体系的结构形式应以系统优化为原则，即以较少的指标（数量较少、层次较少），较全面、系统地反映评价对象的内容，既要避免指标体系过于庞杂，又要避免单因素选择，追求的是评价指标体系的总体最优或满意。

评价指标体系要统筹兼顾各方面的关系。由于同层次指标之间存在制约关系，在设计指标体系时，应该兼顾各方面的指标。

设计评价指标体系应采用系统的方法。例如，系统分解和层次结构分析法，由总指标分解成次级指标，再由次级指标分解成次次级指标（通常人们把这三个层次称为目标层、准则层和指标层），并组成树状结构的指标体系，使体系的各个要素及其结构都能满足系统优化的要求。也就是说，通过各项指标之间的有机联系方式和合理的数量关系，能够体现出对上述各种关系的统筹兼顾，达到评价指标体系的整体功能最优，客观、全面地评价系统的输出结果。

3. 通用可比原则

通用可比原则是指不同时期及不同对象间的比较，即纵向比较和横向比较。

（1）纵向比较，指同一对象的这个时期与另一个时期比较。评价指标体系要有通用可比性，条件是指标体系和各项指标、各种参数的内涵和外延保持稳定，而用以计算各指标相对值的各个参照值（标准值）则保持不变。

（2）横向比较，指不同对象之间的比较，找出共同点，按共同点设计评价指标体系。对于各种具体情况，采取调整权重的办法，综合评价各对象的状况后再加以比较。对于相同性质的部门或个体，往往很容易取得可比较的指标。

4. 实用性原则

实用性原则是指实用性、可行性和可操作性。具体要注意以下几点。

（1）指标要简化，方法要简便。评价指标体系要繁简适中，计算评价方法要简便易行，即评价指标体系不可设计得太烦琐。在保证评价结果的客观性、全面性的基础上，指标体系应尽可能简化，减少或去掉一些对评价结果影响甚微的指标。

（2）数据要易于获取。评价指标所需的数据要易于采集，无论是定性评价指标还是定量评价指标，其信息来源必须可靠，并且很容易取得。否则，评价工作将难以进行或代价太大。

（3）整体操作要规范。各项评价指标及其相应的计算方法，各项数据都要标准化、规范化。

（4）要严格控制数据的准确性。应能够实行评价过程中的质量控制，即对数据的准确性和可靠性加以控制。

5. 遵循目标导向原则

评价的目的不是单纯评出名次及优劣的程度，而是引导和鼓励评价对象向正确的方向和目标发展。绩效考评是管理工作中控制环节的重要工作内容，采用"黑箱"方法，利用实际成果的评价对评价对象的行为加以控制，引导其向目标靠近，即起到目标导向的作用。

9.2.2 物流系统评价指标体系的内容

评价指标体系是指由表征评价对象各方面特性及相互联系的多个指标构成的具有内在结构的有机整体。由于物流系统的复杂性，设计物流系统的评价指标体系存在一定困难，因此一般将物流系统进行分解，对每个子系统分别进行评价，最后对各评价结果进行归一化处理，以便对指标进行比较。物流系统评价指标体系一般包括政策性指标、技术性指标、经济性指标、社会性指标、资源性指标、时间性指标六个方面的内容。

1. 政策性指标

政策性指标包括政府的方针、政策、法律、法规和区域经济发展的规划要求等。这类指标对物流系统的评价尤为重要。

2. 技术性指标

技术性指标包括系统使用设备的性能、寿命、可靠性、安全性、服务能力与灵活性等。

3. 经济性指标

经济性指标包括各方案成本效益、建设周期与投资回收期、财务评价类指标等。

4. 社会性指标

社会性指标包括社会福利、社会节约、对所在的区域或国家经济所做的贡献、对生态环境与环境保护的影响因素等。

5. 资源性指标

资源性指标包括物流系统中的人、财、物、能源、水源、土地条件等。

6. 时间性指标

时间性指标包括物流系统规划与设计方案的进度、时间要求等。

表 9-1 列举了某物流园区规划过程中的典型评价指标体系。此物流园区的评价指标，就是从以上几个方面选取的和园区规划相关度较高的一些指标。

表 9-1　物流园区规划过程中的典型评价指标体系

一级指标	二级指标	评价标准
政策法规	区域发展规划	符合区域发展规划中的用地、发展目标的要求
社会效益	园区所在地交通状态	交通便利程度能够满足采购和销售的需要
	污染状态	尽可能减少对环境的污染，最大限度地实现与环境相容
	对当地居民生活的影响	尽可能减轻对城市居民出行、生活等的干扰，减轻或消除噪声等负面影响
经济效益	当地消费容量与水平	接近销售市场，有充足消费容量与消费购买力
	运输成本	运输成本低
	地价因素	具有低价位区位优势
	周边企业状况	周边企业环境和谐，企业聚集程度适中
	资金落实情况	融资环境良好
	效益费用比	效益费用比合理
	投资收益率	投资收益率较好
资源条件	地质、气候等自然条件	能满足园区内的建筑、生活等要求
	公共设施状态	具有充足的供电、供水、排水等基本公共设施，便利的通信设备，合适的污水、固体废弃物处理能力
	道路运输网络	具有完善的道路运输网络
	劳动力水平与技术水平	具有成本合适、数量充足、素质较高的劳动力资源
技术性能	功能设计的完备、可靠性程度	功能完备，同时具有较高的可靠性
	多式联运的实施方便性	多式联运运作协调、方便，可达性较好
	利用现有设施	与现有的物流设施兼容
	靠近主干道	靠近交通主干道，尤其是高等级公路的主干道出入口
	靠近货运枢纽	靠近公路货运集散中心，同时力求与铁路货运中心、港口等距离最短
	总建筑面积满意度	能满足园区中长期发展的需要
	总站场面积满意度	能满足园区中长期发展的需要
	土地面积利用率	土地面积利用率较高

9.2.3　物流系统评价指标体系的设计方法

1. 关键绩效指标

关键绩效指标（Key Performance Indicator，KPI）是通过对组织内部流程的输入端、输出端的关键参数进行设置、取样、计算、分析，衡量流程绩效的一种目标式量化管理指标，是把物流系统的战略目标分解为可操作的工作目标的工具。

关键绩效指标的精髓是指出评价指标体系的建立必须与物流系统的战略目标挂钩。其"关键"一词是指在某个阶段某物流系统在总体目标上要解决的最主要的问题，是该物流系统实现战略目标的关键所在。评价指标体系相应地必须针对这些问题的解决设计评价及衡量指标。

确定关键绩效指标有一个重要的 SMART 原则。S 代表具体（Specific），指绩效考核要切中特定的工作指标，不能笼统；M 代表可度量（Measurable），指绩效指标是数量化或行为化的，验证这些绩效指标的数据或信息是可以获得的；A 代表可实现（Attainable），指绩效指标在付出努力的情况下可以实现，避免设立过高或过低的目标；R 代表有关联性（Relevant），指绩效指标与上级目标具有明确的关联性，最终与企业目标相结合；T 代表有时限（Time-bound），注重完成绩效指标的特定期限。

物流系统不同，关键问题也有所不同，但也有一些共性的问题，比较常用的关键绩效指标有物流生产率、物流质量、经济性指标等。

（1）物流生产率。物流生产率是衡量物流系统投入、产出的效率指标，即物流活动的产出（装运到卡车上）与投入（所需人工数量和使用叉车时间）之比。

所有物流活动的生产率都能用包装所组成的货物单元来描述，如每小时有多少箱装入车辆，物流仓库或配送中心每小时分拣了多少箱货物等。物流生产率的高低受商品种类、商品成组化的程度，以及信息传递方式和特征的影响。它通常包括四项指标，即实际生产率、资源利用率、行为水平和库存指标。

① 实际生产率。实际生产率是系统实际完成的产出与实际消耗的投入之比，如人均年仓储物品周转量、运输车辆每吨年货运量等。这里的"实际"有两方面的含义：投入值与产出量不受价格变化的影响，即以不变价格衡量；产出必须具有价值，而不仅仅是对付出努力的一种反映。例如，卡车可以整天空驶而产生大量的运行公里数（付出的努力），但这些公里数对物流系统来说毫无价值。

② 资源利用率。物流系统的资源利用率是系统需要的投入与实际的投入之比，如运输车辆的运力利用率、仓储设施的仓容利用率等。

③ 行为水平。物流系统的行为水平是系统实际的产出与期望的产出之比，实际上是对系统各生产要素工作定额完成情况的评价。例如，每人每时生产产品的实际件数与定额数之比，有时也可用完成工作的规定时间与实际时间之比来衡量。

④ 库存。库存是物流系统劳动占用形式的投入，库存的数量大小与周转快慢是物流系统投入产出转换效率高低的重要标志。有关这方面的指标有库存周转天数、库存结构合理性等。

（2）物流质量。物流质量是对物流系统产出质量的衡量，是物流系统特征值的重要组成部分。根据物流系统的产出，可将物流质量划分为物料流转质量和物流业务质量两方面。

① 物料流转质量。物料流转质量是对物流系统提供的物品在数量、质量、时间、地点上的正确性评价。数量的正确性指物流过程中物品的实际数量与要求数量的符合程度。常见的指标有仓储物品盈亏率、错发率等。质量的正确性指物流过程中物品的实际质量与要求质量的符合程度。常见的指标有仓储物品完好率、运输物品完好率、进货质量合格率等。时间的正确性指物流过程中物品流动的实际时间与要求时间的符合程度。常见的指标有及时进货率、及时供货率等。地点的正确性指物流过程中物品流向的实际地点与要求地点的符合程度。常见的指标有错误送货率等。

② 物流业务质量。物流业务质量是对物流系统所进行的物流业务在时间、数量上的正确性及工作上的完善性的评价。时间的正确性指物流过程中物流业务在时间上实际与要求的符合程度。常见的指标有采购周期、供货周期、发货故障平均处理时间等。数量

的正确性指物流过程中物流业务在数量上实际与要求的符合程度。常见的指标有采购计划完成率、供应计划完成率、供货率、订货率等。工作的完善性指物流过程中物流业务工作的完善程度。常见的指标有对客户问询的响应率、客户特殊送货要求的满足率、售后服务的完善性等。

（3）经济性指标。

① 成本。物流系统的各项投入在价值形态上统一表现为物流成本，因而可以通过比较成本来衡量物流系统的投入量大小。通过成本与其他指标的结合衡量还可以对物流系统的生产率情况进行衡量，如通过比较成本与产出的价值量或实物量来衡量物流系统的实际生产率，或者通过实际成本与成本定额的比较来衡量物流系统的行为水平。

② 收益。物流系统的各项产出与投入之间的差值则为该物流系统的收益。通过对收益的衡量，可以准确地判断该物流系统是盈利的还是亏损的，这也是对物流系统进行规划和设计的主要目标。

③ 投资回收期。投资回收期就是使累计的经济效益等于最初的投资费用所需的时间，也就是通过资金回流量来回收投资的年限。投资回收期指标容易理解，计算也比较简便；项目投资回收期在一定程度上显示了资本的周转速度。显然，资本周转速度越快，回收期越短，风险越小，盈利越多。这对于分析那些技术上更新迅速的项目、资金相当短缺的项目，或者未来的情况很难预测，而投资者又特别关心资金补偿的项目是特别有用的。

相关链接 →

仓库管理的 KPI 设置

仓库管理的 KPI 一般包括库存准确率、收/发货及时准确率、破损率（破包率）、账物相符率、库存周转率、长库龄物料占比、库位周转率、工作负荷及客户满意率九个指标。

2. 平衡计分卡

平衡计分卡（Balanced Score Card，BSC）是常见的绩效考核方式之一。平衡计分卡是从财务、客户、业务流程、学习与成长四个角度，将组织的战略落实为可操作的衡量指标和目标值的一种新型绩效管理体系。平衡计分卡认为，传统的财务会计模式只能衡量过去发生的事情(落后的结果因素)，但无法评估组织前瞻性的投资(领先的驱动因素)。在工业时代，注重财务指标的管理方法还是有效的。但在信息社会，传统的业绩管理方法并不全面，组织必须通过在客户、供应商、员工、组织流程、技术和革新等方面的投资，获得持续发展的动力。正是基于这样的认识，平衡计分卡认为，组织应从四个角度审视自身业绩：客户、业务流程、财务、学习与成长。

（1）客户方面。企业为了获得长远、出色的财务业绩，就必须创造出客户满意的产品和服务。平衡计分卡给出了两套绩效评价方法：一是企业在客户方面期望达到的绩效而采用的评价指标，对物流系统来说，主要包括市场份额、客户保有率、订单完成总时间、客户获得率、客户满意度等。二是对第一套指标的各项进行细分，逐层细分，制定出评分表。

（2）业务流程方面。系统的目标是能够在合理的成本下，以高效率的方式运作。经营的关键问题是系统内部业务流程的增值活动效率有多高,能否更好地体现核心竞争力。在物流系统中，有关此项的评价指标包括有效提前期、物流业务质量、物流时间柔性、库存周转率、物流成本等。平衡计分卡在这方面的评价也与传统评价指标有显著差异。传统评价指标即使有这方面的指标，也从单一部分入手进行评价，不能形成系统、独特的竞争优势，而平衡计分卡从满足客户和投资者需要的角度出发，从整个价值链上针对内部的业务流程进行分析，从整体上提高企业或系统的竞争力。

（3）财务方面。企业财务性绩效指标能够综合反映企业业绩，可以直接体现股东的利益，显示企业的战略及其实施和执行是否对改善盈利做出贡献，因此财务指标一直被广泛用来对企业的业绩进行控制和评价。财务目标通常与获利能力有关，其衡量指标有营业收入、资本报酬率、现金周转率、库存水平及天数等。

（4）学习与成长方面。企业的学习和成长主要依赖三个方面的资源，即人员、信息系统和企业流程。它确立了企业要创造长期的成长和改善就必须建立的基础框架，以及未来成功的关键因素。平衡计分卡的前三个层面一般揭示了企业的实际能力与实现突破性业绩所必需的能力之间的差距，为了弥补这个差距，企业必须投资于员工技术的再造、组织程序和日常工作的理顺，这些都是平衡计分卡学习与成长层面追求的目标，如员工满意度、员工保持率、员工稳定性、员工生产率、员工培训和技能等，以及这些指标的驱动因素。

平衡计分卡不仅强调短期目标与长期目标的平衡、内部因素与外部因素的平衡，也强调结果的驱动因素，因此平衡计分卡是一个十分复杂的系统。其实施的过程中常见的困难如下。

首先，指标的创建和量化方面。财务指标的创建与量化是比较容易的，其他方面的指标就需要企业管理层根据企业战略及运营的主要业务、外部环境仔细地斟酌。列出的指标有些是不易收集的，这就需要企业在不断探索中总结；有些重要指标很难量化，如员工受激励程度方面的指标，需要收集大量信息，并且要经过充分的加工才有实用价值，这就对企业信息传递和反馈系统提出了很高的要求。

其次，平衡计分卡要确定结果与驱动因素的关系，而大多数情况下，结果与驱动因素的关系并不明显或并不容易量化。这也是企业实施平衡计分卡遇到的又一个困难。企业要花很大的力量去寻找、明确业绩结果与驱动因素的关系。

最后，实施的成本方面。平衡计分卡要求企业从客户、业务流程、财务、学习与成长四个方面考虑战略目标的实施，并为每个方面制定详细而明确的目标和指标。它需要全体成员参加，使每个部门、每个人都有自己的平衡计分卡，企业要付出较大代价。

相关链接 →

平衡计分卡应用举例

表 9-2 为某物流中心的平衡计分卡，从财务、客户、业务流程、学习与成长四个方面进行考核，以完成对该物流中心的月度绩效考核。

表 9-2　某物流中心月度绩效考核平衡计分卡

考核层面	序号	关键因素	考核指标	权重	考核得分	数据来源
财务层面（35%）	F01	物流成本控制	单箱物流费用	15		财务科
	F02	达成财务预算目标	预算执行情况	10		财务科
	F03	减少卷烟损失	卷烟残损额	10		物流中心
客户层面（10%）	C01	提高服务质量	客户、县局（营销部）投诉	10		经济运行科
业务流程层面（35%）	P01	增强仓储流程有效性	卷烟到货确认及时性	10		物流中心、内管科等
	P02	增强仓储流程有效性	卷烟入库扫码率	5		物流中心
	P03	增强分拣流程有效性	分拣差错率	5		物流中心等
	P04	规范操作	内控规范执行情况	15		督查组
学习与成长层面（20%）	L01	提高员工素质	培训计划完成率	20		物流中心

9.3　物流系统综合评价方法

选用物流系统评价方法应根据具体问题而定，系统的类型和内容不同，系统测度也不同，因而评价方法也不同。总体来说，这些方法可以分为定量分析评价、定量与定性相结合的分析评价两大类。在物流系统综合评价中，使用得较为广泛的是定量与定性相结合的评价方法。下面介绍一些常用的方法。

9.3.1　成本效益法

在物流系统综合评价中，最常用和最基本的方法之一就是成本效益法。这是因为成本是一种综合性指标，系统中的人力、经费、物质材料等资源消耗，以及其他越小越好的指标值都有可能综合为成本来反映，而系统所产生的效果在很多情况下可以用经济效益来表示。因此，可以通过各种方案的成本与效益的比较来评价方案的优劣。显然，效益/成本越大，方案就越好。

1. 成本模型

成本模型应该能说明方案的特性参数与其成本之间的关系。一般情况下，成本模型可表示为式（9-1）。

$$C=F(X) \tag{9-1}$$

式中，C 为方案的成本；X 为特性参数；F 为函数形式。

分析系统方案的成本的另一种方法是分别分析系统方案的直接成本和间接成本。

2. 效益模型

与成本模型一样，既可以建立方案本身的效益模型，也可以分别分析其直接效益和间接效益。效益模型一般可表示为式（9-2）。

$$E=G(X) \tag{9-2}$$

式中，E 为系统方案的效益；G 为函数形式。

3. 综合模型

主要研究成本与效益的关系，可以从以下三个方面进行分析：第一，在一定成本下，哪个方案的效益最高（简称 C 准则）；第二，在一定效益下，哪个方案的成本最低（简称 E 准则）；第三，计算效益成本比，取比值最大者。

投入不同的成本将相应得到不同的效益，将其对应结果绘成曲线，即成本效益曲线。四种备选方案的成本效益综合模型如图 9-2 所示。

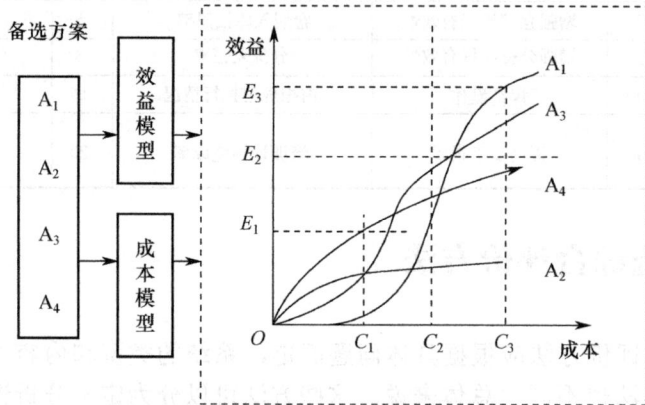

图 9-2　成本效益综合模型

从图 9-2 中可知，在成本为 C_1 时采用方案 A_4，在成本为 C_2 时采用方案 A_3，均可使效益最高；在效益为 E_3 时，采用方案 A_1 可使投资成本最低。

例题 9-1　某配送中心有三个建设方案，这三个方案的投资额和建成后的年利润均是该配送中心日处理货物量 x（万吨）的函数，有：

$C_1(x)=1000+10x$，$E_1(x)=10x$；
$C_2(x)=800+0.6x^2$，$E_2(x)=10x+0.08x^2$；
$C_3(x)=1200+x+0.06x^2$，$E_3(x)=3x+0.1x^2$。

试用综合模型比较三个方案在日处理量分别为 20 万吨和 50 万吨时的优劣。

解：

首先计算日处理量为 20 万吨时的成本、效益及效益成本比。

$C_1(x)=1000+10x=1000+10\times20=1200$（万元）；$E_1(x)=10x=10\times20=1200$（万元）；

$\dfrac{E_1}{C_1}=\dfrac{200}{1200}=0.17$；

$C_2(x)=800+0.6x^2=800+0.6\times20^2=1040$（万元）；$E_2(x)=10x+0.08x^2=10\times20+0.08\times20^2=232$（万元）；

$\dfrac{E_2}{C_2}=\dfrac{232}{1040}=0.22$；

$C_3(x)=1200+x+0.06x^2=1200+20+0.06\times20^2=1244$（万元）；$E_3(x)=3x+0.1x^2=3\times20+0.1\times20^2=100$（万元）；

$\dfrac{E_3}{C_3}=\dfrac{100}{1244}=0.08$。

由此可见，当年处理量为 20 万吨时，方案二优于方案一和方案三。

再计算日处理量为 50 万吨时的成本、效益及效益成本比。

$C_1(x)=1000+10x=1000+10\times50=1500$（万元）；$E_1(x)=10x=10\times50=500$（万元）；

$\dfrac{E_1}{C_1}=\dfrac{500}{1500}=0.33$；

$C_2(x)=800+0.6x^2=800+0.6\times50^2=2300$（万元）；$E_2(x)=10x+0.08x^2=10\times50+0.08\times50^2=700$（万元）；

$\dfrac{E_2}{C_2}=\dfrac{700}{2300}=0.30$；

$C_3(x)=1200+x+0.06x^2=1200+50+0.06\times50^2=1400$（万元）；$E_3(x)=3x+0.1x^2=3\times50+0.1\times50^2=400$（万元）；

$\dfrac{E_3}{C_3}=\dfrac{400}{1400}=0.29$。

由此可见，当年处理量为 50 万吨时，方案一优于方案二和方案三。

通过本例题可以看出，采用成本效益法对物流系统某个问题进行评估时，首先要找到成本或效益与某个已知变量的函数关系。另外需要注意的是，成本和效益如果不是某年单独发生的，则需要将不同年份发生的成本、效益值都转换为现值进行比较，才更加精确。

9.3.2　层次分析法

层次分析法（The Analytic Hierarchy Process，AHP）是由美国运筹学家、匹兹堡大学萨第教授于 20 世纪 70 年代提出的。此后，AHP 在决策问题的许多领域中得到应用，AHP 的理论也不断地深入和发展。AHP 在物流系统评价中的应用已十分广泛。

AHP 的基本原理是排序的原理，即最终将各方法（措施）排出优劣次序作为决策的依据。具体可描述为：AHP 首先将决策的问题看作受多种因素影响的大系统，这些相互关联、相互制约的因素可以按照它们之间的隶属关系排成从高到低的若干层次，称为构造递阶层次结构。然后请专家、学者、权威人士对各因素进行两两比较，再利用数学方法，对各因素进行层层排序，最后对排序结果进行分析，用以辅助决策。具体步骤如下。

1. 建立层次结构模型

在深入分析实际问题的基础上，将有关的各个因素按照不同属性自上而下地分解成若干层次，同一层的各因素从属于上一层的因素或对上层因素有影响，同时又支配下一层的因素或受到下层因素的作用。最上层为目标层，通常只有 1 个因素，最下层通常为方案或对象层，中间可以有 1 个或几个层次，通常为准则或判断层。当准则过多时（如多于 9 个）应进一步分解出子准则层，如图 9-3 所示。

2. 构造成对比较矩阵

从层次结构模型的第 2 层开始，对于从属于（影响）上一层每个因素的同一层各因素，用成对比较法和 1～9 比较尺度构造成对比较矩阵，直到最下层。其中 1～9 代表的含义如表 9-3 所示。

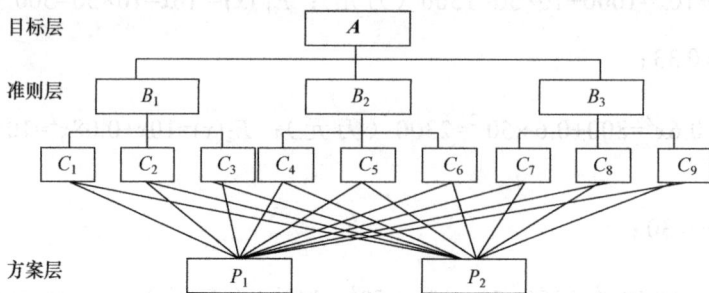

图 9-3　层次结构模型

表 9-3　比例标度值及其含义

标度值	含　义
1	表示两个因素相比，一个因素比另一个因素的重要程度：同样重要
3	表示两个因素相比，一个因素比另一个因素的重要程度：稍微重要
5	表示两个因素相比，一个因素比另一个因素的重要程度：明显重要
7	表示两个因素相比，一个因素比另一个因素的重要程度：非常重要
9	表示两个因素相比，一个因素比另一个因素的重要程度：绝对重要
2、4、6、8	上述两相邻判断的中值

对图 9-3 中从第二层开始的各层次构造如表 9-4 所示的比较矩阵。

表 9-4　层次分析法之比较矩阵

C	B_1	B_2	$\cdots$	B_j	$\cdots$	B_n
B_1	b_{11}	b_{12}	$\cdots$	b_{1j}	$\cdots$	b_{1n}
B_2	b_{21}	b_{22}	$\cdots$	b_{2j}	$\cdots$	b_{2n}
$\cdots$	$\cdots$	$\cdots$	$\cdots$	$\cdots$	$\cdots$	$\cdots$
B_i	b_{i1}	b_{i2}	$\cdots$	b_{ij}	$\cdots$	b_{in}
$\cdots$	$\cdots$	$\cdots$	$\cdots$	$\cdots$	$\cdots$	$\cdots$
B_n	b_{n1}	b_{n2}	$\cdots$	b_{nj}	$\cdots$	b_{nn}

其中，b_{ij} 表示因素 B_i 与 B_j 的相对重要性。

3．计算权向量并做一致性检验

对于每个成对比较矩阵计算最大特征根及对应特征向量，利用一致性指标、随机一致性指标和一致性比率做一致性检验。若检验通过，特征向量（归一化后）即权向量；若不通过，需重新构造成对比较矩阵。

4．计算组合权向量并做组合一致性检验

计算最下层对目标的组合权向量，并根据公式做组合一致性检验。一致性检验的指标为 CR，$CR = \dfrac{CI}{RI}$。CI 的值通过式（9-3）计算得到。

$$CI = \frac{\lambda_{max} - n}{n - 1}$$
（9-3）

式中，λ_{max} 为判断矩阵的最大特征值。

RI 为同阶平均随机一致性指标，其取值如表 9-5 所示。

表 9-5　RI 取值

n	1	2	3	4	5	6	7	8	9	10
RI	0	0	0.58	0.90	1.12	1.24	1.32	1.41	1.45	1.49

当 CR<0.1 时，则比较矩阵具有满意的一致性，可使用计算出的权重，否则需要重新考虑模型或重新构造那些一致性比率较大的成对比较矩阵。

例题 9-2　某公司要选择一家第三方物流公司来外包其部分物流业务，选择的标准包括服务质量、服务能力与服务成本。现有三家物流公司入围，请使用层次分析法对这三家公司进行评价，以确定最终的物流外包商。

解：

第一步，构建层次结构模型。根据题意构建层次结构模型，如图 9-4 所示。其中，服务质量用 C_1 表示，服务能力用 C_2 表示，服务成本用 C_3 表示；公司分别用 A_1、A_2、A_3 表示。

第二步，构建成对比较矩阵。根据以上评价指标及各公司实际情况，请评委会成员对各因素两两比较判断，构造成对比较矩阵，如表 9-6、表 9-7、表 9-8、表 9-9 所示。

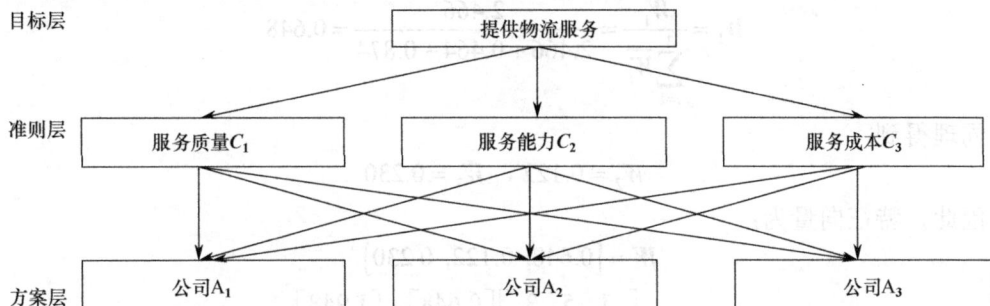

图 9-4　层次结构模型

表 9-6　比较矩阵 *G-C*

G	C_1	C_2	C_3
C_1	1	5	3
C_2	1/5	1	1/2
C_3	1/3	2	1

表 9-7　比较矩阵 C_1-A

C_1	A_1	A_2	A_3
A_1	1	1/7	1/3
A_2	7	1	5
A_3	3	1/5	1

表 9-8　比较矩阵 C_2-A

C_2	A_1	A_2	A_3
A_1	1	1/5	1/2
A_2	5	1	3
A_3	2	1/3	1

表 9-9　比较矩阵 C_3-A

C_3	A_1	A_2	A_3
A_1	1	7	3
A_2	1/7	1	1/5
A_3	1/3	5	1

第三步，计算权向量并做一致性检验。以比较矩阵 G-C 为例进行计算：

$$M_1 = \prod_{j=1}^{n} b_{1j} = 1 \times 5 \times 3 = 15$$

$$\overline{W_1} = \sqrt[3]{M_1} = \sqrt[3]{15} = 2.466$$

同理有

$$\overline{W_2} = \sqrt[3]{M_2} = \sqrt[3]{1/10} = 0.464$$

$$\overline{W_3} = \sqrt[3]{M_3} = \sqrt[3]{2/3} = 0.874$$

对向量 $\overline{W} = \left[\overline{W_1}, \overline{W_2}, \overline{W_3}\right]$ 进行规范化处理，得到 $W = [W_1, \ W_2, \ W_3]^{\mathrm{T}}$，则

$$W_1 = \frac{\overline{W_1}}{\sum_{i=1}^{3} \overline{W_i}} = \frac{2.466}{2.466 + 0.464 + 0.874} = 0.648$$

同理得到

$$W_2 = 0.122, \quad W_3 = 0.230$$

因此，特征向量为：

$$W = [0.648, 0.122, 0.230]^{\mathrm{T}}$$

$$AW = \begin{bmatrix} 1 & 5 & 3 \\ 1/5 & 1 & 1/2 \\ 1/3 & 2 & 1 \end{bmatrix} \begin{bmatrix} 0.648 \\ 0.122 \\ 0.230 \end{bmatrix} = \begin{bmatrix} 1.948 \\ 0.367 \\ 0.690 \end{bmatrix}$$

$$\lambda_{\max} = \sum_{i=0}^{3} \frac{AW_i}{nW_i} = \frac{1.948}{3 \times 0.648} + \frac{0.367}{3 \times 0.122} + \frac{0.690}{3 \times 0.230} = 3.004$$

进行一致性检验：

$$CI = \frac{\lambda_{\max} - n}{n-1} = \frac{3.004 - 3}{3-1} = 0.002$$

$$CR = \frac{CI}{RI} = \frac{0.002}{0.58} = 0.003 < 0.1$$

同理得到比较矩阵 C_1-A 的特征根、特征向量与一致性检验结果：

$$W = [0.081, 0.731, 0.188]^{\mathrm{T}}$$

$$\lambda_{\max} = 3.065$$
$$CR = 0.056 < 0.1$$

同理得到比较矩阵 C_2-A 的特征根、特征向量与一致性检验结果：

$$W = [0.122,\ 0.648,\ 0.230]^T$$
$$\lambda_{\max} = 3.004$$
$$CR = 0.003 < 0.1$$

同理得到比较矩阵 C_3-A 的特征根、特征向量与一致性检验结果：

$$W = [0.649,\ 0.072,\ 0.279]^T$$
$$\lambda_{\max} = 3.065$$
$$CR = 0.056 < 0.1$$

通过一致性检验，得到各公司的排序结果，如表 9-10 所示。

表 9-10　各物流服务商排序结果

	C_1	C_2	C_3	总排序结果
	0.648	0.122	0.230	
A_1	0.081	0.122	0.649	0.217
A_2	0.731	0.648	0.072	0.569
A_3	0.188	0.230	0.279	0.214

通过排序结果可以看出，物流公司得分 $A_2 > A_1 > A_3$，因此应选择物流公司 A_2。

运用 AHP 有很多优点，其中最重要的一点就是简单明了。AHP 不仅适用于存在不确定性和主观信息的情况，还允许以合乎逻辑的方式运用经验、洞察力和直觉。也许 AHP 最大的优点是提出了层次本身，它使组织能够认真地考虑和衡量指标的相对重要性。但是如果所选的因素不合理，其含义含糊不清，或者因素间的关系不正确，都会降低 AHP 结果的质量，甚至导致 AHP 决策失败。为保证递阶层次结构的合理性，需把握两个原则；第一，分解简化问题时把握主要因素，不漏不多；第二，注意相比较因素之间的强度关系，相差太悬殊的因素不能在同一层次比较；第三，同一层次的因素个数最好不超过 7 个。

9.3.3　模糊综合评价法

模糊综合评价是利用模糊集理论进行评价的一种方法。在对生产管理、领导决策、工程项目进行评价时，经常碰到影响因素模糊或判断结果模糊的情况。例如，评价者从考虑问题的主观因素出发，可能对复杂的问题做出"优、良、中、差"或"高、中、低"等程度的模糊评价。因此，模糊综合评价非常适用于物流系统这种复杂工程方案的评价。模糊聚类方法则具有整体性、对比性及实用性，是一种较科学的方法。但由于在指标权重的确定中采用专家评定法，存在较大的主观性。

模糊综合评价法是一种成熟的模糊数学方法，其数学原理及数学模型的建立有严密的证明过程，在此不作详述。具体有如下几个基本步骤。

1. 建立因素集

建立因素集 U：$U = \{u_1,\ u_2,\ \cdots,\ u_n\}$。即确定影响事物的各因素，分别用 u_i 表示。

例如，对服装的评价可分解为 u_1（花色）、u_2（式样）、u_3（耐穿程度）、u_4（价格）等因素，共同构成它的因素集。

2．建立评价集

建立评价集 V：$V=\{v_1, v_2, \cdots, v_n\}$。评价集是评价者（通常是有关专家）对评价对象可能做出的各种总的评价结果的等级。评价集不能太多，也不能太少，多了不便于专家掌握标准，少了也不利于区分评价的好坏。

3．确立评价矩阵

评价矩阵可通过专家调查法或德尔菲法得到。首先成立一个由 L 位专家组成的评判组，每位专家针对每个因素 u_i（$i=1, 2, \cdots, n$）评定评价集 V 中的一个且仅一个等级 v_1。若 L 位专家中，评定 u_i 为等级 v_i 的有 L_{ij} 人，则可得出对 u_i 评价的一个模糊集。此为评价矩阵的第 i 行，综合整理各因素的征求意见结果，即可得到评价矩阵。

4．建立权重集

建立权重集 A：$A=\{a_1, a_2, \cdots, a_n\}$。因素的权重集是表示各因素重要程度的权数组成的集合，表示某因素在评价中的重要程度。可以用专家系统中的经验打分法得到。

5．模糊综合评价

把 A 和评价矩阵进行模糊变换，得到综合评价结果。在进行模糊综合评价时，一般有四种模糊算子模型，$M(\wedge, \vee)$、$M(\cdot, \vee)$、$M(\wedge, \oplus)$、$M(\cdot, \oplus)$。其中，$\wedge$ 表示取小，$\vee$ 表示取大，$\cdot$ 表示相乘，$\oplus$ 表示求和。第一个算子是先取小再取大，第二个算子是先相乘再取大，第三个算子是先取小再求和，第四个算子是先相乘再求和。在进行选择时，若要突出主要因素，则选择 $M(\wedge, \vee)$ 模型和 $M(\cdot, \vee)$ 模型；若要适当兼顾各因素，则往往采用 $M(\cdot, \oplus)$ 模型。

6．结果解释

结果求出后，如何做出对此事物的综合评价结论呢？一般有两个原则：最大隶属度原则和模糊分布原则。

例题 9-3　某物流企业需要购买供应链管理软件，该类供应链管理软件有三个主要供应商。为了简化问题，只介绍有关情况，如表 9-11 所示。先要从中选出优秀的软件技术供应商作为采购对象。

表 9-11　不同供应链管理软件供应商的相关情况

	技术水平	成功概率/%	经济效益/万元
甲	接近国际先进	70	100
乙	国内先进	100	200
丙	一般	100	20

解：
首先，建立因素集 U：$U=\{$技术水平，成功概率，经济效益$\}$。

第二步，建立评价集 V：V={高，中，低}。

第三步，建立权重集 A。成立评委会，通过专家讨论，统一意见以后，得到权重集 A={0.2，0.3，0.5}及不同供应商在相关方面的得分情况，如表 9-12 所示。

表 9-12　不同供应商的得分情况

	技术水平			成功概率			经济效益		
	高	中	低	高	中	低	高	中	低
甲	0.7	0.2	0.1	0.1	0.2	0.7	0.3	0.6	0.1
乙	0.3	0.6	0.1	1	0	0	0.7	0.3	0
丙	0.1	0.4	0.5	1	0	0	0.1	0.3	0.6

第四步，建立单因素评价矩阵。

$$\underset{\sim甲}{R}=\begin{bmatrix}0.7&0.2&0.1\\0.1&0.2&0.7\\0.3&0.6&0.1\end{bmatrix}\quad\underset{\sim乙}{R}=\begin{bmatrix}0.3&0.6&0.1\\1&0&0\\0.7&0.3&0\end{bmatrix}\quad\underset{\sim丙}{R}=\begin{bmatrix}0.1&0.4&0.5\\1&0&0\\0.1&0.3&0.6\end{bmatrix}$$

第五步，进行综合评价。

$$\underset{\sim甲}{B}=\underset{\sim甲}{A}\,\underset{\sim甲}{R}=[0.2，0.3，0.5]\begin{bmatrix}0.7&0.2&0.1\\0.1&0.2&0.7\\0.3&0.6&0.1\end{bmatrix}=[0.3，0.5，0.3]$$

同理得到 $\underset{\sim乙}{B}$ 和 $\underset{\sim丙}{B}$。要对结果进行归一化处理。

$$\underset{\sim甲}{B}=\left[\frac{0.3}{0.3+0.5+0.3}，\frac{0.5}{0.3+0.5+0.3}，\frac{0.3}{0.3+0.5+0.3}\right]=[0.27，0.46，0.27]$$

同理得：$\underset{\sim乙}{B}$=[0.56，0.33，0.11]，$\underset{\sim丙}{B}$=[0.27，0.27，0.46]

第六步，对评价结果进行解释。本例题采用最大隶属原则。

甲 max（0.27，0.46，0.27）=0.46

乙 max（0.56，0.33，0.11）=0.56

丙 max（0.27，0.27，0.46）=0.46

从结果来看，乙最为优秀，是首选对象。

模糊综合评价法是一种基于模糊数学的综合评价方法。该方法根据模糊数学的隶属度理论把定性评价转化为定量评价，即用模糊数学对受到多种因素制约的事物或对象做出一个总体的评价。由于评价因素的复杂性、评价对象的层次性、评价标准中存在的模糊性及评价影响因素的模糊性或不确定性、定性指标难以量化等一系列问题，人们难以用绝对的"非此即彼"准确描述客观现实，经常存在"亦此亦彼"的模糊现象，其描述也多用自然语言来表达，而自然语言最大的特点是模糊性，而这种模糊性很难用经典数学模型加以统一量度。因此，建立在模糊集合基础上的模糊综合评价法，按多个指标对被评价事物隶属等级状况进行综合性评判。它把被评价事物的变化区间做出划分，一方面可以顾及对象的层次性，使评价标准、影响因素的模糊性得以体现；另一方面在评价中又可以充分发挥人的经验，使评价结果更客观，符合实际情况。模糊综合评价法具有结果清晰、系统性强的特点，能较好地解决模糊的、难以量化的问题，适合各种非确定性问题的解决。

9.3.4 数据包络分析法

1. 数据包络分析法的原理

数据包络分析（Data Envelopment Analysis，DEA）是通过明确地考虑多种投入（资源）的运用和多种产出（服务）的产生，比较提供相似服务的多个服务单位的效率。DEA避开了计算每项服务的标准成本，因为它可以把多种投入和多种产出转化为效率比率的分子和分母，而不需要转换成相同的货币单位。用 DEA 衡量效率可以清晰地说明投入和产出的组合，从而比一套经营比率或利润指标更具有综合性且更值得信赖。

DEA 是一个线性规划模型，表示为产出对投入的比率。通过对一个特定单位的效率和一组提供相同服务的类似单位的绩效的比较，它试图使服务单位的效率最大化。在这个过程中，获得 100%效率的一些单位被称为相对有效率单位，而另外的效率评分低于100%的单位被称为无效率单位。

2. 数据包络分析法的步骤

（1）明确评价目的。数据包络分析法首先要选定评价对象，确立评价目的，研究对象系统的功能要素。数据包络分析主要用于决策单元的效率评价，在应用前需要思考以下几点：哪些决策单元能够在一起评价？通过什么样的输出/输入指标体系进行评价？选择什么样的数据包络分析模型进行评价。

（2）选择决策单元。决策单元（Decision Making Unit，DMU）也就是设计评价指标体系，划分输入、输出指标体系。可以通过两个方面确定可行的 DMU：一是用 DMU 的物理背景或活动空间来判断，即 DMU 具有相同的外部环境，相同的输入、输出指标和相同的目标任务等；二是用 DMU 活动的时间间隔来判断。

（3）建立输入/输出指标体系。数据包络分析的评价指标需要考虑两个方面：一是输入变量；二是输出变量。输入/输出指标体系的设计通常可将各 DMU 的效用型指标作为系统的输出指标，将成本型指标作为系统的输入指标；还要考虑到指标的设计能全面反映评价目的，以及输入向量、输出向量之间的联系。

（4）搜集和整理数据资料。数据包络分析是一种实证分析方法，因此需要相应的数据资料。评价指标中可以包含人文、社会、心理等领域中的非结构化因素，需要按可靠标准给予量化赋值，如分为若干级别，以数字表示。

（5）选择 DEA 模型。DEA 模型有输入导向模型和输出导向模型两种，具体的还有规模报酬不变模型和规模报酬可变模型。因此，在进行具体评价工作时，要对不同模型加以区分并适当选择。

（6）分析评价结果并提出决策建议。利用 DEA 模型的求解结果，判断各 DMU 的DEA 有效性如何，找出非有效性 DMU 的无效原因及其改进措施，形成评价结果报告，并向上层 DMU 领导提出建议以辅助决策。

3. 数据包络分析法的注意事项

（1）适合多目标决策问题。DEA 作为一种非参数方法，将数学、经济和管理的概念与方法相结合，是处理多目标决策问题，解决在经济理论估计中具有多个输入、输出指标的有力工具，尤其在经济学生产函数的确定方面更突出。可以对相同类型的部门或单位的相对有效性进行排序和评价，还可以通过生产前沿面上的投影分析，发现非 DEA 有效和弱 DEA 有效的产生原因及改进方向，调整资源投入量和效益产出量，使各个 DMU 达到 DEA 有效。

（2）不必事先确定各指标权重。应用 DEA 模型进行评价，不必事先确定各指标权重，只需假定由 DMU 的输入、输出指标组成的状态可能满足凸性、无效性、锥性及最小性等条件即可。DEA 方法本身包含指标的权重分配过程，在计算不同的 DMU 的最大有效性数值时，指标权重是动态可变的，最后排序的结果是每个 DMU 得到最有利于自己的权重。

（3）DMU 数量应大于输入、输出变量数量。应用 DEA 方法建立模型时，一般要求 DMU 数量应大于输入变量与输出变量的数量。在实际应用中，为体现评价的全面性，往往引入大量的评价指标，同时为体现评价的准确性，系统中确定较少的评价单元。为解决这个问题，常用的方法是对所有指标分层次进行 DEA 有效性评价，或者先用因子分析方法将指标归类，合并相关性强的指标，再对公共因子进行 DEA 有效性评价。

（4）适用范围广。DEA 方法不仅能对管理效率进行横向的对比评价，还能进行纵向、动态的分析与评价，即评价的样本数据可以是断面数据，也可以是时间序列数据。DEA 模型的数据与量纲无关，最好使用"效益型相对数据"，进行无量纲化处理。

本章小结

> 系统综合评价是对系统设计提供的各种可行性方案，从社会、政治、经济、技术的角度给予综合考察，全面权衡利弊，从而为系统决策提供科学依据。物流系统评价是系统分析中复杂而又重要的一个环节，它是利用模型和各种数据，从系统的整体观点出发，对系统现状进行评价。一般来说，物流系统评价需要有一定的量化指标，这样才能衡量物流系统的实际运行状况。对物流系统进行评价时，应该遵循客观性、可比性和系统性原则。

> 物流系统评价的步骤包括明确评价目标、评价系统分析、建立评价指标体系、确定评价函数、计算评价得分和综合评价等。

> 建立物流系统评价指标体系时应该遵循科学性原则、系统优化原则、通用可比原则、实用性原则和遵循目标导向原则。

> 构建物流系统评价指标体系时，一般从政策、技术、经济、社会、资源、时间六个方面选取评价指标。

> 建立评价指标的方法有关键绩效指标和平衡计分卡。物流系统的关键绩效指标一般从物流生产率、物流质量、经济性指标三方面选取；平衡计分卡一般从客户、业务流程、财务、学习与成长四方面选取评价指标。

> 常用的评价方法有成本效益法、层次分析法、模糊综合评价法和数据包络分析法。本章介绍了每种方法的原理及求解过程，并分析了每种方法的适用范围和优缺点。

层次分析法在生鲜物流配送路径选择中的应用

生鲜食品水分多，保鲜成本高，容易腐坏，因此其在物流方面的时效性、安全性、商品完好性等要求都比较高。在配送过程中，要达到这些目标，提高客户满意度，主要控制的是配送时间、路程等指标，以及配送过程的物流成本。因此，某生鲜配送企业为一个主要影响因素——配送路线建立了一套评价指标体系，旨在缩短配送路程，降低物流成本，缩短配送时间，最大限度地保证生鲜食品的质量。

该企业的评价指标体系中的评价指标包括配送距离、配送时间、配送成本及客户满意度，采用层次分析法对备选配送路径进行评价。

1. 构建层次结构模型

根据生鲜配送路径选择的问题，结合评价指标，建立层次结构模型，如图 9-5 所示。

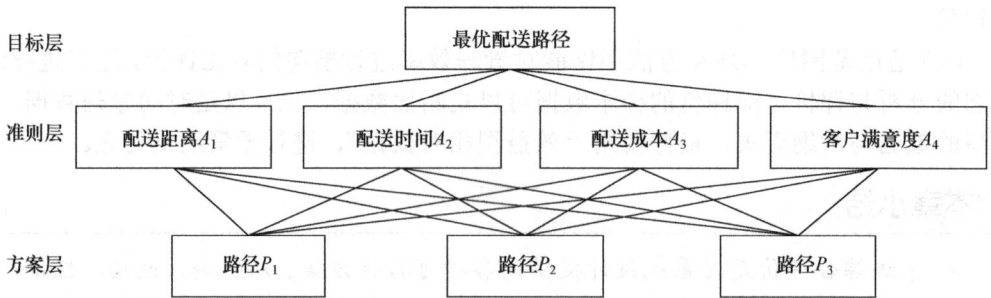

图 9-5　生鲜配送路径选择的层次结构模型

2. 构造比较矩阵

根据层次结构模型中的指标，以及每条备选路径的情况，请企业管理者对这些要素进行两两判断与比较，得到如表 9-13、表 9-14、表 9-15、表 9-16、表 9-17 所示的比较矩阵。

表 9-13　比较矩阵 $G\text{-}A$

G	A_1	A_2	A_3	A_4
A_1	1	5	3	3
A_2	1/5	1	3	3
A_3	1/5	1/3	1	2
A_4	1/3	1/3	1/2	1

表 9-14　比较矩阵 $A_1\text{-}P$

A_1	P_1	P_2	P_3
P_1	1	1/5	1/5
P_2	5	1	5
P_3	5	5	1

表 9-15　比较矩阵 A_2-P

A_2	P_1	P_2	P_3
P_1	1	1/5	1/3
P_2	5	1	3
P_3	3	1/3	1

表 9-16　比较矩阵 A_3-P

A_3	P_1	P_2	P_3
P_1	1	5	3
P_2	1/5	1	1/3
P_3	1/3	3	1

表 9-17　比较矩阵 A_4-P

A_4	P_1	P_2	P_3
P_1	1	3	3
P_2	1/3	1	1/5
P_3	1/3	1	1

3. 对比较矩阵进行计算并进行一致性检验

分别计算每个比较矩阵的特征根、特征向量与一致性检验。通过计算，上述五个矩阵的计算结果如表 9-18 所示。

表 9-18　各矩阵的计算结果

	特征向量（W）	λ_{max}	CR
矩阵 G-A	[0.53 0.24 0.13 0.1]	4.077	0.029
矩阵 A_1-P	[0.09 0.455 0.455]	3	0
矩阵 A_2-P	[0.106 0.633 0.261]	3.049	0.043
矩阵 A_3-P	[0.633 0.106 0.261]	3.04	0.034
矩阵 A_4-P	[0.6 0.2 0.2]	3	0

4. 求解每个方案的最终得分

根据上述单层排序结果，对三条备选路径的得分进行计算，得到三个方案的总排序，做出决策。

思考题：

1. 判断矩阵中两两比较的数值是如何得到的。在实际操作中如何降低决策者主观性的影响？

2. 根据案例，对 A_1～A_4 的重要性从大到小进行排序。

3. 根据表 9-18 的结果，计算三条备选路径的最终排序情况。

复习思考题 →

1. 物流系统评价的原则是什么？
2. 简述物流系统评价的步骤。
3. 简述物流系统评价指标体系的内容。
4. 物流系统的关键绩效指标有哪些？
5. 平衡计分卡从哪四个方面来设计企业的评价指标？
6. 某项目有三个可行方案。经过计算，三个方案的投资额度及收益情况如表 9-19 所示。

表 9-19 三个方案的投资收益情况　　　　　　　　　　单位：万元

		第一年	第二年	第三年	第四年	第五年
甲	投资	80	50	20	0	0
	收益	0	0	0	100	200
乙	投资	100	40	20	20	0
	收益	0	0	0	0	396
丙	投资	100	20	0	0	0
	收益			40	80	108

按照成本效益法，比较三个方案的优劣（银行利息按照 10% 计算）。

7. 某企业要将其物流业务外包，选择物流服务商时，主要从送货及时率、货物完好率、送货准确率、订单满足率、服务变化满足率五个方面进行评价。现有甲、乙、丙三家服务商可供选择。该企业召集了相关专家，对这五个评价指标的重要性及各物流服务商在这五个方面的表现进行了打分，最终数据如表 9-20 所示。

表 9-20 各评价指标及物流服务商得分情况汇总

	送货及时率	货物完好率	送货准确率	订单满足率	服务变化满足率
权重	0.3	0.15	0.25	0.2	0.1
甲	8	6	7	4	3
乙	4	9	9	3	5
丙	6	5	6	6	6

请思考：
（1）使用层次分析法建立评价模型，并做出最终选择。
（2）使用模糊综合评价法评价各物流服务商，并做出最终选择。

参 考 文 献

[1] 鲍新中，程国全，王转. 物流运营管理体系规划[M]. 北京：中国物资出版社，2004.

[2] 蔡临宁. 物流系统规划——建模及实例分析[M]. 北京：机械工业出版社，2003.

[3] 何明珂. 物流系统论[M]. 北京：中国审计出版社，2001.

[4] 戴恩勇，江泽智，阳晓湖. 物流战略与规划[M]. 北京：清华大学出版社，2014.

[5] 陈秋双，等. 现代物流系统概论[M]. 北京：中国水利水电出版社，2005.

[6] 丁立言，张铎. 物流系统工程[M]. 北京：清华大学出版社，2000.

[7] 杨扬. 物流系统规划与设计[M]. 北京：电子工业出版社，2013.

[8] 方仲民. 物流系统规划与设计[M]. 北京：机械工业出版社，2003.

[9] 陈德良. 物流系统规划与设计[M]. 北京：机械工业出版社，2016.

[10] 李云清. 物流系统规划[M]. 上海：同济大学出版社，2004.

[11] 梁军，赵勇. 系统工程导论[M]. 北京：化学工业出版社，2005.

[12] 龙江，朱海燕. 城市物流系统规划与建设[M]. 北京：中国物资出版社，2004.

[13] 齐二石. 物流工程[M]. 天津：天津大学出版社，2001.

[14] 泰明森，言木. 物流决策分析技术[M]. 北京：中国物资出版社，2003.

[15] 泰明森. 物流作业优化方法[M]. 北京：中国物资出版社，2003.

[16] 吴奇志，等. 运营管理[M]. 北京：中国人民大学出版社，2016.

[17] 王长琼. 物流系统工程[M]. 北京：中国物资出版社，2004.

[18] 谢如鹤，等. 物流系统规划原理与方法[M]. 北京：中国物资出版社，2004.

[19] 薛明德. 物流系统规划与设计[M]. 北京：企业管理出版社，2004.

[20] 颜佑启. 物流系统规划[M]. 长沙：湖南大学出版社，2004.

[21] 陈荣秋，等. 生产与运作管理[M]. 4 版. 北京：高等教育出版社，2019.

[22] 李念祖. 物流运筹学基础[M]. 北京：中国物资出版社，2006.

[23] 周跃进，陈国华. 物流网络规划[M]. 北京：清华大学出版社，2008.

[24] 王正. 物流系统规划与设计[M]. 成都：四川人民出版社，2009.

[25] 孙阳，陈珊. 层次分析法在生鲜物流配送路径选择中的应用[J]. 采购与供应链，2015（33）:41-42.

[26] 詹姆士·R. 斯托克，道格拉斯·M. 兰伯特. 战略物流管理[M]. 邵晓峰，等译. 北京：中国财政经济出版社，2003.

[27] 爱德华·佛莱哲利. 物流战略咨询[M]. 任建标，译. 北京：中国财政经济出版社，2003.

[28] 约翰·科伊尔，爱德华·巴蒂，小约翰·兰利. 企业物流管理：供应链视角[M].7 版. 文武，陈志杰，张彦，等译. 北京：电子工业出版社，2003.

[29] Stadtler H.，Kilger C. 供应链管理与高级规划：概念、模型、软件与案例分析[M]. 王晓东，胡瑞娟，等译. 北京：机械工业出版社，2005.

[30] 罗纳德·H. 巴罗. 企业物流管理：供应链的规划、组织和控制[M]. 王晓东，等译. 北京：机械工业出版社，2002.

[31] 汉斯·克里斯蒂安·波弗尔. 物流前沿：实践、创新、前景[M]. 张计划，李铁倩，陈晖，译. 北京：机械工业出版社，2003.

[32] 乔治·斯坦纳. 战略规划[M]. 李先柏，译. 北京：华夏出版社，2001.

[33] 唐纳德·J.鲍尔索克斯，戴维·J.克劳斯. 物流管理：供应链过程的一体化[M]. 林国龙，宋柏，沙梅，译. 北京：机械工业出版社，1999.

[34] 戴维·泰勒. 全球物流与供应链管理案例[M]. 胡克，程亮，译. 北京：中信出版社，2003.

[35] 马丁·克里斯托弗. 物流竞争：后勤与供应链管理[M]. 马越，马月才，译. 北京：北京出版社，2001.

网址：www.hxspoc.cn
客服服务QQ群：1042040196
客户服务电话：010-80256519/010-88254451
教学服务邮箱：hxspoc@phei.com.cn